U0622014

山东省哲学社会科学成果文库

古希腊经济思想研究

侯典芹 著

山东人民出版社·济南

国家一级出版社 全国百佳图书出版单位

图书在版编目（CIP）数据

古希腊经济思想研究/侯典芹著. -- 济南：山东
人民出版社，2021.6
ISBN 978 - 7 - 209 - 12532 - 1

Ⅰ.①古… Ⅱ.①侯… Ⅲ.①经济思想史—研究—古
希腊 Ⅳ.①F091.1

中国版本图书馆 CIP 数据核字（2019）第 270770 号

古希腊经济思想研究
GUXILA JINGJI SIXIANG YANJIU
侯典芹　著

主管单位　山东出版传媒股份有限公司
出版发行　山东人民出版社
出 版 人　胡长青
社　　址　济南市英雄山路165号
邮　　编　250002
电　　话　总编室（0531）82098914
　　　　　市场部（0531）82098027
网　　址　http：//www. sd - book. com. cn
印　　装　山东新华印务有限公司
经　　销　新华书店

规　　格　16 开（169mm×239mm）
印　　张　18
字　　数　274 千字
版　　次　2021 年 6 月第 1 版
印　　次　2021 年 6 月第 1 次
ISBN 978 - 7 - 209 - 12532 - 1
定　　价　32.00 元
　　　　　　如有印装质量问题，请与出版社总编室联系调换。

目 录

绪 论

一、 古希腊经济思想的理论研究价值及其现实意义

古希腊文明是整个西方世界文化发展的重要源泉，同样，古希腊经济思想也是西方经济思想史的重要源头。从学术史的角度来看，古希腊经济思想的许多重要成就都对后世产生了深刻影响。诸如色诺芬的经济管理思想、柏拉图《理想国》的"财产公有"主张及其乌托邦主义思想、亚里士多德关于价值问题的深入分析以及对商业高利贷的批判态度，不仅直接影响了中世纪欧洲社会的思想，而且对近代欧洲的文艺复兴和启蒙运动产生深刻影响。因此，深入研究古希腊经济思想，尤其从整体上掌握古希腊经济思想发展演变的过程，全面把握古希腊社会的政治、经济、宗教文化以及军事状况，深入分析古希腊经济思想产生的社会背景，揭示西方经济思想的历史渊源和本质，不仅具有重要的学术价值，而且对于我们理解当前经济和社会的剧烈变革，深刻认识经济与政治稳定和社会发展的关系，具有重要的现实意义。

古希腊并没有产生现代意义上的专门经济学，古希腊经济思想的产生源于人们对社会问题的思考，如政治变革、社会动乱、战争行为、宗教活动等。柏拉图的《理想国》是对雅典政治动乱的不满和反思，他还曾经亲自到西西里岛上的希腊殖民城邦进行实验，试图在那里建立一个秩序井然的和谐社会。亚里士多德的经济思想主要体现在他的两部重要著作《政治学》和《尼各马可伦理学》中。此外，他在《雅典政制》中对古希腊众多城邦的政治体制进行了比较研究，对经济问题也有一定的涉及。因此，古希腊经济思想中包含了对

社会问题的经济思考，也就是说，这些思想家们试图通过经济手段解决棘手的社会问题和尖锐的社会矛盾。这种解决问题的思路和方法，在某种意义上符合马克思主义哲学的观点，体现了一定的唯物主义思想。因此，从现代的角度来看，研究古希腊经济思想仍具有一定的现实意义。古代圣哲们的思想观点，以及他们对社会问题的思考、解决社会矛盾冲突的建议，对于我们当前急剧变革的社会来说，具有重要的借鉴作用。

二、 国内外研究现状

1. 学术发展史概述

古希腊文明是西方文明的滥觞，古希腊经济思想是整个西方经济思想史的源头。西方对古希腊史的研究由来已久，早在古希腊时代就有人开始了对希腊政治的研究，亚里士多德的《政治学》可以说是研究古希腊政治制度的一部杰作。与古希腊政治史的研究相比，对古希腊经济史的研究要晚得多。在 18 世纪法国启蒙运动期间，哲学家和经济学家们开始研究古希腊经济问题。1817 年，奥古斯特·伯克（August Bockh）发表了有关古希腊政治经济的第一部专著《雅典国家经济》。在 1846—1856 年间，伦敦出版了著名历史学家乔治·格罗特（George Grote）的 12 卷历史巨著《希腊史》。该书开始把经济问题列为历史学研究的一个组成部分，尽管经济方面的内容所占分量很少，且缺乏系统性，但它毕竟把经济史列为历史学研究的一个领域，开启了古希腊经济史研究的先河。

19 世纪，德国经济学家们创立了一系列学术理论，对人类历史上的经济发展过程进行概括。在这种背景下，进化性、阶段性等概念被引入历史学的研究领域。其中，卡尔·布彻（Karl Bücher）在《国民经济之源》（1893 年）一书中，把人类历史上的社会经济发展过程划分为三个阶段："封闭的家庭经济""城市经济"和"国民经济"。根据他的观点，这三种经济形态分别与某一特定历史阶段大致形成对应关系，"封闭的家庭经济"对应古代社会，"城市经济"对应中世纪社会，"国民经济"对应近代社会。

19 世纪末，德国历史学家迈尔（Eduard Meyer）、贝洛赫（K. J. Beloch）

和乔治·布索特（George Busolt）在研究古希腊经济方面进行了综合性的尝试。迈尔打破了上述模式的束缚，逐步提出一种更加"现实主义"的观点，以解释古希腊的社会经济发展。以迈尔为首的历史学家们用比较"现代"的研究范式撰写古希腊经济史，这种研究范式在某种程度上是近代欧洲经济发展史的一种复制品。根据这种观点，古希腊世界曾经经历过一个工商业大发展的阶段，在这期间，"资本主义"类型的生产和交换关系得到发展，货币经济开始运行。而且以土地为基础的旧经济体制已经瓦解，守旧的土地贵族被金融贵族所取代，地主让位于"工业家"和商人。迈尔甚至认为，公元前7—前6世纪的古希腊世界与14—15世纪的近代世界相对应，公元前5世纪的希腊世界与16世纪的近代世界相对应。迈尔的观点一度受到许多人的赞同，他也成为"现代"学派的重要代表人物。

德国著名社会学家马克斯·韦伯（Max Weber）在古希腊经济问题研究上摆脱了传统观点的束缚，提出新的见解。他把古希腊的城邦与中世纪的城市进行比较研究，认为古希腊城邦是战士贵族甚至海员贵族的城邦，是消费型的城邦；而中世纪的城市是生产型的城市。韦伯把古希腊的城邦看作由公民兵组成的政治俱乐部，认为古希腊民主制要求把战争果实——贡物、土地等在成员中重新分配。哈斯布鲁克（Johannes Hasebroek）进一步发展了马克斯·韦伯的思想，把研究的内容从经济活动的形式和范围转向古希腊城邦的政治生活与经济活动之间的联系。城邦的公民对土地所有权的垄断、城邦经济政策的性质等，都成为他研究的内容。哈斯布鲁克的著作在现代主义者和古典主义者之间引起了更大的争论，进一步推动古希腊经济史研究向纵深发展。

20世纪60年代，美籍匈牙利历史学家和社会学家卡尔·波莱尼（Karl Polany）创立了一种新的研究范式，他虽然不是古希腊经济史方面的专家，但他的新研究范式对古代社会经济研究产生了强大的推动力。在对现代社会经济与古代社会经济进行深入比较研究的基础上，波莱尼指出，现代社会经济是一个独立的领域，是"自由的"；相比之下，在古代社会，特别是在"原始社会"和"古风社会"，经济还不是一个独立的部门，它以一种特殊的形式"嵌入"社会和它的各项制度中。因此，对古代经济史的研究不能仅仅局限在经济领域里，应该对古代社会的各个活动领域、各种制度进行综合性研究。对非经济类的社会因素进行研究，是非常有必要的。

自 20 世纪 70 年代以来，波莱尼的"嵌入"式研究范式越来越受到学者们的认同，并出现了一批研究古希腊经济史的著名专家和学者，他们利用这种研究范式取得了许多研究成果。以英国古典文明史专家芬利（M. I. Finley）为代表，掀起了古希腊经济与社会史研究的高潮。从学术派别来看，芬利属于古典学派的代表人物，在 20 世纪 50—60 年代就先后出版了有关古希腊经济与社会史研究的著作，如《古代土地和债务研究》（1952 年）、《奥德修斯的世界》（1954 年）、《古希腊人》（1963 年）、《古代西西里》（1968 年）。

在 20 世纪的古希腊经济史研究领域里，始终存在着两个主要的学术派别，即古典学派和现代学派。现代学派以现代经济观点看待古希腊社会的经济，以资本主义的经济模式来套古希腊经济；他们在古希腊经济研究中使用"市场""出口利润""垄断""企业家"等现代概念。古典学派则持截然相反的观点，他们认为，前工业社会的经济都是建立在家庭经济基础之上的自然经济。从古希腊经济学术史研究发展来看，在 20 世纪前期现代学派占据优势，到 20 世纪中期以后，古典学派的观点受到越来越多的支持。到 20 世纪 70 年代，古典学派已经成为古希腊经济史研究的主流学派，芬利成为古典学派的重要旗手。这一时期，他的主要著作有《早期希腊：青铜和古风时代》（1970 年）、《古代奴隶制和近代的民主意识》（1973 年）、《古代经济》（1973 年）。在 20 世纪 80 年代初，芬利还出版了两部出色的研究论著《古希腊经济与社会》（1981年）、《希腊的遗产》（1981 年）。芬利的著作在西方学术界引起了很大的反响，在《古代经济》中，他指出，研究古代社会需要"返璞归真"，要使研究者的思想回到古代社会中去。他认为，古希腊社会既不同于古代东方文明，也有别于资本主义社会。芬利的观点是对现代学派的一种批判，在一定程度上更加接近古希腊社会的现实，因此得到越来越多的学者认可，古典学派开始占据优势。到 20 世纪 90 年代，古典学派的力量不断壮大，研究成果也日益丰富，其中比较突出的有奥斯丁（M. M. Austin）和维达尔-纳奎（P. Vidal-Naquet）合著的《古希腊经济与社会史导论》、莫勒（Astrid Möller）的《诺克拉提：

古风希腊的贸易》等，它们都堪称这方面的代表作。古典学派在研究方法上较少受到传统范式的影响，他们的观点比较接近古希腊社会的经济状况，因此代表了古希腊经济史研究的主流方向。

中国人最早了解古希腊历史及其文化是在鸦片战争以后，但对古希腊史的翻译、著述等研究性工作开始于19世纪末，对古希腊经济史的研究则更晚一些。1936年，刘侃写成《西洋古代中世纪经济史》一书，其中叙述了古希腊经济史的有关内容。总的来看，中华人民共和国成立之前，我国学术界研究古希腊史的专著和文章并不多见；中华人民共和国成立以后，学术界开始重视古希腊史研究。但由于先是受苏联史学体系和观点的影响，后又受到"左"倾思想的干扰，古希腊史研究工作受到很大限制。在"文革"期间，古希腊史方面的学术研究几乎中断，但在这样艰难的环境中，仍有些学者翻译了一批古希腊历史、戏剧、政治等方面的著作。但这时的研究重点在政治史领域，对古希腊经济史的研究几乎还是空白。

改革开放以后，中国开始步入经济时代，我国的史学工作者也开始注重古希腊经济史的研究。40年来，我国学者发表了许多有关古希腊经济史以及社会史的文章，都或多或少涉及古希腊经济思想方面的内容。另外，还有一些有关古希腊经济思想的专题研究。顾准的《希腊城邦制度》（1982年）从中西比较的角度出发，对古希腊城邦的自治、民主、兵制、法制、经济特点等进行了深入的分析研究。日知主编的《古代城邦史研究》（1989年）对中西方的古代城邦进行了比较研究。进入20世纪90年代，随着我国教育事业的不断发展，对古希腊史的研究逐步升温，一批中青年学者开始致力于古希腊经济史的研究。尤其是随着经济与社会史研究不断受到重视，古希腊经济史研究也成为学者们关注的一个热点。郝际陶的《古代希腊研究》（1994年）专门论述了古希腊青铜文明和城邦时期的有关社会问题；黄洋的《古代希腊土地制度研究》（1995年）是专门研究古希腊经济问题的专著，书中对古希腊经济的基本特征进行了探讨，作者认为古希腊文明不是商业文明，而是一个以农业为其主要社会和经济基础的古代文明。此外，还有一些学者在专题研究方面取得新突破，如裔昭印的《古希腊的妇女——文化视域中的研究》，从研究古希腊妇女的社会地位、生活状况入手，在一定程度上揭示了古希腊社会的现实。其中的部分章节对古希腊经济思想有所涉及，其从古希腊的妇女在宗教活动中的特殊地位出发，认为对丰产的企盼是古希腊男性吸纳妇女参加宗教活动的重要原因之一。晏绍祥的《荷马社会研究》全面考察了荷马时代希腊社会的政治、经济、军事、宗教以及社会生活，尤其对土地制度进行了深入研究，强调土地制度是我们探讨荷马社会性质的重要依据之一。

随着古希腊经济史研究的不断深入，古希腊经济思想研究也越来越受到重视。中西经济思想的比较研究也逐步展开，成为古希腊经济思想研究的一个新的突破口。在这方面，我国学者做了一定的努力，北京师范大学的刘家和教授潜心研究中西古典文化比较，取得了许多重要成果。其他一些学者也在这方面做出了努力，王大庆的《本与末——古代中国与古代希腊经济思想比较研究》一书，是中西方古典经济思想比较研究的代表作品。该书以中国古代经济思想中最突出的本末问题为突破口，将中国春秋战国时期的重农思想和商业思想与古希腊社会进行了比较。

国内学术界至今尚未有专门研究古希腊经济思想的专著出现，相比之下，有许多学者发表了一些相关的学术论文，尤其是 20 世纪 80 年代中后期以来，学者们从不同的方面探讨了古希腊经济思想的基本特征。王敦书的《斯巴达早期土地制度考》考察了斯巴达城邦早期的土地制度；刘家和的《论黑劳士制度》则分析了斯巴达的奴隶制问题；廖学盛的《从古希腊罗马史看奴隶占有制社会的若干问题》研究了奴隶占有制社会产生的社会基础，并把斯巴达、雅典的奴隶制与古罗马的奴隶制进行了比较研究；郝际陶在《略论黑暗时代的希腊世界》中指出，"黑暗时代"的希腊社会是古希腊历史上一个孕育新时代的重要时期；顾銮斋的《论雅典奴隶制民主政治的形成》分析了雅典民主制的社会基础和经济基础，并强调经济的发展，尤其是工商业的发展，是城邦财政的重要来源，因而是雅典民主政治的重要基础①。此外，黄洋的《古代希腊土地私有制的确立与城邦制度的形成》和《希腊城邦社会的农业特征》，林

---

① 顾銮斋：《论雅典奴隶制民主政治的形成》，《历史研究》1996 年第 4 期，第 107—121 页。

中泽的《析古希腊奴隶制经济的外向型特征》，裔昭印的《从古希腊罗马看古代城市的经济特征》等也都不同程度地涉及古希腊经济思想问题，并对古希腊经济史研究提出了一些独到的见解。

进入21世纪，我国学术界在古希腊经济与社会史研究方面取得了许多新的研究成果。一方面，一些古希腊原著被翻译出版，如《色诺芬的〈会饮〉》（沈默等译，华夏出版社），色诺芬的《希腊史》（徐松岩译，上海三联书店）。另一方面，西方学术界的一些研究成果也被翻译出版，如英国牛津大学古典学教授西蒙·普莱斯的《古希腊人的宗教生活》（邢颖译，北京大学出版社），英国著名古希腊史研究专家N.G.L.哈蒙德的《希腊史：迄至公元前322年》（朱龙华译，商务印书馆），英国古钱币学研究教授伊恩·卡拉代斯的《古希腊货币史》（黄希韦译，法律出版社），英国牛津大学古典学和古希腊史研究教授西蒙·霍恩布洛尔的《希腊世界》（赵磊译，华夏出版社）。另外，一批西方学术界比较研究的成果也相继翻译出版，如英国古典学教授克里斯托弗·罗和古代哲学教授马尔科姆·斯科菲尔德主编的《剑桥希腊罗马政治思想史》（晏绍祥译，商务印书馆），英国古希腊罗马史学专家M.J.卡里和T.J.哈阿霍夫著述的《希腊罗马世界的生活与思想》（郭子林、曹彩霞译，大象出版社），美国古代史学教授威廉·威斯特曼著述的《古希腊罗马奴隶制》（邢颖译，大象出版社），英国古希腊史学、考古学专家威廉·雷姆塞著述的《希腊文明中的亚洲因素》（孙晶晶译，大象出版社），美国学者伊恩·莫里斯和巴里·鲍威尔著述的《希腊人：历史、文化和社会》（陈恒等译，格致出版社和上海人民出版社），瑞士学者莱昂哈特·布克哈特著述的《古希腊罗马军事史》（励洁丹译，上海三联书店）。此外，英国牛津大学、剑桥大学，美国斯坦福大学，以及其他一些欧美国家大学的学者在研究古希腊城市生活方面取得的最新研究成果，被英国学者奥斯温·默里和西蒙·普赖斯编辑成论文集《古希腊城市：从荷马到亚历山大》（解光云、冯春玲译，商务印书馆）出版。同时，我国学者的一些最新研究成果也相继出版，其中有晏绍祥的《荷马社会研究》《古代希腊》，黄洋的《古代希腊政治与社会初探》等。

上述这些翻译、研究的成果从不同的角度考察了古希腊社会的政治、经济、文化以及社会生活的方方面面。这些成果的翻译和出版，为古希腊经济思想研究提供了充分的资料。

在20世纪，古希腊经济史研究取得了许多突破性的进展。无论是在研究方法上，还是在史料的收集整理及其研究上，都有很多新的成就。但是，古希腊经济史研究还存在一些问题。

在古希腊经济史研究取得许多成就的基础上，古希腊经济思想的研究开始受到中外史学界的关注，但是，直到现在仍未见到一本有关古希腊经济思想的专著。对古希腊经济思想的研究大多体现在古希腊经济史或社会史中，或者作为西方经济学术史的源头，成为其中的一个组成部分，进行相关研究。从西方经济学术史的发展历程来看，虽然古希腊经济思想是整个西方经济思想史的起点，但它只是其中很少的一部分，而且往往局限在柏拉图、亚里士多德和色诺芬等少数几个精英人物的经济思想研究范围内，忽略了古希腊普通民众的经济思想意识，因而不能全面反映古希腊经济思想的渊源和本质。

在西方学术界，有些学者过分强调研究范式，甚至出现用现实套历史的现象。比如迈尔所建立的希腊经济发展模式，就是用近代资本主义的经济发展模式去套古希腊的经济。由于迈尔过于注重研究范式，他的研究内容偏离了古希腊的历史真实，缺乏坚实可靠的史实基础。国内外学术界普遍存在的一个问题，即重视研究雅典城邦的经济，而忽视对斯巴达等其他城邦的研究。这一方面与研究斯巴达的史料缺乏有关，另一方面与战后英美学者极端美化雅典的民主制，严厉批判斯巴达的倾向有关①。同时，近来的许多研究成果在很大程度上借用了一些考古资料，尽管考古资料的可靠性是毋庸置疑的，但其中也存在一些不足之处，比如，考古资料在时间上的精确性不高，这就使考古资料的使用受到一定的限制。从宏观方面的研究来看，利用考古资料进行研究存在一定的优势，但在微观研究中会有一些局限。这也许是学者们在今后的研究中应该注意的问题。

---

① 晏绍祥:《近20年来英美古希腊史研究的若干趋势》,《世界历史》2000年第2期,第80—89页。

国内学术界对古希腊经济史的研究起步较晚,许多研究还都是尝试性的,研究成果比较分散,至今仍未见到系统研究古希腊经济思想的专著。一方面,在国内古史学界,译介西方研究成果仍是一个突出现象,对这些成果的消化、吸收和创新仍是史学研究的一个薄弱环节;另一方面,由于受语言因素的限制,国内学者翻译的著作以英语版本为主,吸收的国外研究成果也多是英语国家学者的。这对于我们更深入地探索古希腊经济思想是一个很大的缺陷,今后必须注重对希腊语原始材料的研究。

2. 考古挖掘及其研究成果对古希腊经济与社会史研究的意义

20 世纪初,希腊古典考古学逐渐兴起,给古希腊史研究注入了新的生机和活力。对于古希腊经济史研究来说,考古资料带来了许多新的证据,同时也带来了动力。随着考古技术的不断进步,考古方法也得到创新。到 20 世纪 70 年代,在考古挖掘占据优势的基础上,又出现了新的考古方法,即"调查考古学"。考古资料的日益丰富给古希腊经济史研究提供了有利条件,同时对考古资料的研究也越来越受到学者的重视。在这一方面,欧美学者的研究成果比较突出,芬利(M. I. Finley)的《早期希腊:铜器时代和古风时代》(1970年)、《古典考古地图》(1977 年)就是其中的代表作。

随着研究的不断深入,古典学派对古希腊史的研究渐渐从城市转向农村,从工商业转向农业,并出现了一些著名学者,他们的研究工作也取得了一些重要成果。英国考古学家斯诺德格拉斯(Anthony Snodgrass)的《古风希腊:一个试验的年代》(1980 年)和《希腊的黑暗时代》(2000 年),都是运用考古资料探索早期希腊社会及其经济状况的代表作。美国学者汉森(Victor Davis Hanson)的《另类希腊人:家庭农场与西方文明的农业之根》(1999 年)则以农民和农业为突破口,考察了城邦时代(前 700—前 300 年)古希腊农村的土地制度演变和农民经济状况及其政治地位的变化。英国史学家奥斯邦(Robin Osborne)的《古典风景图——古希腊的城市和农村》(1987 年)运用布罗代尔长时段和中时段方法,对古希腊的城市和农村进行比较,突出了农村在古代社会经济中的作用。

考古挖掘的重大发现使考古资料日益丰富,对考古资料的研究也不断取得重要成果，这些对于古希腊史研究，尤其是古希腊经济史研究产生了深刻的影响。

首先，考古发现证实了古希腊历史上的一些传说，使人们对古希腊的早期历史有了新的认识，填补了古希腊史研究的许多空白。在谢里曼 1868 年访问希腊和土耳其时，大多数学者认为荷马的两部史诗《伊利亚特》和《奥德赛》只是诗人的幻想。[①] 谢里曼对特洛伊古城遗址的发掘取得了许多重要成果，不仅证实了特洛伊战争的真实性，而且增强了《荷马史诗》作为史料的可靠性。

谢里曼的考古发掘工作及其研究成果具有重大的历史意义。谢里曼在伯罗奔尼撒地区挖掘出土了一批金制器具，印证了《荷马史诗》有关"多金的"迈锡尼的记载。他在迈锡尼挖出的那块王室墓地至少是公元前 1600 年建造的，从而使古希腊文明出现的时间上溯了 1000 年。他在提林斯发现的带有狮子门的王宫，反映了迈锡尼文明的繁荣发达，不愧为古希腊文明发展史上的一个高峰。他对派罗斯王宫的勘探挖掘虽未取得多大成果，却为后来美国考古学家卡尔·布莱根的考古发掘工作创造了条件。

在希腊军队围攻特洛伊城时，派罗斯国王涅斯托尔率领九十艘船前往，其军队的规模仅次于联军统帅阿伽门农的军队。[②] 所以不难推断，涅斯托尔的派罗斯王宫也一定非常豪华，这也正是谢里曼后来发掘派罗斯王宫的原因所在。1939 年，卡尔·布莱根率科考队对派罗斯王宫所在地区进行探索性挖掘，最终发现了这个王宫。对古希腊史研究而言，这次发掘的最大收获是，布莱根发现了 600 多块刻有文字的泥版文书，这些文字对于古希腊早期历史的研究有着非常重要的意义。泥版上的文字与伊文思在克诺索斯发现的泥版文书上的文字属于同一种，尽管两者之间存在一定差异，但它们之间的相似性足以证明：克里特文明与迈锡尼文明之间存在着密切联系。1952 年，迈克尔·文特里斯破译出迈锡尼出土的泥版文书上的线形文字，这对于学者们更加深入地了解古希腊早期社会，特别是有关迈锡尼王宫的生活以及迈锡尼王国的经济、政治制

---

① ［英］保罗·G.巴恩主编：《考古的故事——世界 100 次考古大发现》，郭小凌、周辉荣译，山东画报出版社 2002 年版，第 114 页。

② ［古希腊］荷马：《伊利亚特》，罗念生、王焕生译，人民文学出版社 1994 年版，第 43—53 页。

度，提供了第一手材料。

伊文思在克里特岛上的挖掘工作取得了许多重要成果，这些成果对证明克里特文明与迈锡尼文明的联系性起到非常重要的作用。伊文思在米诺斯王宫中发现了许多手工艺品，与谢里曼在迈锡尼发现的工艺品非常相似。他还发现了3000多块泥版文书，上面带有后来称之为"线形文字 A"和"线形文字 B"的两种文字，而布莱根在派罗斯王宫发现的泥版文书上的文字是线形文字 B，从而表明克里特文明与迈锡尼文明之间有些非常密切的联系。另外，伊文思在米诺斯王宫遗址还发现了五枚小型印章，引起他的注意的是上面的图案中有两只狮子。研究表明，这两只狮子与迈锡尼"狮子门"上那对浮雕雄狮的侧面是一样的。[①]考古调查还发现，迈锡尼文明的许多宫殿建筑都应归功于米诺斯的建筑，尽管两者之间存在一些重大差别。[②] 这也进一步说明两种文明之间的联系性。

考古发掘的证据，不仅证实了古希腊早期历史中的一些重要事件和现象，使"黑暗时代"重现光明，而且在很大程度上缩小了黑暗时代与古风、古典时代之间的差异，找到了两者之间的某些联系性。斯诺德格拉斯的《希腊的黑暗时代》堪称这方面的代表作，他开辟了一种以考古资料为中心的古代史研究模式，对古希腊史研究具有划时代的意义。

20世纪70年代以来，随着考古调查的范围日益广泛，古希腊史中的一些重大历史事件，如殖民运动、城邦兴起等，也都得到新的解释。萨拉里斯的《古代希腊的生态学》、科德斯瑞的《几何陶时代的希腊》、汉松的《另一类希腊人》等著作，都是根据考古调查的新证据取得的研究成果，在西方古史学界产生了重大影响。

对私人房屋和住宅区的考察，使我们发现了许多有关私人生活的研究资料，通过对公共建筑物，如市中心、宗教祭坛神庙和公共墓地等的考古调查，我们能够更详细地了解古希腊人的日常生活。同时，考古学使我们对古希腊历史有了更多的了解和更新的认识，如根据古希腊陶器碎片上残留的文字，我们

---

① 郭文编著：《欧洲文明之源：古希腊罗马考古大发现》，中国纺织出版社2001年版，第117页。

② William R. Biers, *The Archaeology of Greece: An Introduction*, Cornell University Press, 1987, p. 64.

古希腊经济思想研究

了解到了公元前5世纪雅典的陶片放逐法。根据这一法令，一个被认为对国家有危险的公民，将被驱逐出国，并执行为期十年的流放。通过对雅典的大会场、市场，以及克拉美科斯墓地（Kerameikos）和西城墙外周围的发掘，考古工作者们发现了数千片写有参与投票者名字的陶片。

20世纪70年代以后，随着考古成果的不断丰富，考古学家们的研究成果越来越受到学术界的重视。到20世纪80年代初，英国考古学家斯诺德格拉斯的《古风希腊：一个试验的年代》和默里（Oswyn Murray）的《早期希腊》，开创了以考古资料为中心的古希腊史研究模式。到20世纪80年代末，这种研究模式逐步被英语国家的学者所普遍接受。经过学者们的不懈努力，出现了许多有关古希腊社会及经济状况的研究成果。斯诺德格拉斯最早进行调查考古试验，他在这方面取得了许多研究成果。早在1971年，他根据大量考古调查资料写成《希腊的黑暗时代》，该书主要是作者对亚该亚和拉哥尼亚地区进行调查的结果，它填补了古希腊早期历史研究的一项空白，改变了西方史学界的一种传统观点：公元前11—前8世纪之间的三个世纪是古希腊历史上一个"绝对黑暗"的时期①。2000年，该书经修改后再版，这次改版的重要依据是20世纪70年代后大量墓葬考古的新发现。随后，斯诺德格拉斯先生根据考古发现又相继写成《早期希腊的盔甲和武器》《希腊的武器和头盔》《考古与希腊国家的兴起》。在此基础上，斯诺德格拉斯从宏观上对古风希腊社会进行了大胆的描绘。《古风希腊：一个试验的年代》揭示了古风时期希腊社会发生重大变革的原因，探究其外在的表现，指出这是一场"结构性革命"②。在这部著作中，斯诺德格拉斯不仅运用地下考古的许多原始资料，而且利用最新考古方法——花粉分析法的研究成果，分析了古希腊早期社会的经济状况。

随着考古技术的不断进步和完善，空中摄影技术在考古研究中逐步得到应用，学者们得以从新的视角对希腊各地的遗迹进行开发性研究。随着新技术的不

① H. D. F. Kitto, *The Greeks*, London, 1954, p. 25.
② A. Snodgrass, *Archaic Greece：The Age of Experiment*, University of California Press, 1980, pp. 15-84.

12

断成熟，新的研究工作也不断取得一些重要成果，英国史学家奥斯邦（Robin Osborne）的《古典风景图——古希腊的城市和农村》就是这方面的突出代表。书中所利用的材料就包括大量空中摄影的成果，以及调查考古的许多资料。

在希腊境内，甚至在西西里岛、南意大利和黑海周围一带，都留下大量古希腊人的宗教建筑遗址。随着对这些遗址的不断挖掘，大量与宗教有关的研究成果不断出现。1977 年，德国学者沃尔特·博科特（Walter Burkert）的《希腊宗教：古风和古典》出版，该书利用了大量的考古资料，对古希腊的宗教进行系统的描述。该研究成果在学术界引起很大反响，并于 1987 年被约翰·拉芬（John Raffan）翻译成英文出版。1985 年，由英国学者伊斯特林（P. E. Easterling）和莫伊尔（J. V. Muir）主编的《希腊宗教与社会》一书出版，该书是一部论文集，其中吸收了大量考古调查的成果及考古挖掘的一些新资料，尤其是对神庙遗址、祭品等进行了考察分析；同时，书中还论述了古希腊人的宗教信仰、宗教活动、宗教艺术以及宗教与社会生活的密切关系。

法国学者波利纳克（François de Polignac）通过对古希腊早期祭坛的考察，著成《宗教仪式、领地、希腊城邦之源》一书，他在书中阐述了古希腊城邦的兴起与宗教的关系，强调宗教在城邦形成过程中具有重要的凝聚作用。波利纳克认为，宗教祭坛有可能在城邦国家建立时被作为边界的一种标志。科克（Leslie Kurke）的《货币、群体、体育比赛和黄金：古风希腊的政治意义》以古希腊的铸币和陶器上的铭文、图画为主要依据，考察了古希腊社会的政治经济状况，并试图揭示两者之间的关系。科克认为，铸币并非是引起古风时期希腊政治斗争的原因，而是这种政治斗争的一种象征。因此，古希腊铸币出现于公元前 7—前 6 世纪，而这时正是古希腊社会出现正义危机和财富分配不均的时期。他还根据词源学的分析得出结论，即铸币不仅是古希腊城邦的一种现象，而且是平等意识的一种象征。[①] 在该书中，科克以出土陶瓶上的图画解读古希腊社会，揭示了上层阶级的生活状况。尽管这是一部以研究古希腊政治为

---

① Leslie Kurke, *Coins, Bodies, Games, And Gold: The Politics of Meaning in Archaic Greece*, Princeton University Press, 1999, p. 14.

主的著作，但作者把货币和黄金作为考察的主要对象，这对研究古希腊人的经济生活及其思想意识有一定借鉴意义。

随着地下考古发掘工作不断获得重要发现，英国史学家莫里斯（Ian Morris）根据 20 世纪 30—80 年代的墓葬考古资料，对古风时代希腊城邦的兴起进行了专门研究，写成《墓葬和古代社会：希腊城邦国家的建立》。这是继斯诺德格拉斯的《希腊的黑暗时代》之后，利用考古学资料研究古希腊社会及其经济状况的又一重要成果。作者除了考察古希腊早期的墓葬情况和墓葬习俗及其变化，还分析了古希腊人的思想意识、人口状况等，并进一步考察、推测墓葬习俗与古希腊城邦兴起的关系。到 20 世纪 90 年代初，莫里斯的《墓葬和古代社会：希腊城邦国家的建立》在西方史学界引起了一场争论，争论的主要问题是古希腊城邦兴起的原因及其发展演变的形式。1995 年 9 月，在杜尔汉姆（Durham）召开的学术会议专门讨论了古风时期希腊城邦的兴起与发展问题，并在第二年由米切尔（Lynette G. Mitchell）和罗德斯（P. J. Rhodes）将这次会议上宣读过的论文编辑成册，命名为《古风希腊城邦的发展》。

同年 9 月，西方古典史学家还在卡迪夫（Cardiff）召开了另一场专门讨论古风希腊的学术会议，后由菲舍尔（Nick Fisher）和汉斯·凡·维斯（Hans van Wees）将这次会议的论文编辑成册，即《古风希腊：新方法和新证据》。在这部论文集中，四位英国古史学家莫里斯（Ian Morris）、斯蒂芬·霍德金森（Stephen Hodkinson）、安东·波沃尔（Anton Powell）和韦林（Alexandra Villing）的论文都运用了大量考古发掘的资料，尤其是莫里斯的《考古学与古风希腊史》一文，充分论述了考古学在古希腊史研究方面的重要作用。他认为，考古资料为历史研究提供一种新材料，这种材料适合于按照布罗代尔的"长时段"理论撰写结构史，能使我们的视野延伸到古希腊世界的每一个角落。考古学对于以文字为主要介质的历史是一个重要的补充和纠正，因为没有考古资料验证的历史会造成一种误解。[1]

---

[1] Ian Morris, "Archaeology and Archaic Greek History," Nick Fisher and Hans van Wees, *Archaic Greece*: *New Approaches and New Evidence*, Classical Press of Wales, 1998, pp. 1–91.

　　莫里斯在这篇论文中把古希腊大陆划分为四个地区——中希腊、北希腊、西希腊和克里特，然后对每个地区的坟墓、祭坛、居住地、陶器、金属器皿和雕塑等考古材料进行分类考察，借以揭示古风希腊的社会生活状况。该书虽然主要研究政治史，但其中的有些内容对我们了解当时古希腊的社会经济状况有一定的参考价值。

　　在利用考古资料研究古希腊社会经济方面，莫勒（Astrid Möller）独辟蹊径，写成《诺克拉提：古风希腊的贸易》一书。他几乎利用了整个 20 世纪考古学家们在诺克拉提的发掘成果，包括神庙遗址、各种陶器，以及古希腊人在诺克拉提的居住状况，并结合古风时代希腊社会的经济贸易状况。他在这部书中得出的结论是，诺克拉提是古希腊人在埃及的一个贸易站，而不是他们建立的城邦。[①]

　　一个多世纪以来的古典考古工作取得了许多重要研究成果，随着考古学的不断发展，古希腊史研究也不断取得新的突破，尤其是经济史和经济思想成为古希腊史研究的新亮点。当然，考古研究的结果也存在着其自身的局限性，考古资料的时间限定往往是不精确的，只在宏观研究方面占有一定优势，因此，考古研究的成果通常需要其他史料加以验证。总之，考古学的兴起与发展给古希腊经济史研究带来了新的生机和动力，同时也提出了新的挑战。

---

① Astrid Möller, *Naukratis*: *Trade in Archaic Greece*, Oxford University Press, 2000, p. 188.

第一章　自然环境与古希腊经济思想

　　以地理特征为主要因素的自然环境是人类生存的必要条件，甚至在一定程度上影响人们的生活方式和思维方式。对于一个国家和地区的发展来说，也是如此。希腊的地理、气候等自然环境十分独特，它在古希腊文明的形成与发展过程中起到了非常突出的作用，甚至对希腊人的生活方式和思维方式都产生了深刻影响。相应地，在古希腊的经济思想中，我们也很容易发现自然环境对经济活动的制约作用。

第一节　古希腊自然环境的基本特征

　　希腊地处地中海北岸，无论是其地理特点还是气候特征都深受地中海的影响，因此希腊的植被特征及气候类型都具有地中海地区的特点。地中海处在欧、亚、非三洲交界之处，它在西面通过狭窄的直布罗陀海峡与大西洋相连，在东面通过达达尼尔海峡、马尔马拉海和博斯普鲁斯海峡与黑海相通。这种几乎与大洋相隔断的特点，使地中海几乎没有多大的潮汐，水体相对平静，这对于古代的航海事业是尤为重要的前提条件。

　　在气候方面，由于受地中海的影响较深，希腊以地中海气候为主。地中海气候在世界上都是非常典型的，地中海周围各地表现得尤其明显。这种气候的主要特点是：夏季炎热干燥，冬季温和；雨量较少，且降雨集中。但是，由于希腊的地理环境非常复杂，各地的气候存在着很大的差异。比如，受山体的影响和作用，山前与山后的气候往往存在很大的差别，山前的雨量较少，山后的雨量较为充沛。就希腊大陆而言，东部和南部的沿海地区雨量较少，西部和西北山区的雨量较为充足。

古希腊的领土主要包括希腊大陆、爱琴海诸岛屿和小亚细亚西北沿岸一带，其自然景观的两大主要特征是山脉与海洋①。希腊大陆位于巴尔干半岛南部，在地理上通常自北向南分为三部分。连绵不断的品都斯山脉和罗多彼山脉从希腊北部一直延伸到科林斯湾，基本构成了希腊大陆北部的全貌。中希腊虽没有高大的山脉，但由于受品都斯山脉向东南延伸的影响，大部分地区仍然以低矮、崎岖的山地为主，且山体多是裸露的石头；除了个别地区，大多数山脉海拔都不超过 1000 米。中希腊主要包括多利斯、彼奥提亚、波奇司、埃陀利亚、阿提卡和优卑亚岛。南希腊即伯罗奔尼撒，该地区除了在西部沿海有几处狭小的山间平原，高低不平的山脉仍是其主要地理特征。在北面亚该亚有该地区最高的山脉，中部的"拉西第梦"凹地四周被群山怀抱，南面的几个小半岛上也点缀着一道道小山岭。

希腊所在的巴尔干半岛是南欧三大半岛中最具有地中海特征的一个半岛，而"南欧绝对重要的景象是它那众多的丘陵和山地地形"②。希腊大陆的地形主要是山脉和丘陵，品都斯山北面与阿尔卑斯山相连，从希腊北部向东南一直延伸到伯罗奔尼撒半岛北部的高山地区，往东直插爱琴海。伯罗奔尼撒是一个四周被群山包围的半岛，在半岛的中部是有名的"拉西第梦凹地"，这是希腊大陆上一块土地肥沃的平原。在希腊大陆的东北部是由罗多彼山构成的一条山脉，它几乎主宰了色雷斯和马其顿的地形特点，只有色萨利是希腊大陆上一块较大的平原。在众多山岭的作用下，希腊各地都是被划分开来的山间小平原，其面积一般都比较狭小。只有在色萨利盆地和东北地区有为数不多的较大平原，还有几处高原盆地，也都面积不大。由于希腊大陆上的山脉大都以喀斯特

---

① Joint Association of Classical Teachers'Greek Course Background Book, *The World of Athens*, Cambridge University Press, 1984, p. 63.

② ［美］乔治·W. 霍夫曼主编:《欧洲地理(包括苏联亚洲部分)》,南开大学经济研究所、山西大学编译室合译,天津人民出版社 1982 年版,第 352 页。

岩石为主，山岭一般比较险峻，尤其是在山海相接处，山岭就像是直插入海，形成许多岬角和半岛。因此，曲折而漫长的海岸线，也成为希腊地理上的一大特征。以山地为主的地理特征，使希腊各地的可耕地面积很少，而且土地贫瘠。

　　岛屿是希腊领土的重要组成部分，约占全国面积的1/5。[①] 这些岛屿一般都比较小，数量较多。在分布比较集中的爱琴海地区密布着大大小小483个岛屿。从克里特岛到基克拉迪群岛，几乎每一个岛屿都在古典神话和历史中留下了闪光点。[②] 爱琴海地区的岛屿分为四大部分：基克拉迪群岛、东部岛屿、北部岛屿和克里特岛。基克拉迪群岛作为希腊的一条重要海上通道，把希腊大陆与亚洲联系起来。从岛屿的岩石成分来看，整个群岛都是由石灰岩构成的，有些岛屿实际上是火山岛，如圣托里尼岛（Santorini）和米洛斯（Milos）。在这个面积大约只有2500平方公里的群岛上，可耕地面积只占其中的10%。[③] 克里特岛也是由石灰岩形成的岛屿，岛上的地形仍然以山地为主，沿海平原和低矮山地只占全部面积的很小部分，且主要分布在岛的最西端。可见，作为希腊领土的重要组成部分，诸岛屿的地形也多是以山地为主，岛上可耕地面积一般都比较小，土壤也比较贫瘠。希腊大陆上的河流比较少，即使有一些河流，其长度一般也都比较短。受喀斯特地形的影响，许多河流都流入地下，形成地下暗流，然后在远处流出来。根据希罗多德记载，被阿尔哥斯人称为埃拉西诺斯河的一条河流就属于这种类型，该河流起源于司图姆帕洛斯湖，湖水流入地下的一条裂缝中，然后在阿尔哥斯出现。[④]

　　受气候、地形等环境的影响，希腊的植被呈现出多样性的特征。研究显示，希腊生长着6000多种开花植物，而比希腊领土面积大一倍的英国只有

　　① ［美］乔治·W.霍夫曼主编：《欧洲地理（包括苏联亚洲部分）》，南开大学经济研究所、山西大学编译室合译，天津人民出版社1982年版，第399页。

　　② D. S. Walker, *The Mediterranean Lands*, London, 1960, p. 367.

　　③ John Boardman, *The Cambridge Ancient History*, Vol. Ⅲ, Part1, Cambridge University Press, 1982, p. 767.

　　④ ［古希腊］希罗多德：《历史》，王以铸译，商务印书馆1959年版，第433页。

2100 多种开花植物。① 在希腊的山间谷地及狭小的平原上，生长着各种树木丛林、草本植物。其中多为耐旱的植物，较为典型的有栎树、橡树、松柏、月桂、番樱桃、石南、蔷薇、薄荷等。

海洋作为希腊自然景观的第二大特征，对希腊文明的形成与发展有着特殊的意义。爱琴海哺育了希腊的早期文明，地中海则对希腊的气候产生了持久的影响。由于地中海几乎与大洋是相隔断的，它的潮汐很小，除了亚得里亚海沿岸等几处地区，其余地区的日潮汐差都不超过一英尺。爱琴海在大多数季节里也都适合于航海，在山海相接处，有许多水深的海湾，为航海活动提供了便利条件。

小亚细亚西部沿岸一带，无论在气候上还是在地理特征上都与希腊半岛东部沿岸非常相似：曲折的海岸线、无数的海湾以及众多的港口。在早期时代，希腊人就迁徙到小亚细亚西部沿岸一带，所以这里可以说既是希腊的本土，也可以说是希腊人的殖民地。根据希罗多德的记载，小亚细亚的地质状况与希腊大陆有很大的相似之处：在离吕底亚王国首府不远的科罗赛城，有一条吕科斯河，它首先"注入地上的一个裂缝而消失，然后在大约五斯塔迪昂之外的地方再显示出来，它和另一条河一样，也是流入迈安德罗司河的"②。

总之，古希腊位于地中海东部，扼守欧、亚、非三洲之要冲。古代希腊世界的地理范围大致以希腊半岛为中心，包括爱琴海诸岛、小亚细亚西部沿海、爱奥尼亚群岛以及意大利南部和西西里岛的殖民地。在希腊很难找到大河流域和开阔肥沃的平原地带，连绵不绝的山岭河川将陆地分隔成为众多的小块土地。但是，浩瀚的海域赋予希腊先民以广阔的发展空间，这里海岸曲折，绿岛相连，港湾众多，地中海气候温和宜人，海洋资源得天独厚。希腊山岭沟壑，耕地缺乏，土地贫瘠，在很大程度上限制了粮食的生产，人地矛盾比较突出。这种有限的农耕条件，使希腊人在不利的内部生存环境下，开始把目光转向外部。这在很大程度上推动了希腊的海外贸易发展，同时也促进了海外殖民活动

① J. Donald Hughes, *Pan's Traval: Environmental Problems of the Ancient Greeks and Romans*, Johns Hopkins University Press, 1994, p. 16.
② [古希腊]希罗多德:《历史》,王以铸译,商务印书馆 1959 年版,第 481 页。

和文化交流。而曲折的海岸线、众多的优良港湾又为海外殖民和海外贸易活动提供了便利条件。特殊的地中海气候使得希腊盛产葡萄酒和橄榄油,为海外贸易提供了商品。或许正是由于这些原因,促成了古希腊宽松自由的社会环境、互利互惠的思想观念和开拓进取的民族精神。

第二节　自然环境对古希腊经济思想的塑造作用

地理环境是人类社会存在和发展的最基本条件和必要条件,它对社会经济的发展起到至关重要的作用,甚至在某种程度上决定着社会经济发展的基本方向。马克思主义理论家普列汉诺夫认为:"人类的经济发展是在地理条件的影响下进行的。正是由于某个社会的地理环境的这种或那种性质,经济发展才以或快或慢的速度进行,并采取这种或那种方向。"① 人类社会的发展历史表明,人类与自然环境是一种相互关系。一方面,人类利用自然,甚至改造自然,以便让它们为人类的社会生活服务;另一方面,由于特殊历史条件的制约,人类改造自然的能力受到技术条件的限制。换言之,在某种程度上,自然环境也制约着人类的发展。正是与大自然的这种相互关系,人类不断加深对自然世界的认识,积极探索利用大自然的方法和可能性,为人类的生存生活服务。

一、地理特征对古希腊经济思想的影响

独特的地理环境孕育了古希腊文明,也在古希腊文明中留下了深深的烙印。地理环境对古希腊人的思想意识的影响是非常突出的,这种影响也表现在古希腊人的经济思想之中。尤其是在古希腊文明形成的古风时代,地理环境成为塑造古希腊经济思想的重要因素之一。

美国历史学家斯塔夫里阿诺斯认为,对于公元前 8 至公元 6 世纪希腊世界

---

① ［俄］普列汉诺夫:《普列汉诺夫哲学著作选集》(第四卷),汝信等译,生活·读书·新知三联书店 1974 年版,第 44 页。

发生的结构性转变，地理条件是促其实现的一个基本因素。① 根据考古发现的资料，在古希腊历史上的"黑暗时代"，众多部族在希腊大陆上迁徙不定，人们过着游牧、半游牧或半游耕的生活。直到古风时代，随着城邦兴起，希腊人才逐渐转向农耕定居生活。随着希腊人逐渐采用以农耕种植为主的农业生产方式，人们的饮食也由原来的以肉食为主转向以粮食为主。② 研究还表明，到古风时代中期，希腊的农业种植结构也发生变化，希腊人逐步改变了原来以种植谷物为主的农耕经济，转向以栽培橄榄、葡萄为主的园艺经济。③ 在农业生产中，橄榄、葡萄等经济作物的种植逐渐占据希腊农业生产的显要位置。

古希腊农业种植结构的这种变化，在某种意义上是希腊人重农思想意识的一种表现，它与希腊的地理、气候等自然环境有着密切的关系。在希腊大陆及各个岛屿上，山地为主的地理特征非常明显，山间平原一般都很狭小，高原盆地也都面积不大，且数量较少。古风时代，希腊已经进入铁器时代，铁制农具的使用逐步推广，大量荒山野岭得以开垦。这些新开辟出来的山间坡地，不仅水利条件很差，而且土壤多由石灰石的风化形成，土壤中含有大量砂砾石子。因此，这种土地十分贫瘠，土层较薄。再加上干燥的地中海气候，这些不利因素使谷物的生长非常困难，而且产量很低。这就极大地限制了古希腊人的农业开发，迫使他们改变农业种植结构，探索新的农耕种植模式，在实践中逐渐扩大种植橄榄、葡萄和无花果等经济作物，以及耐旱的大麦等。这些植物不仅根系发达，能深深地扎根于土壤之中，而且具有耐干热季节的天然功能，因此被称为"地中海三组合"④。所以，古风时代，希腊农业中园艺种植业的兴起，在很大程度上是地理环境作用的结果。直到今天，葡萄、橄榄的种植、加工仍在希腊经济中占很大的比重。

---

① [美]斯塔夫里阿诺斯：《全球通史：1500 年以前的世界》，吴象婴、梁赤民译，上海社会科学院出版社 1999 年版，第 202 页。

② A. M. Snodgrass, *The Dark Age of Greece*, Routledge Chapman Hall, 2000, p. 48.

③ S. Barr, *The Will of Zeus: A History of Greece from the Origins of Hellenic Culture to the Death of Alexander*, Dell Publishing Co., Inc., 1961, p. 641.

④ Joint Association of Classical Teachers'Greek Course Background Book, *The World of Athens*, Cambridge University Press, 1984, p. 70.

　　地理环境对古希腊手工业的影响也非常明显。比如石材、红陶土和木材是希腊的三种主要自然资源，古希腊的石材加工业、制陶业和造船业都很发达。在希腊的古代遗址中，以神庙、祭坛等宗教建筑最多，神庙建筑成为古希腊文明的一大特征。根据考古资料，公元前7世纪，石材在古希腊的神庙建筑中只局限于地基部分，墙体使用的主要是泥砖，柱子也还是木制的。到公元前6世纪，希腊的神庙建筑已全部使用石材。① 到古典时代，随着希腊文明发展到鼎盛时期，神庙建筑也在希腊各地普遍兴起，这必然推动石材加工业和建筑业的发展，从而推动希腊手工业的发展。

　　陶器制造业是古希腊最主要的手工生产行业，古希腊的陶器出口有着悠久的历史，而且出口的范围相当广泛。早在迈锡尼文明时期，希腊的陶器就远近闻名。即使在古希腊历史上的"黑暗时代"，陶器制造业在艰难的环境下依然延续发展。尽管这个时期的陶器风格以呆板的几何图形为主，但仍能看出古希腊陶器制造业在一定程度上有所发展。公元前9世纪，雅典人制造出闻名希腊世界的"狄浦隆"花瓶，其制造技术有了很大的进步。古风时代的科林斯、古典时代的雅典，先后都以出口陶器而闻名于地中海。由于陶器的耐腐蚀性，古希腊的大量陶器被保存下来。随着近代以来古典考古的兴起，数以万计的陶器或陶器残片被挖掘出来。在埃及、利比亚，在黑海周围地区，在意大利、西西里岛、法国以及西班牙，到处都发现了古希腊人制造的陶器或陶器残片。这些发现不仅成为我们研究古希腊社会状况的重要史料，而且在一定程度上反映了古希腊制陶工业的发达程度。

二、海洋环境对古希腊经济思想的影响

　　海洋是希腊自然景观的第二大特征，因此对希腊文明的形成与发展有着特别的意义。爱琴海哺育了希腊的早期文明，地中海则对古希腊的经济产生了持久的影响。爱琴海在大多数季节里也都适合于航海，赫西俄德的父亲常常扬帆出

---

① 　P. E. Easterling and J. V. Muir, *The Greek Religion and Society*, Cambridge University Press, 1985, p. 73.

海，以寻找充足的生活来源，他也因此而懂得"波涛汹涌的大海的节律"①。爱琴海东、西两岸的山海相接处，有许多水深且带有屏蔽的海湾，南部的众多岛屿之间一般不超过 50 公里，有利于海上航行。就整个地中海而言，它在西面通过狭窄的直布罗陀海峡与大西洋相连，在东面通过达达尼尔海峡、马尔马拉海和博斯普鲁斯海峡与黑海相通。由于几乎与大洋相隔断，所以地中海几乎没有多大的潮汐，水面相对平静，这是古代人发展航海事业的重要的前提条件。

古风时期，希腊的殖民运动同样受到地理环境和海洋等自然因素的影响。研究发现，这一时期，积极从事殖民活动的城邦多处在沿海地区或岛屿上，如科林斯、雅典，以及小亚细亚沿岸的希腊诸城邦。在有据可查的 139 个殖民地中，小亚细亚沿岸诸城邦开辟了 53 个，其中以米利都人开辟的殖民地最多，有 39 个。② 从这些殖民地的具体情况来看，它们主要在西西里岛、南意大利、黑海周围地区以及北非沿岸。也就是说，它们大多数被建立在沿海地区，或大江大河入海处的三角洲地带。这些地方一方面土地资源比较丰富，土质肥沃，有利于农作物生长；而且气候条件和地理环境与希腊相似，殖民者很快就能适应新的生活环境。另一方面，这些地方多港口码头，水路交通便利，这对于熟悉海洋生活的希腊人来说，无疑是他们加强与母邦联系的一个有利条件。

对于内陆交通落后的古希腊而言，海洋为人们的商业活动提供了极大的便利。古希腊的商业活动突出表现为海外贸易的繁荣发展，这不能不说是海洋在古希腊经济中发挥作用的表现和结果。在这里，地理特征再一次显示它对古希腊经济的影响。在古希腊历史上，海外贸易比较发达的城邦国家主要是科林斯、雅典、厄吉那，以及小亚细亚西部沿岸的米利都等。就地理环境而言，这些城邦有一个共同之处，它们或地处沿海，或是爱琴海中的岛屿，拥有优越的港湾，可以修建码头，海上交通便利。在爱琴海域的南部，密布着数百个岛屿，成为联结亚洲与欧洲的重要海上通道。这些自然条件都为古希腊人从事海上贸易提供了便利。

---

① ［古希腊］赫西俄德：《工作与时日·神谱》，张竹明、蒋平译，商务印书馆 1991 年版，第 19—20 页。

② John Boardman, *The Cambridge Ancient History*, Vol. Ⅲ, *Part*3, Cambridge University Press, 1982, pp. 160–162.

据修昔底德记载，科林斯在古希腊的早期就曾经繁荣一时，自远古以来就是重要的商业中心，公元前6世纪，科林斯的陶器已经行销海外。科林斯商业贸易的繁荣在很大程度上得益于其有利的地理位置。它控制着连接伯罗奔尼撒半岛与希腊大陆的地峡，科林斯地峡是这两地之间的唯一通道，又是地中海北部东、西海上交通的必经之处。科林斯也因而控制着南、北希腊的陆上交通，并掌握了东、西地中海贸易的锁钥，垄断了从亚洲经爱琴海、科林斯湾到爱奥尼亚海北岸，直至南意大利、西西里的中转贸易。因此，科林斯从海路贸易和陆路贸易中获得的大量收入使它强盛起来。① 也就是说，科林斯经济上的繁荣，在很大程度上与它的地理位置有密切关系。

古典时代的雅典曾是希腊世界贸易最发达的地区，雅典商业的繁荣在很大程度上也得益于其优越的地理位置。阿提卡不仅在东北、东南及南面靠海，而且在西面因曾控制麦加拉而靠近科林斯地峡。有利的地理条件，使雅典人能够积极发展海外商业贸易。公元前5世纪初，雅典开始修建庇里乌斯港，后来雅典政府又修建了从雅典城到该港口的"长墙"，把港口和雅典城连接起来。庇里乌斯港是雅典的天然海港，到公元前5世纪中期，它已经成为整个东地中海世界的商业中心。雅典政府不仅在该港口任命管理市场的官员，而且还拍卖该港的收税权，对进出口该港的货物，按其价值征收2%的税。据记载，这种税收在一年中曾为雅典政府提供了36塔兰特的财政收入。② 可见，海外贸易在雅典经济中具有举足轻重的地位。

阿提卡地区山地较多，山间的土地面积狭小，土质贫瘠，雅典的粮食供应不得不大量依靠从外面进口；特别是公元前5世纪以后，随着雅典的人口不断增加，对粮食的需求进一步提高。粮食进口贸易的扩大，带动了雅典海外贸易的全面发展。古希腊人的粮食进口来源地非常广泛，除了黑海周围各地、西西里岛和意大利，还有埃及、塞浦路斯、色萨利、色雷斯等地。到伯利克里时代，雅典已经发展成为一个名副其实的"商业帝国"。雅典人不仅从黑海地区

---

① [古希腊]修昔底德：《伯罗奔尼撒战争史》，徐松岩等译，广西师范大学出版社2004年版，第10页。
② Joint Association of Classical Teachers'Greek Course Background Book, *The World of Athens*, Cambridge University Press, 1984, p. 183.

进口大量的谷物和干鱼，使用本地生产的橄榄油和酒，还可以吃上腓尼基的椰枣和西西里的奶酪，脚穿波斯人制作的拖鞋，头枕迦太基人制作的枕头，睡在米利都人制作的床上。① 这在很大程度上是对古典时代雅典海外贸易发达的生动写照。

厄吉那岛地处亚哥利斯和亚狄加之间，扼守萨罗尼克湾之咽喉，是由爱琴海域进入科林斯湾的必经之地。该岛是由于地震作用而形成的，岛上土地贫瘠，不适合耕作。但由于重要的地理位置，厄吉那人经营东、西地中海之间的转手贸易，向过往船只征收关税。到公元前6世纪末，厄吉那成为希腊的一个重要贸易城邦，从关税中得到大笔收入，厄吉那岛也因此繁荣一时。厄吉那还是最早铸造银币的希腊城邦之一，这同样得益于它所处的重要地理位置②，因为希腊大陆最早的铸币是从小亚细亚的吕底亚王国引进的。公元前5世纪，厄吉那称霸于爱琴海上。为了争夺海上贸易的霸权，它与雅典进行了长期的争夺，直到前430年被雅典打败后，才被迫离开厄吉那岛。

无论在气候方面，还是在地理特征方面，小亚细亚沿岸一带都与希腊大陆东部沿海地区非常相似：曲折的海岸线、无数的海湾以及众多的港口。在迈锡尼文明衰落后，先后有许多希腊人迁徙到小亚细亚西部沿岸一带，在这里建立了有名的伊奥尼亚十二城。在古风殖民运动中，又有大批希腊人从希腊本土来到小亚细亚沿岸一带定居。可以说，小亚细亚沿岸地区既是希腊的本土，又是希腊人的殖民地。

研究还表明，在小亚细亚沿岸的米利都，爱琴海中的罗德斯岛、萨摩斯岛和开俄斯岛也有类似的情况。这些岛屿上的土地大都不适于种植农作物，岛上的人们习惯从事海上贸易活动。罗德斯岛以出产葡萄酒和无花果而闻名，并在公元前4世纪开始成为爱琴海地区最重要的贸易中心。萨摩斯岛盛产木材，具有良好的造船条件。大约在公元前700年，一个科林斯人为萨摩斯人建造了第一艘三排桨战船，后来萨摩斯人自己也能够制造货船。米利都有许多良港，优

---

① John Boardman, *The Cambridge Ancient History*, Vol. Ⅲ, Part1, Oxford University Press, 2000, p. 16.

② Astrid Möller, *Naukratis*: *Trade in Archaic Greece*, Oxford University Press, 2000, p. 76.

越的地理位置弥补了其土地贫瘠的不利条件，木材是该地最著名的产品。①

古希腊海外贸易的空前繁荣与其自然环境有着密切的关系，尤其是便利的海上交通条件。希腊大陆处于一个相对封闭的状态，大陆被山脉分割得支离破碎，各地之间交通极为不便。自然资源的相对缺乏，也在一定程度上阻止了各地之间的贸易活动。因此，希腊各地内部的商品交流受到自然条件的限制。内部经济交流的缺乏使希腊人把目光转向海外，广阔的海洋，曲折漫长、犬牙交错的海岸线，众多优良的海湾，尤其是爱琴海域数百个岛屿之间距离都比较近，就像一块块踏脚石不规则地散在爱琴海南部，把希腊大陆与亚洲联结起来。在迈锡尼时代，希腊人就曾是一个以航海著称的伟大民族，他们与东地中海地区有着贸易往来，并在叙利亚、埃及有定居点。② 公元前 8 世纪以后，希腊世界逐渐度过了"黑暗时代"，结束了封闭状态，重新恢复了与地中海各地的贸易联系。希腊人在地中海和黑海的殖民活动，进一步扩大了他们的贸易空间。古风时期的殖民运动之所以取得成功，在很大程度上是由于古希腊人充分利用了海洋，掌握航海技术。总之，海洋在古希腊人的经济活动，尤其是海外贸易中起到非常重要的作用。古希腊的商业活动突出表现为发达的海外贸易，这不能不说与希腊的地理环境有很大的关系。换言之，海洋在古希腊人的经济思想中留下了烙印。

如果说海洋在某种程度上决定了沿海城邦和岛上城邦的经济发展方向，那么山地对内陆城邦的经济发展同样具有重要影响。底比斯（Thebes）就是一个非常突出的例子③，它是古希腊的一个内陆城邦，位于比奥提亚中部。底比斯城坐落在一条有几个小山组成的山脊上，这条山脊把北面的平原与南面阿索波斯河（Asopus）上游绵延起伏的肥沃谷底分开。这种地势使底比斯能够控制南、北两面的肥沃土地。底比斯地处比奥提亚平原的中央，四周被众多的山丘

---

① J. B. Bury and Russell Meiggs, *A History of Greece: To the Death of Alexander the Great*, St Martin's Press, 1975, pp. 79-88.

② J. B. Bury and Russell Meiggs, *A History of Greece: To the Death of Alexander the Great*, St Martin's Press, 1975, p. 64.

③ Nancy H. Demand, *Thebes in the Fifth Century*, Routledge & Kegan Paul, 1980, p. 7.

和山脉环绕着：北面是徐帕特斯山（Hypatus）和普斯通山（Pstoön）；西面是与普斯通山相连着的一些低矮的小山丘和赫利肯山（Helicon）；东面是德里特萨山脉（Dritsa）；南面是基泰隆山（Cithaeron）和帕斯特拉山（Pastra）。这四周一连串的山脉和山丘把整个平原上的土地包围起来，形成底比斯城邦的天然边界线。由于没有接近海洋的天然条件，再加上内部土地资源相对充足，底比斯的经济以农耕种植为主。

在古希腊历史上，底比斯城邦的政局长期处于非常稳定的状态。这种政治上的稳定在很大程度上得益于其经济的稳定，而底比斯的经济以农业为主，农产品相对丰富。也正是由于大自然的馈赠，底比斯拥有丰富的农业资源，其居民有了相对充足的生活来源。由于没有到其他地方寻求生活来源的生存压力，底比斯的商业贸易很不发达。有资料显示，直到公元前 5 世纪，商业贸易在底比斯仍未达到能够影响其基本社会经济结构的程度。[①] 可见，地理条件对内陆城邦的经济发展具有非常明显的作用。

古希腊的经济活动受到地理环境的制约，从某种意义上说，希腊特有的地理环境影响了古希腊社会生活和经济发展模式。古希腊人对此就有初步的认识。在以古希腊哲学家、数学家希波克拉底的名字命名的医学著作中，有一篇关于"大气、水、地域"的论文，作者认为，天气和地理环境是人的身体和气质特征的决定性因素。[②] 亚里士多德更进一步认为，地理环境对人的思想和性格都会有深刻的影响，"在寒冷地带居住的任何欧洲各族的居民都生命旺盛，但在思想和技术方面则较为缺乏……亚细亚的居民较为聪颖而且精于技巧……至于希腊各族，正如位于这些地方的中间地带一样，兼具了二者的特性。因为希腊人既生命旺盛又富于思想"[③]。色诺芬认为，雅典政府拥有"增加其收入"的"得天独厚"的自然条件：亚狄加不仅有肥沃的土地，而且占据着优越的地理位置，是希腊海上交通和陆上交通的"中心点"；雅典还拥有

---

① Nancy H. Demand, *Thebes in the Fifth Century*, Routledge & Kegan Paul, 1980, p. 10.

② Robin Osborne, *Classical Landscape with Figures*: *The Ancient Greek City and Its Countryside*, Sheridan House, 1987, p. 162.

③ ［古希腊］亚里士多德：《政治学》，颜一、秦典华译，中国人民大学出版社 2003 年版，第 240 页。

"最优良和最安全的港口"。① 尽管古希腊著作家们的观点并不完全正确,但它说明当时的人们已经初步认识到地理环境与人类生活的密切关联性。

总之,地理环境作为人类生存的最基本条件和必要条件,在古希腊人的经济生活中起到了非常突出的重要作用,它规定了人们生活和生产活动的范围,从而在一定程度上塑造了经济发展的基本模式。当然,古希腊经济的发展并不完全取决于地理环境,它只是影响人类经济活动的一种因素,而不是唯一因素。只是与其他文明相比,地理因素在古希腊经济中所起的作用较为明显;与现代社会相比,古代社会对地理环境的依赖更大,相应地,地理环境对古希腊经济的影响更加突出一些。

大自然是人类生存的基础,同时也是制约人类生活的重要因素。在古代社会,自然环境对人类经济活动的制约作用会更加明显。大自然在给予人类极大恩赐和便利的同时,也限制了人类生活的范围。古希腊人的经济活动同样受制于他们赖以生存的自然环境,而这正是古希腊经济思想产生的前提条件。古希腊人更多的是在大自然所允许的限度内,充分利用大自然所赐予的各种条件,从大自然中索取各种生活必需。

但是,富于想象、善于冒险的古希腊人并不是完全听任大自然的摆布,他们努力地认识自然、改造自然,尽力冲破自然的限制,探索更加广阔的空间。在与自然的斗争中,古希腊人创造了自己的民族文化,他们在科学、宗教、哲学、艺术、政治制度等方面都取得了令世人瞩目的成就。古希腊人所创造的这些人文环境在他们的生产生活中起到一定的引导作用。古风殖民运动正是古希腊人在空间上的一种自我超越,哲学的诞生则是古希腊人对传统思想的突破。在古希腊人的经济活动中,我们看到了人类与自然的对立、统一,这就是古希腊人对辩证法的实际应用。

---

① [古希腊]色诺芬:《经济论·雅典的收入》,张伯健、陆大年译,商务印书馆1961年版,第66—68页。

第二章 古希腊经济思想的萌芽

——早期时代

古希腊人不仅辛勤劳作，敢于冒险，而且善于思考，对于周围的世界，对于人生的过程，都有着自己独特的看法。古希腊人尽其所能地在大自然赐予的环境下顽强地生存，创造了所属时代的物质文明成就，同时也创造了先进的文化成就。其中，古希腊人对社会问题的思考，对经济现象的深入分析，形成了影响至今的经济思想。尤其是站在西方文明发展史的角度上，古希腊经济思想对近代西方经济学的至深影响，曾经受到革命导师马克思和恩格斯的高度评价。

作为古希腊思想的集大成者，亚里士多德的思想成就达到了一个历史的高峰。相应之下，他的经济思想以及政治思想在古希腊的思想成就中也具有很大的代表性。然而，从辩证的观点来看，亚里士多德的经济思想也是古希腊经济思想意识长期发展的产物，其中包括普通民众所表达出来的朴素的经济意识。所以，从历史的视角考察古希腊经济思想意识的演变，是我们研究古希腊经济思想的起点。在古希腊经济思想的发展过程中，早期时代思想意识就已经初露端倪。作为古希腊文明的重要发展阶段，以克里特文明、迈锡尼文明及荷马时代为代表的史前时代，也就成为我们研究古希腊经济思想的重要起点。

第一节　克里特文明与迈锡尼文明的基本经济特征

古希腊文明起源于爱琴海，克里特文明和迈锡尼文明有着渊源上的联系。大约从公元前 16 世纪开始，高度发达的克里特文明就对希腊大陆产生了决定性的影响。考古发现，迈锡尼时代的墓葬不仅在形式上深受克里特文明的影响，而且在随葬品的种类方面也有许多相似之处，其中最为突出的相似点就是一些象征财富的珍贵物品，如黄金和武器。[①] 在建筑技术方面，迈锡尼文明延续克里特文明的建筑风格，考古发掘出的迈锡尼王宫与米诺斯王宫非常相似。根据古希腊传说，米诺斯王宫是在公元前 1350 年被毁的，而派罗斯王宫则是在公元前 1250 年以后被毁的。同时，文字方面的研究成果也说明了两种文明之间的联系性。在克诺索斯发现的泥版文书和在派罗斯发现的泥版文书上都刻有线形文字 B，尽管两种泥版文书相距 100 多年，但是它足以表明克里特文明对希腊大陆的影响。克里特文明是爱琴文明的最早的源头，迈锡尼文明继承了克里特文明的许多重要成就。

大约在公元前 2000 年，克里特文明开始进入青铜时代，并同时出现奴隶制国家。后来，以克诺索斯为中心建立起统一王权，形成了米诺斯文明。米诺斯文明分为旧王宫和新王宫两个时期，发生在公元前 18 世纪中叶前后的某种"灾变"成为新、旧王宫时期的分界线。这次灾变使克诺索斯的王宫被毁坏，但克里特文明并没有因此而中断。到公元前 17 世纪中叶，灾后重建的克诺索斯新王宫更加壮观豪华，克里特文明出现新的繁荣强盛局面。直到约公元前 1450 年，克诺索斯王宫被迈锡尼人占领，米诺斯文明退出历史舞台；爱琴文明的中心逐渐由克里特岛转移到希腊大陆上，希腊历史进入迈锡尼时代。

考古研究表明，克里特文明已普遍使用青铜器，生产力也有了很大的提

---

① J. B. Bury and Russell Meiggs, *A History of Greece：To the Death of Alexander the Great*, St Martin's Press, 1975, p. 20.

高。在较为平坦的谷川地带，土地肥沃，阳光充足，不仅种植粮食作物，还大量种植橄榄、葡萄等经济作物。国王向民众征收谷物、油、酒，用来给官吏们发放薪酬。根据考古发现，在米诺斯王宫的底层，有一个长方形的储藏间，用来存放国王的财物。室内摆放着许多大坛子和双耳罐，其高度近两米。坛内和罐内存放着橄榄油和其他农产品，估计这些容器的容量有六万加仑之多。① 克诺索斯王宫是一组围绕中央庭院建成的庞大而复杂的建筑群，四周建有坚固的堡垒，国王依靠一种自上而下的严密的官僚体系治着整个国家。

克里特文明时期的手工业有了相当程度的发展。在金属制造方面出现各种铜制的生产工具和武器，如铜剑、双面斧、匕首。而且考古挖掘发现一些铜像，其中有男子像，也有妇女像。除了铜器，还有金银制品。早在旧王宫时期，克里特人已经使用轮制法制作陶器，有杯、碗、钵、罐、花瓶等，他们还会在上面进行彩绘装饰。到新王宫时期，彩陶技艺成为米诺斯文明的一大特色，随着海外贸易的发展，克里特人的陶器销往埃及等地。

克里特文明时期的造船业也很发达。根据修昔底德的记载，克里特国王米诺斯是希腊传说中第一位建立海军的人，他不仅依靠这支强大的海军力量统一了全岛，而且镇压了海盗，控制了基克拉迪群岛，向大多数岛屿上派出殖民者。② 因此，到新王宫时期，克里特岛与爱琴海地区以及希腊大陆的一些地区建立起广泛的贸易联系，与埃及的贸易往来更为密切。现代考古学家在埃及古墓中发现了两件精致陶瓶，据测定，它们的制作时间大致在公元前20至前19世纪，是克里特人的手工制品。③ 可见，在米诺斯文明时代，希腊手工业水平已经很高，海外贸易也非常发达。

在希腊历史上，迈锡尼文明与克里特文明曾被人们遗忘了两千多年，甚至近代最著名的英国希腊史专家格罗特（Grote）也认为，希腊的历史应始于多

① William R. Biers, *The Archaeology of Greece：An Introduction*, Cornell University Press,1987,p. 34.
② ［古希腊］修昔底德：《伯罗奔尼撒战争史》，徐松岩等译，广西师范大学出版社2004年版，第5页。
③ ［美］詹姆斯·亨利·伯利斯坦德：《走出蒙昧》，周作宇、洪成文译，江苏人民出版社1998年版，第298页。

利斯人的入侵，或者是从公元前776年奥林匹克竞技会开始。[①] 直到19世纪末，随着希腊古典考古的兴起，迈锡尼文明才被人们重新认识。由于种种原因，迈锡尼文明在公元前12世纪末骤然衰落，希腊世界进入一个长达三百多年的"黑暗时代"。但是迈锡尼文明并没有因此而中断，随着近来考古研究的不断深入，许多考古资料都表明，古风、古典时期的希腊文明与迈锡尼文明有着密切的联系。

大约在公元前2500年，印欧人种的一支从多瑙河流域南下，陆续进入马其顿和色萨利一带。当时的印欧人以狩猎为生，不久被地中海民族的文化所同化，逐步转向农耕生活。公元前2000年前后，希腊部落再次南下，进入中希腊和伯罗奔尼撒，他们被称为亚该亚人。在以后的时期，希腊人征服了各地居民，在被征服的民族那里学会了手工技艺和航海生活，并修建城墙，建起了新城市。到公元前1600年左右，伯罗奔尼撒各地出现了一些宏大的宫殿，包括迈锡尼、提林斯（Tiryns）、派罗斯和底比斯等。希腊古代文明进入迈锡尼时代（前1600—前1125年）

1952年，迈克尔·文特里斯成功释读出线形文字B，根据这些文字所提供的材料，迈锡尼王国实行的是中央集权的王政制度。迈锡尼国王"瓦纳卡"集宗教、政治、军事和经济等大权于一身，他依靠一个传统的固定职业阶层——书吏进行治理。同时，借助一种由王宫显贵和王室检察官组成的复杂的等级制度，严密地控制和管理着整个社会机体。其中，将军"拉瓦凯塔"作为军队的统帅，地位仅次于国王。迈锡尼国王就是依靠这种"官僚"制度，统治着周围的广大地区。[②] 迈锡尼王宫那宏伟的宫殿、豪华的坟墓、坚固的防御城墙，以及以迈锡尼为中心的四通八达的平坦大道，道路上还平铺着大石板，都是迈锡尼国王至高无上权力的最好的说明。

从迈锡尼王宫那坚固的堡垒和金字塔式的官僚机构，以及高度集权的政治

---

① George Grote, *A History of Greece: From the Earliest Period to the Close of the Generation Contemporary with Alexander the Great*, London, 1888-1907.

② [法]让-皮埃尔·韦尔南:《希腊思想的起源》,秦海鹰译,生活·读书·新知三联书店1996年版,第12—13页。

体制来看，迈锡尼文明应该是建立在农耕经济的基础之上的。考古发现，在公元前1600年以前，希腊人就从事农业，可能还有畜牧业。在他们的遗址上发现了小麦、大麦、黍、蚕豆、豌豆，以及牛、绵羊、山羊、驴的骨头。考古学家在迈锡尼王宫和派罗斯的宫殿都发现了大量的陶器，早期的迈锡尼陶器在造型、着色、装饰等方面都受到克里特文明的影响。后来，迈锡尼的陶器开始独立发展，创造了自己的特色，产品销往地中海各地。① 这说明，在迈锡尼时代，希腊制陶业很发达；同时其他手工业部门，如酿酒业、轧油业等，也可能有了很大的发展。在考古发现的文物中有大批的陶罐、陶瓶，有的陶瓶上还绘制了各种图案，有武士形象图，有章鱼图案，以及其他动物图案，更多的则是几何图形，也有未加装饰的粗制陶器。这些陶器很有可能是古希腊人盛酒、油或水的器具。有资料显示，迈锡尼人擅长航海，在迈锡尼时代，希腊大陆与海外就有着广泛的贸易联系。根据语言学的研究，潘菲利亚方言（Pamphylian）在塞浦路斯人中使用。这至少表明迈锡尼时代的后期，在安纳托利亚南部沿岸一直有希腊人居住，包括塞浦路斯岛。在地中海东岸，利凡特（Levant）从迈锡尼进口陶器，但这种贸易联系在迈锡尼文明衰落后中断了大约150年。到公元前9世纪，来自希腊的陶器又重新出现在利凡特。② 显然，在迈锡尼时代，希腊与地中海的许多地区有一定程度的贸易上的往来，尽管这种贸易的规模不可能太大，每年的贸易次数也不固定。

在迈锡尼时代的社会生活中，农业似乎占有最重要的地位，畜牧业可能是农业经济的重要补充。根据文特里斯的研究成果，在泥版文书上的线形文字B中，不仅有牲畜和农业生产的记载，还有土地所有权和土地使用方面的内容。③ 芬利把迈锡尼时代的经济称之为王宫经济体制，它与高度集中的官僚政治体制相适应，对于土地的精心安排是这种王宫经济的最重要的组成部分。④ 有资料表明，迈锡尼时代的手工业要比克里特落后，在希腊大陆上找不到像古

---

① William R. Biers, *The Archaeology of Greece：An Introduction*, Cornell University Press, 1987, p. 82.

② John Boardman, *The Cambridge Ancient History*, Vol. Ⅲ, *Part*3, Cambridge University Press, 1982, p. 7.

③ M. I. Finley, *Economy and Society in Ancient Greece*, Penguin Books Ltd, 1981, p. 201.

④ M. I. Finley, *Economy and Society in Ancient Greece*, Penguin Books Ltd, 1981, p. 209.

尔尼亚（Gournia）那样的工业中心；由于海盗活动猖獗，海上贸易活动发展缓慢，迈锡尼和提林斯的国王都雇佣克里特工匠在花瓶和戒指上雕刻他们的海盗行为。①

第二节　"黑暗时代"的曙光——古希腊文明的延续性与变革

公元前 12 世纪末至前 8 世纪中的 3 个多世纪，是古希腊历史上的"黑暗时代"。这是一个普遍贫穷和衰退的时期，其明显的标志就是人口的大量减少、生活水平的严重下降、希腊社会的与世隔绝和停滞不前。② 总之，迈锡尼文明的衰落是"黑暗时代"开始的主要标志。

由于史料的缺乏，西方史学界长期认为，希腊历史上的"黑暗时代"是"完全黑暗的"。③ 但是，自 19 世纪末科学考古兴起，逐步揭开了古希腊早期历史的神秘面纱。考古学家谢里曼和伊文斯先后对古希腊文明的诸多遗址进行发掘，不仅把古希腊历史上溯了 1000 多年，而且为古希腊史的研究开辟了新的天地，即古典历史研究的新领域——考古学。

20 世纪上半期，对古希腊的考古工作不断取得新进展，对考古材料的分析、研究也取得重大突破。1952 年，英国语言学家文特里斯（Michael Ventris）释读出线形文字 B，这为古希腊早期历史的研究提供了有力的证据和研究资料。西方史学界在对考古资料进行深入研究的同时，对古希腊早期历史的研究也从多角度展开，社会学、语言学方面的研究也取得重大成果。近几十年来，调查考古学的发展，使有关古希腊早期历史的考古资料相对丰富起来。

20 世纪的研究成果表明，尽管迈锡尼文明遭到严重的摧残，但它并没有被完全毁灭，"爱琴文化的某些遗产……在数百年的暴乱之中仍然'奄奄一息

---

① ［美］威尔·杜兰:《世界文明史·希腊的生活》,幼狮文化公司译,东方出版社 1999 年版,第 41 页。

② William R. Biers, *The Archaeology of Greece: An Introduction*, Cornell University Press, 1987, p. 94.

③ H. D. F. Kitto, *The Greeks*, London, 1954, p. 25.

地保存着'"①。"黑暗时代"以一种特殊的形式保存了迈锡尼文明的某些遗产，把迈锡尼时代与古典时期的希腊连接起来，"黑暗时代"闪烁着人类文明之光。

首先，"黑暗时代"的初期，希腊大陆上确实出现人口骤减的现象，并且长期没有得到恢复。但是，辩证地看，一方面，人口的减少在很大程度上是由于大规模的移民造成的，而且这种移民活动持续了一个相当长的时间。有研究资料表明，较为清晰的移民潮主要有两支，一支从色萨利和彼奥提亚移居到小亚细亚北部沿岸，称"爱奥利亚人"；另一支来自阿提卡地区和优俾亚岛上，其中大部分是从伯罗奔尼撒半岛逃出的难民，他们移居到爱奥利亚人的南面，称为"伊奥尼亚人"。② 还有许多移民先后到达西南沿岸，以及塞浦路斯、克里特等岛屿上。同时，以多利斯人为主的北方游牧民族的侵入，给希腊大陆尤其是伯罗奔尼撒地区增添了新的民族因素，也给古希腊文明增加了新的血液。另一方面，在伯罗奔尼撒以外的地区，多利斯人的入侵所造成的影响并不非常明显，如雅典就没有受到多大的影响。即使在伯罗奔尼撒半岛上，多利斯人的势力并没有控制整个半岛。在有些地区，如亚该亚，仍在相当长的时期内保持着独立，美塞尼亚甚至到公元前 7 世纪才被斯巴达吞并。

从时间上看，希腊大陆人口的减少并不是长期持续的，它主要出现在"黑暗时代"前期，且集中在伯罗奔尼撒地区。随着社会秩序趋于稳定，希腊大陆的人口数量渐渐恢复。根据考古发现，"黑暗时代"人口稀少的状况大约延续到公元前 10 世纪，此后这种局面才有所改变。公元前 9 世纪末至公元前 8 世纪初，希腊大陆上人口迅速增长，尤其是阿尔戈斯和包括雅典在内的阿提卡地区。③

其次，"黑暗时代"的希腊仍然保持了与迈锡尼文化的某种联系，尽管这种联系比较微弱，但它仍在希腊文化的许多方面体现出来。迈锡尼王宫曾是迈

---

① ［美］威尔·杜兰：《世界文明史·希腊的生活》，幼狮文化公司译，东方出版社 1999 年版，第 83 页。

② C. E. Robinson, *A History of Greece*, New York, 1980, p. 27.

③ A. Snodgrass, *Archaic Greece：The Age of Experiment*, University of California Press, 1980, pp. 20-21.

锡尼文明的中心，是文明的代表和象征，但是迈锡尼宫殿的焚毁并不预示着迈锡尼文明的完全毁灭。在多利斯人统治的夹缝中，美塞尼亚和阿卡狄亚仍顽强地保持着独立，迈锡尼文明的传统仍在艰难地延续着。语言学研究表明，到古典时期，阿卡狄亚人仍在使用一种直接源自迈锡尼的语言，这种方言曾在古典时期塞浦路斯的一个地区被发现。学术界就此推测，迈锡尼人曾在该地区殖民，这里与阿卡狄亚一样，都不曾有多利斯人到达。这种语言也因此被称为"阿卡狄亚—塞浦路斯方言"。[①]

根据希腊的传说，在希腊大陆的其他地区，亚该亚似乎躲过了多利斯人入侵带来的这场大灾难，并由于收留了大量从伯罗奔尼撒等地逃出来的避难者，变得更加迈锡尼化。雅典也是这场灾难的幸存者之一，阿提卡地区几乎没有受到多大影响。在经历了"黑暗时代"初期那种以贫穷和暴力为特征的阵痛之后，希腊世界进入了一个相对平静的时期。大约在公元前1050年，一种新的文化在希腊大陆出现，这就是起源于雅典的"原始几何陶"文化。几乎同时，色萨利和其他地方也出现这种新类型的陶器。由于这种陶器在艺术风格上源于亚迈锡尼文明（Sub-Mycenaean Culture），所以被称为"原始几何陶"。这种陶器在制作技术方面有一定进步，但在造型工艺上吸收了迈锡尼时代的造型。[②]这种风格直接影响了后来流行希腊各地的"几何陶"文化。公元前9世纪，雅典生产的"狄浦隆"花瓶闻名整个希腊。尽管它失去了迈锡尼文明那种雅致、率真和创意的风格，但与更早的米诺斯陶器有某些相似。这充分显示出，在"黑暗时代"，希腊的艺术风格中仍然体现出迈锡尼文明的某种延续。

迈锡尼文明的薪火不仅在希腊大陆上被保留下来，而且在亚洲也被接续着。"黑暗时代"初期移居亚洲的伊奥尼亚人，后来在小亚细亚西北相继建立了十多个城市，被称为"伊奥尼亚十二城"，他们把迈锡尼文明的星火携带到亚洲。在度过艰难的岁月后，爱琴文明的星星之火重新在亚洲沿岸燃烧起来，放射出耀眼的光芒。希腊古典文化的许多重要成果都是由亚洲的希腊人创造

---

① C. E. Robinson, *A History of Greece*, New York, 1980, p. 25.

② William R. Biers, *The Archaeology of Greece: An Introduction*, Cornell University Press, 1987, p. 101.

的，如创作《伊利亚特》和《奥德赛》的盲诗人荷马诞生在小亚细亚，米利都学派的代表人物都诞生在亚洲沿岸的米利都岛上。米利都学派不仅是古希腊的第一批哲学家，而且都是掌握一定科学知识的科学家，该学派的创始人泰勒斯就是一位天文学家。据考证，希腊的城邦制度起源于小亚细亚。① 对亚洲的希腊人在古希腊文明的形成与发展中的作用，也许威尔·杜兰的评价更有见地，"希腊的第一次觉醒便是发生在亚洲地区"②。

文特里斯成功释读出线形文字 B，对古希腊早期历史的研究是一个极大的推动。根据他的研究成果，古典时代希腊的许多地名，如克诺索斯（Knos-sos）、法埃斯特斯（Phaistos）、科林斯（Corinth）、皮洛斯（Pylos）和底比斯（Thebes），在线形文字 B 的铭文中都已经出现。③ 文字学研究还表明，在公元前 700—前 200 年间，塞浦路斯仍在使用公元前 1500 年引进的一种文线形字，这种文字是在米诺斯线形文字的基础上修改而成的。这表明古风、古典时期的塞浦路斯保存了米诺斯—迈锡尼文明的部分特征。研究还表明，迈锡尼时代的陶器风格在塞浦路斯岛保持了长期的传统，希腊的英雄史诗、语言等都在塞浦路斯留下了深刻的影响。④

另外，黄洋先生通过对迈锡尼时代的泥板文书的研究，认为迈锡尼时代线形文字 B "瓦纳卡"（wanax）和"巴昔琉斯"（basileus）一同出现在荷马史诗中，从而证实"从迈锡尼社会到荷马社会，在社会形态上存在着某种形式的延续性"⑤。

最后，宗教在古希腊社会有着特殊的地位和作用，它渗透到社会生活中，在政治、经济、文化等领域产生广泛而深刻的影响。"黑暗时代"的希腊世界，不仅保持了与迈锡尼文明在文化上的联系，而且保留了迈锡尼时代的一些宗教特征。在反映"黑暗时代"与迈锡尼时代的文化联系方面，比较清晰的

---

① 顾准：《希腊城邦制度——读希腊史笔记》，中国社会科学出版社 1982 年版，第 70—71 页。

② ［美］威尔·杜兰：《世界文明史·希腊的生活》，幼狮文化公司译，东方出版社 1999 年版，第 80 页。

③ W. Burkert, *Greek Religion*, Harvard University Press, 1985, p. 48.

④ N. G. L. Hammond, *A History of Greece to 322 B. C.*, Oxford University Press, 1986, p. 93.

⑤ 黄洋：《试论荷马社会的性质与早期希腊国家的形成》，《世界历史》1997 年第 4 期，第 52—58 页。

古希腊经济思想研究

证据是众神的名字。尽管迈锡尼时代众神祇的名字只有约一半被沿用下来，但它着实成为两种文化之间联系的最为清晰的证据。古代希腊人所崇拜的奥林匹斯众神，如宙斯、赫拉、雅典娜、阿尔忒弥斯、赫尔墨斯和狄奥尼索斯，在迈锡尼时代晚期就已经是重要的神祇了。

在古希腊，人们以诸神的名字为各月份命名，希腊众多的节日庆典活动又几乎都是用来祭祀各个神祇的。研究表明，雅典人和伊奥尼亚人历法中使用的各月份的名字是一致的，爱奥利亚人和多利斯人之间也有类似的情况。这显示，希腊的祭神节日，连同其历法中的这些基本因素，可以追溯到希腊人在伊奥尼亚定居前的某一时间。①

"黑暗时代"的宗教习俗对古风、古典时期的希腊产生了重大影响。对谷物女神得墨忒耳的宗教崇拜开始于铜器时代，《伊利亚特》中不止一次提到这位女神，到公元前8—前7世纪，这位女神的神殿和庙宇被重新修建起来。在古典希腊，对酒神狄奥尼索斯的崇拜非常盛行，但就其渊源而言，可以追溯到"黑暗时代"的色雷斯。后来，这种宗教崇拜从色雷斯传到中希腊，被德尔斐的神职人员所吸收，并对其中的狂迷特征进行了修改。②

上述事实表明，"黑暗时代"的希腊并没有完全割断与迈锡尼文明之间的联系，迈锡尼文明的许多遗产被希腊移民带到亚洲。"黑暗时代"的小亚细亚西部沿岸，不仅在地域上，而且在文化上都变成希腊人的了。从某种意义上说，它扩大了希腊文明的地理空间。到古风、古典时期，小亚细亚西部沿岸一带已经成了希腊领土的一个重要组成部分，这不能不说同"黑暗时代"的移民活动有着密切关系。

在"黑暗时代"，希腊世界在技术、人口、经济、政治及思想文化等方面都发生了深刻的变化，英国考古学家斯诺德格拉斯称之为"结构革命"③。古代希腊的城邦国家就是在这场"结构革命"中产生的。

第一，希腊世界在公元前8世纪发生的这场巨大社会变革，不是凭空产生

① W. Burkert, *Greek Religion*, Harvard University Press, 1985, p. 48.
② N. G. L. Hammond, *A History of Greece to 322 B. C.*, Oxford University Press, 1986, p. 171.
③ A. Snodgrass, *Archaic Greece: The Age of Experiment*, University of California Press, 1980, p. 15.

的，而是有着深厚的社会、经济基础。"正如文艺复兴绝非横空出世一样，公元前8世纪希腊的繁荣，其基础是在黑暗时代奠定的。"①

生产技术的变化是这个时期社会变革中最活跃的因素。公元前11世纪，希腊从塞浦路斯引进制铁技术，随着铁制武器和工具的普遍使用，希腊本土开始进入铁器时代。② 在铁器时代初期（前11—前10世纪），希腊大陆上出土的铁器多为武器之类的物品，如铁剑、匕首、铁枪（矛）等，此外还有铁制装饰品，如弓形饰针等。③ 公元前9世纪，随着金属冶炼和锻造技术的发展，铁器在希腊大陆上被广泛使用。当时制作的铁器不仅有武器，如刀、剑、矛，还有农具和其他工具，如铁斧、铁钻、铁锯、铁锄等。铜器主要成为装饰品，并继续在希腊人的生活中发挥作用。赫西俄德不仅提到"铁匠铺子"，而且记录了铁斧的使用。铁器在希腊的出现，即使它的意义被夸大或误解，即使它还隐藏在昏暗之中，但在长达400年的希腊历史中仍是最有影响的技术变化之一。④

生产技术是生产力中最活跃的因素。随着希腊进入铁器时代，不仅带动了古希腊经济的发展，而且促进社会经济结构的变革。据考证，迈锡尼王国实行一种以王宫为中心的经济制度，国王"瓦纳卡"依靠一群书吏控制着周围的大片地区，这些土地上的农民向他们进贡农畜产品。农业在迈锡尼时代是古希腊居民的主要生存方式，畜牧业可能在希腊各地的农业中起到重要作用。依据泥板文书的记载，小麦、大麦是当地的主要农作物，此外还有无花果和橄榄油。⑤ 从迈锡尼时代那些宏伟的王宫、高厚坚固的城墙来看，迈锡尼王国也应该是建立在农业基础之上的。

土地是古代社会最主要的财富之一，土地制度是当时社会机体赖以生存的

---

① 晏绍祥：《早期希腊史研究的新趋向———评奥斯邦新著〈希腊文明的形成〉》，《史学理论研究》2000年第1期，第77—90页。

② W. Burkert, *Greek Religion*, Harvard University Press, 1985, p. 95.

③ A. Snodgrass, *Archaic Greece：The Age of Experiment*, University of California Press, 1980, pp. 220-230.

④ A. M. Snodgrass, *The Dark Age of Greece*, Routledge Chapman Hall, 2000, p. 286.

⑤ [苏]兹拉特科夫斯卡雅：《欧洲文化的起源》，陈筠、沈澂译，生活·读书·新知三联书店1984年版，第153—154页。

最深刻的基础。在"黑暗时代",希腊的土地制度发生了质的变化。据考证,在迈锡尼时代,迈锡尼王宫赖以进行统治的经济基础是"中央集中控制下的集体农业",土地归王宫所有,许多土地被分配给当地的政治和宗教官员。农民在官吏的监督之下进行生产劳动,剩余产品全部被用来供养贵族的生活消费。① 由于迈锡尼王宫被焚毁,不仅中央集权的官僚政治制度被抛弃,而且其经济基础也被完全破坏,迈锡尼时代的土地制度被废除。

由于多利斯人以游牧生活为主,在他们进入伯罗奔尼撒以后,基本保持了原来以畜牧业为主的生活方式。但是,从长远来看,多利斯人对迈锡尼文明的生活方式可能有所吸收。与希腊其他地区相比,伯罗奔尼撒地势较为平坦,土地肥沃,适合于农业耕作。铁制农具的使用日益广泛后,极大地提高了社会生产力,使许多荒芜的土地被垦辟出来,农业的重要性日益提高,农耕定居生活的优越性也必然在长期的生活中被多利斯人所认识,他们最终转向了农耕定居文明。当然这种转变是一个漫长的过程,而且农耕定居文明并不完全否定牲畜的饲养,伯罗奔尼撒地区也有许多山地和小片的草原。城邦时代的到来,也可以作为希腊世界转向农耕生活方式的佐证。因为只有当农业的重要性超过畜牧业时,定居生活才显示出必要性。从这个意义上说,古希腊城邦应该建立在农业经济基础之上,它的存在和运行也必须以农耕定居生活为基础。我们可以这样推论,"黑暗时代"的希腊社会必然经历了一场经济结构的重大转变。

第二,"黑暗时代"在政治方面的变化更加明显,主要表现为政治体制的改变,即由迈锡尼文明以国王为主导、以王宫为中心的王政制度向全体公民都参与政治事务的民主政治发展,至少转向如斯巴达那样的贵族共和政治。

在迈锡尼时代,伯罗奔尼撒地区盛行一种中央集权制的王宫政治制度。在这种制度下,国王"瓦纳卡"集宗教、政治、军事和经济等大权于一身,他依靠一个传统的固定职业阶层——书吏进行治理;同时配合一种由王宫显贵和王室检察官组成的复杂的等级制度,严密地控制和管理着整个社会。其中,将军"拉瓦凯塔"作为军队的统帅,地位仅次于国王。迈锡尼国王就是依靠这

---

① N. G. L. Hammond, *A History of Greece to* 322 *B. C.*, Oxford University Press, 1986, p. 29.

种"官僚"制度，统治着周围的广大地区。①

但是，多利斯人的入侵不仅焚毁了伯罗奔尼撒半岛上的那些坚固的城墙和宫殿，而且摧毁了等级森严的王政制度，把军事民主制带到希腊大陆上。在"黑暗时代"，多利斯人在伯罗奔尼撒地区的优势地位，使希腊在政治上实行军事民主制②。对这种制度的落后性，有西方学者认为，"黑暗时代的政治制度是极为原始的"，几乎不存在国家，好似一种无政府状态。③ 这种相对松散的政治形式，却为后来希腊民主政治的诞生提供了良好的基础。公元前8世纪，希腊社会的部落组织开始让位于城邦制，一种新的社会和政治模式在希腊出现。近来的研究表明，"黑暗时代"后期，希腊宗教习俗变化，即用于公共祭祀的神庙建筑的出现，成为希腊城邦的起源。④ 城邦的出现无疑是希腊历史上的重大变革，它为希腊的政治转变奠定了基础。正是在城邦制的基础上，希腊民主政治诞生了。

总之，经历了"黑暗时代"的冲击后，希腊政治发生了根本性的转变，以王宫为中心的中央集权政治开始转向以城邦为中心的民主政治。政治由集权转向民主，由秘密转向公开。

第三，思想文化上出现重大突破。在"黑暗时代"，希腊人的思想发生了重大变化，这种变化的发生，既是社会变革在意识形态领域里的表现，也是科学进步的结果。

迈锡尼时代是"神王"统治，国王"瓦卡纳"集政治和宗教大权于一身。迈锡尼文明的众多王宫被毁，动摇了人们对至高无上的王权和神权的信仰，宗教的绝对权威开始受到人们的质疑。在漫长的岁月中，希腊人开始对社会和自然进行重新思考，理性的种子已经慢慢萌芽，指导着人们的生活和思想。同时，理性的思考推动了科学的产生，二者的不断结合又催生了哲学。哲学的诞

---

① ［法］让-皮埃尔·韦尔南：《希腊思想的起源》，秦海鹰译，生活·读书·新知三联书店1996年版，第12—13页。

② ［美］摩尔根：《古代社会》（上册），杨东莼等译，商务印书馆1997年版，第248页。

③ ［美］伯恩斯、［美］拉尔夫：《世界文明史》（第一卷），罗经国等译，商务印书馆1987年版，第211页。

④ C. Polignac, *Cults, Territory, and the Origins of the Greek City-State*, University of Chicago Press, 1995, pp. 15-31.

生是人类思想史上的一个重要里程碑，它标志着人类社会的发展开始摆脱神学思想的束缚，逐步走上科学的发展道路。尽管这是一个非常缓慢的过程，但它毕竟开启了人类认识世界的一个新时代。

由于人类对生死问题的思考和关注，"黑暗时代"丧葬制度的变化可以作为希腊人思想变化的最主要的证据之一。考古调查发现，在迈锡尼时代，伯罗奔尼撒地区流行圆顶墓和室葬。到"黑暗时代"，这种墓葬方式被放弃，代之以土墓。土墓埋藏较浅，往往呈直线排列，墓顶用石板盖住。到后来，土葬又被火葬所代替。墓葬制度由繁到简的变化，折射出当时社会经济的急剧衰退。但也不可否认其中有文化因素的作用，落后的游牧民族多崇尚质朴。宗教因素或许也是其中的原因之一，飘忽不定的游牧生活方式使他们很少关心死者的"世界"。火葬制的出现表明，死者与土地的联系断绝了，即死者的冥世与生者的现世之间的联系被割断了。这反映了人们对人身关系有了一种新的认识，人与神之间出现了一道难以逾越的鸿沟。正是人神关系的这种变化，促使希腊人重新思考人类社会、自然界及其相互关系，希腊人也更加关心人的命运，更加关注人的现世生活。这表明，希腊人的思维越来越受理性的支配，哲学已经露出黎明的曙光。

在宗教神学的绝对支配地位受到挑战的同时，宗教本身也在发生着深刻的变化。在经济得到恢复和发展的基础上，宗教变化得更加适应时代的需要，更加系统化，更加隐蔽和神秘化。据考证，"黑暗时代"希腊人的宗教膜拜都是在露天进行的。[①] 随着时代的变化，希腊宗教也变得日益神秘化。"黑暗时代"后期，众多庙宇和神殿被建立起来，宗教膜拜活动改在庙宇中进行，众神祇的雕像也被搬到神殿中。考古发现，公元前9世纪，希腊的建筑无论在数量、规模，还是在质量上，都有了大幅度提高，其中可能经历了独立的宗教建筑的初步发展。[②]

此外，陶器制作工艺的进步及陶器艺术风格的变化，也反映了"黑暗时

① P. E. Easterling and J. V. Muir, *The Greek Religion and Society*, Cambridge University Press, 1985, p. 68.

② A. M. Snodgrass, *The Dark Age of Greece*, Routledge Chapman Hall, 2000, p. 408.

代"的重大变革。公元前 9 世纪雅典的"狄浦隆"花瓶，虽然在艺术风格上仍受到"几何陶"的深刻影响，但是人的活动已成为陶器绘画艺术的一个重要组成部分。这表明，希腊人开始把兴趣放在人类及其活动上。这种人文主义思想的萌芽，正是古典希腊思想的主要特征之一。

第四，对东方文化的吸收和创新。当希腊社会进入"黑暗时代"时，地中海世界正处于一个相对发展的时期，先是古埃及、赫梯帝国、腓尼基王国，接着是亚述帝国、吕底亚王国。"黑暗时代"初期的移民活动，把希腊人推向了亚洲的边缘，希腊人的生活范围扩大到亚洲西部。沿海一带移居亚洲的希腊人不仅在小亚细亚西北沿岸建立了"伊奥尼亚十二城"，而且在罗得斯岛、塞浦路斯岛上都留下了希腊人的足迹，爱琴海真正成了希腊人的内海。从某种意义上说，"黑暗时代"初期的移民活动扩大了希腊文明的地理空间。同时，长期生活在新的地理环境下，为希腊人吸取东方文化创造了条件。在"黑暗时代"，垄断地中海贸易的是腓尼基人，希腊人正是在吸收腓尼基文字的基础上，在公元前 9 世纪创制新的希腊字母。希腊人还从埃及文明吸收了许多有益成分，比如他们把埃及的几何学带到希腊。吕底亚王国的铸币经伊奥尼亚、爱琴海诸岛屿传入希腊，对古风、古典时期希腊的经济生活产生了重大影响。

可见，"黑暗时代"的希腊社会是古希腊史上一个孕育新时代的重要时期。正是经历了这长达三百多年的磨难之后，希腊世界在公元前 8 世纪又重新焕发出活力，希腊文明好像在突然之间变得成熟起来。但是城邦文明在希腊的出现，不是无源之水、无本之木。正如威尔·杜兰先生所言，"我们不可将希腊文化看成在一片黑暗的野蛮中突然如奇迹般射出的火焰，而必须视之为一个民族——充满热情和记忆，并且受到好战部族、强大帝国及古代文明的包围、挑战及教益——缓慢而混乱的创造过程"[1]。也就是说，希腊文明是多种文明经过长期碰撞、摩擦、融合之后形成的一种新文化。

随着考古资料的逐步增多，社会学、人类学、考古学、语言学和历史学等多学科综合研究的不断拓展，一种以地中海为中心的跨文明——古埃及文明、

---

[1] ［美］威尔·杜兰:《世界文明史·希腊的生活》,幼狮文化公司译,东方出版社 1999 年版,第 84 页。

古代两河流域文明、犹太文明、古希腊文明和罗马文明——综合研究，正在进入早期希腊史的研究领域。

第三节　荷马时代[①]——古希腊经济思想的萌芽

由于多利斯人的入侵，希腊世界曾经进入一个相对封闭落后的"黑暗时代"。在经历了长期的恢复与稳定之后，希腊世界的经济才有了比较明显的发展，经济结构也发生了变化，希腊人的经济意识重新开始萌芽。

一、财富观与获取财富的方式

《荷马史诗》并没有提出明确的财富观，似乎土地、畜群、贵重金属等是荷马社会的主要财富；奴隶不仅人身属于其主人，还要为其主人劳动，而且他们可以被用来与其他物品交换，也可以被卖掉。

在《伊利亚特》中，诗人这样称颂："养育人的大地""养育万物的大地""养育众生的大地"。在《奥德赛》中，诗人多次提到"生长谷物的大地""滋生谷物的土地"。当奥德修斯回到伊达卡时，首先"把生长五谷的土地亲吻"。从这些描写中我们不难看出，当时的人们已经意识到土地财富的重要

---

① 荷马时代通常指《荷马史诗》所反映的希腊社会所处的时代,对于荷马时代的具体时间,学术界历来争论不休。在 19 世纪以前,《荷马史诗》一直被认为是诗人无时间框架的想象,不足以作为历史资料。甚至 19 世纪英国最著名的希腊史学家格罗特认为,希腊的历史只能从第一届奥林匹克竞赛会(前 776 年)算起,在此之前没有历史,只有传说。但是,19 世纪后期,随着德国考古学家谢里曼和英国考古学家伊文思在小亚细亚西北的特洛伊古城和希腊大陆及克里特岛等地的发掘,证明了《荷马史诗》并非毫无根据的杜撰,而是有着真实的历史基础。但是 20 世纪前期的考古发现,使一些学者认为《荷马史诗》所反映的主要是迈锡尼时代的希腊社会,因此史诗是迈锡尼世界的向导。然而,1952 年文特里斯和柴德威克对迈锡尼线形文字 B 的成功释读,对《荷马史诗》的迈锡尼决定论给予沉重的打击。此后,学者们开始重新构建荷马社会。英国古典史学家芬利的《奥德修斯的世界》从社会学的角度研究荷马社会,认为荷马社会是古典时代希腊历史的起点,这一观点得到英国希腊史学家莫里斯、拉夫拉勃等人的认同。考古学家斯诺德格拉斯则认为,《荷马史诗》中的有关物质文化和风俗习惯的描写,是一个不同时代、不同社会的大聚合。芬利却认为,《荷马史诗》主要反映了公元前 10—前 8 世纪希腊世界的情况,因此,荷马时代与古希腊历史上的"黑暗时代"大体相一致,我国学者晏绍祥也坚持这一观点。不可否认的是,史诗的有些描述反映的是诗人所生活的时代的状况,即荷马所生活的公元前 8 世纪的希腊社会。

性。当阿伽门农派人与阿基琉斯讲和时，答应赠送给他很多礼物："叫他在可爱的卡吕冬最肥沃的平原上面，任意挑选五十亩令他称心如意的美好田地，其中一半是丰收的葡萄园，一半是空旷的耕种地。"① 狄奥墨得斯的父亲漫游到阿尔戈斯，娶西库王阿德瑞斯托斯的女儿为妻，因而"家境殷富，拥有大片丰产的土地，许多茂盛的果园和诸多种类的畜群"②。在赫菲斯托斯为阿基琉斯打造的盾牌上，是一幅描述荷马时代生产活动的典型场面，其中有耕牛犁田、麦田收割，以及葡萄园、牧场、牛群、羊群等画面。③ 奥德修斯在乡下拥有很多地产，即使在他远征特洛伊期间，他的家产被求婚人大肆挥霍，他的儿子特勒马科斯仍牢固地控制着地产。④ 可见，在荷马社会，土地是众英雄的主要财产。

另一方面，在奥德修斯的家仆中，有专门的牧猪奴、牧羊奴，他们在乡下的庄园里为主人牧放牲畜。奥德修斯的庄园里有12个猪栏，每个栏里可以养50头猪。由于受到众求婚人的大肆挥霍，当奥德修斯漂泊十多年后回到家中时，这些猪栏中只剩下350头猪。⑤ 此外，奥德修斯在伊达卡本土之外还有许多畜群，"在大陆有十二群牛，同样数量的绵羊，同样数量的猪群和广泛散牧的山羊群，都由外乡游荡人或当地的牧人牧放。在这里的海岛边沿共有十一群山羊，广泛散牧，忠实的牧人把它们看守"⑥。在这里，我们可以看到，畜群作为重要的财富形式，在荷马社会是相当流行的。

根据《荷马史诗》的记载，人们把金、银等贵金属，以及当时还比较稀少的铁，都作为财富储藏起来。这些金属可以用来与其他物品进行交换，还可以当作赎买战俘的赎金。安提马克斯被阿伽门农捉住时，自称家里储藏着许多财宝：铜块、黄金、精炼的熟铁，并答应用这些财宝做赎金。⑦ 无论是在阿伽

① 《伊利亚特》，Ⅸ，576—580。
② 《伊利亚特》，ⅩⅣ，119—123。
③ 《伊利亚特》，ⅩⅧ，541—589。
④ 《奥德赛》，Ⅺ，185。
⑤ 《奥德赛》，ⅩⅣ，13—20。
⑥ 《奥德赛》，ⅩⅣ，100—104。
⑦ 《伊利亚特》，Ⅺ，130—134。

门农的军营中，还是阿基琉斯的军营中，都储藏着金、银、铜、铁等金属。在奥德修斯家的库房中，"那里存放着主人的无数珍贵宝藏，有青铜、黄金和费力地精细加工的铁器"①。用铜、铁制成的三脚鼎和大锅似乎也被看作财富。为了使阿基琉斯参战，并弥补自己因释放女俘对阿基琉斯造成的伤害，阿伽门农答应送给阿基琉斯大量礼品："七个未曾见火的三脚鼎……二十口发亮的大锅。"② 在帕特罗克洛斯的葬礼结束后，阿基琉斯举行了一场竞技比赛，他拿出的奖品不仅有牛、马、骡和女俘，还有灰铁、大锅和三脚鼎。③

荷马社会已经存在大量奴隶，其来源主要是战俘，有时也从市场上买来。奥德修斯王宫中就有许多奴仆，他们要为其主人从事各种劳动，除了做各种家务，还要从事纺织、磨面、汲水、牧放牛羊等劳动。根据史诗所提供的资料，这些奴隶有的是主人买来的，如牧猪奴欧迈奥斯是拉埃尔特斯买来的奴隶④。大多数奴隶都是处于最下层的劳动者，或许他们只有依附于贵族世家才能生存。当然，也有些奴隶由于得到主人的赏识和信赖，地位会有所改变。在奥德修斯王宫中，牧猪奴欧迈奥斯不仅参与庄园的管理，有自己的财产、房屋、土地和家室，而且可以用自己的积蓄买来奴隶，墨绍利奥斯就是他从塔福斯人那里买来的一个奴隶。⑤ 当然，像牧猪奴欧迈奥斯这样的情况并不多见，因此不具有普遍性。此外，希腊人还常把战俘变为奴隶，《伊利亚特》中有用奴隶换取葡萄酒的记载⑥。可见，荷马社会的奴隶来源并不止一种。

劳动是获取财富的重要手段，不仅贵族们畜养着许多许多奴隶，为他们从事各种劳动，而且像奥德修斯这样的英雄也从事生产劳动。他曾经要与欧律马科斯比赛干活，包括割草、赶牛和犁田。⑦ 奥德修斯的父亲拉埃尔特斯不仅住在远离城市的乡下，而且常因繁重的劳动而累得困乏无力。⑧ 他在乡下亲自建

---

① 《奥德赛》，XXI,9—10。
② 《伊利亚特》，XIX,243—244。
③ 《伊利亚特》，XXIII,259—261。
④ 《奥德赛》，XV,483。
⑤ 《奥德赛》，XIV,449—452。
⑥ 《伊利亚特》，VII,470—475。
⑦ 《奥德赛》，XVIII,366—375。
⑧ 《奥德赛》，I,190—192。

造了一座田庄，并"为它付出了无数的辛劳"①。

劫掠在荷马社会中相当流行。在进攻特洛伊的战争中，希腊人采取一种以战养战的政策，一路不断抢劫，夺取财富，有时甚至掠取妇女。他们把掠夺来的妇女关在军营中，让她们做仆役，或把她们作为礼物送给别人，或赏赐给下属，或作为奖品奖给体育竞赛中的优胜者。《荷马史诗》中关于抢劫牲口财物的例子举不胜举。在希腊军队前往特洛伊的路上，他们在海上劫掠了 12 座城市，在陆路抢劫了 11 座城市，夺取了大量财物，全部交给了阿伽门农。② 在攻打特洛伊城的战斗中，阿基琉斯为争夺一名女子与阿伽门农发生争执，并因此拒绝参加战斗。在阿基琉斯的营帐中也藏有许多被掳来的女仆，在为亡友帕特罗克洛斯举行完葬礼后，阿基琉斯特地举行了一次运动竞赛，在他为竞赛提供的奖品中，就包括"许多腰带美丽的妇女"③。在阿伽门农的营帐里，同样也藏有大量的掳获物，其中有大量的青铜和妇女，这些都是希腊人的战利品。④ 在回答奥德修斯之子特勒马科斯的询问时，涅斯托尔这样说："我们如何乘船在阿基琉斯的率领下，在云雾迷漫的大海上漂泊，追求财富。"⑤ 在战争结束后，希腊将领们把劫掠来的大量财物带回家中。当墨涅拉奥斯回到希腊时，不仅把美丽的海伦带回家中，而且"带回来无数财宝，装满了各条海船"⑥。这其中有希腊将士从特洛伊掠夺来的钱财，也有他们沿途抢劫来的财物。即使在返途中，他们也是一路抢劫返回希腊本土的。甚至奥德修斯设计从独目巨人的虎口下逃离时，也没有忘记赶走一部分羊群。在一次对埃利斯的抢劫活动中，涅斯托尔掳获了大量的牛羊和马匹。当老国王涅琉斯见到这些丰硕的掳获物时，禁不住满心喜悦。⑦ 当奥德修斯打败求婚人发现自己家中财产被消耗殆尽时，他这样说道："高傲无耻的求婚人宰杀了许多肥羊，大部分将由

---

① 《奥德赛》，ⅩⅩⅣ,206—207。
② 《伊利亚特》，Ⅸ,328—331。
③ 《伊利亚特》，ⅩⅩⅢ,261。
④ 《伊利亚特》，Ⅱ,226—227。
⑤ 《奥德赛》，Ⅲ,105—106。
⑥ 《奥德赛》，Ⅲ,311—312。
⑦ 《伊利亚特》，Ⅺ,677—684。

我靠劫夺补充，其他的将由阿开奥斯人馈赠，充满所有的羊圈。"①

可见，在荷马时代，劫掠活动好像是希腊人的一种惯常行为，是人们获取财富的一种重要手段。古希腊传说中的英雄们或许正是带着这种心态，到处寻找财富。

二、农业的经济地位与重农思想的萌芽

尽管《荷马史诗》没有正面描写农业生产的场面，但是农耕种植在荷马时代的社会经济中所占的重要地位仍然是十分明显的。奥斯汀认为，荷马时代的贵族庄园首先是建立在土地这一物质财富的基础之上的。② 从诗人的叙述中我们可以看到，当时已经出现了城市。无论是在城市，还是在乡村，都有许多庄园。因此，农耕定居可能已经成为社会经济生活的主流，畜牧业的重要性有所下降。

尽管畜牧业经济在贵族庄园中占有非常显著的地位，畜群是主要的财富形式，但是，农耕种植业的重要性似乎更加突出。一方面，土地作为财产的重要组成部分，越来越受到人们的重视。奥德修斯的家乡伊达卡岛上，"土壤不甚贫瘠，地域也不甚辽阔。这里盛产麦类，也生长酿酒的葡萄。……有面积广阔的牧场适宜牧放牛羊"③。伊达卡附近的岛屿杜利基昂，也以盛产小麦而闻名。④ 狄奥墨得斯的父亲通过努力经营，以至家境富裕，在阿尔戈斯"拥有大片丰产的土地，许多茂盛的果园和诸多种类的畜群"⑤。另一方面，土地除了被用来种植粮食，还被用来种植葡萄、橄榄树和其他果树，甚至蔬菜。即使是贵族，粮食也是他们日常生活的必需品。在古希腊英雄的饮宴场面中，葡萄酒和肉是最常见的饮食，而面饼也是必不可少的食品。"特勒马科斯走进父亲的高大库房，那里堆放着黄金和青铜，一箱箱衣服，密密摆放着芬芳的橄榄油，

---

① 《奥德赛》，ⅩⅩⅢ,356—358。

② M. M. Austin and P. Vidal-Naquet,*Economic and Social History of Ancient Greece:An Introduction*,University of California Press,1977,p. 41.

③ 《奥德赛》，ⅩⅢ,243—246。

④ 《奥德赛》，ⅩⅠⅩ,292。

⑤ 《伊利亚特》，ⅩⅣ,119—123。

许多储存美味的积年陈酒的陶坛，里面装满未曾掺水的神妙的佳酿。"① 在奥德修斯的王宫中，"那屋里安放着人民的牧者常用的石磨，共有十二个女奴围绕着它们奔忙，研磨小麦和大麦，人们精力的根源"②。由此我们可以想象，在当时的生产力条件下，身为贵族的众英雄还要食用面饼，普通百姓更是以粮食为主。在长途旅行的过程中，似乎面粉和酒成为人们携带的生活必需品。当特勒马科斯外出探寻其父的讯息时，携带了许多酒和面粉。③ 众多求婚人在奥德修斯王宫中大肆挥霍，其中也消耗掉许多面饼。"人们走进神样的奥德修斯的宫宅……开始宰杀高大的绵羊和肥壮的山羊，宰杀肥硕的骟猪和一头群牧的母牛；人们烤熟牲口的腑脏，分给饮宴人，用调缸掺和酒醪，牧猪奴分发杯盏。民众的首领菲洛提奥斯分发面饼，装在精美的食篮里，墨兰透斯斟酒。人们伸手享用面前摆放的肴馔。"④ 特勒马科斯曾这样责骂求婚人："你们谁也不要在我家制造事端，我现在已明白事理，知道一件件事情，分得清高尚和卑劣，虽然以前是孩子。但我们也只好眼看着这些事情发生：许多肥羊被宰杀，酒酿面饼被耗损。"⑤ 从上述诸多描述中我们不难看出，在荷马社会，粮食、葡萄酒、橄榄油都是重要的消费品。这在一定程度上反映出，农耕种植在希腊经济中的地位越来越重要。

受地理环境的影响，在荷马时代的农耕种植业中，葡萄、无花果和橄榄等占有非常突出的地位，许多地方都盛产葡萄、橄榄等。波奥提亚的阿尔涅城邦盛产葡萄⑥，阿班特斯人占据着优卑亚岛上"多葡萄的希斯提埃亚"⑦，埃皮道罗斯人的家乡以种植葡萄出名⑧。奥德修斯在乡下有一片葡萄园⑨，在城市里也有一处果园和一处葡萄园，果园里有各种果树，如梨、石榴、苹果、无花果

---

① 《奥德赛》，Ⅱ,337—341。
② 《奥德赛》，ⅩⅩ,106—108。
③ 《奥德赛》，Ⅱ,290、353—355。
④ 《奥德赛》，ⅩⅩ,248—256。
⑤ 《奥德赛》，ⅩⅩ,308—312。
⑥ 《伊利亚特》，Ⅱ,507。
⑦ 《伊利亚特》，Ⅱ,536—537。
⑧ 《伊利亚特》，Ⅱ,561。
⑨ 《奥德赛》，Ⅺ,193。

和橄榄树。① 在赫菲斯托斯为阿基琉斯锻造的盾牌上,有农夫耕耘土地、收割庄稼的场面,也有人们在葡萄园中采摘葡萄的画面。② 可见,在当时的农业生产中,以葡萄、橄榄等为主的园艺种植业已非常突出,这在以后也成为希腊农业经济的一大特点。

在荷马看来,农耕种植业似乎就是文明社会的基础。当奥德修斯来到库克洛普斯(独目巨人族)的土地上时,他发现这个"疯狂野蛮"的种族"既不种植庄稼,也不耕耘土地,所有作物无须耕植地自行生长,有小麦大麦,也有葡萄累累结果,酿造酒醪,宙斯降风雨使它们生长。……海湾侧面坐落着一个不大的岛屿……那里没有牧放的畜群,也未经垦植,一年四季无人犁地,也无人播种,也没有居民,只有蹒跚咩叫的羊群"③。从这些描述中,我们可以发现古希腊人朦朦胧胧的重农思想,因为荷马似乎在向我们暗示:农耕种植业是文明世界的标志。

三、畜牧业的经济地位

畜牧业也是荷马社会的主要产业之一,在当时社会生活中占有非常显著的地位。其重要性表现在如下几个方面:

首先,畜群是荷马社会的主要财富形式,许多地方都以畜养马、牛、羊而闻名。如阿开奥斯人的故乡(伯罗奔尼撒半岛北部地区)以养马而闻名。④ 奥德修斯的家产中包含大量的家畜,他的家奴中有专门的牧猪奴、牧羊奴,甚至在伊达卡岛之外的大陆上,有外乡游荡人为他牧放牛羊。在掠夺活动中,牲畜成为希腊人的主要夺取目标。涅斯托尔曾从埃利斯人那里掠夺到大量的牛、山羊、绵羊和马;在特洛伊战争期间,阿基琉斯的营帐中拥有无数的财宝,其中包括大量的牲畜;在为帕特罗克洛斯举行的葬礼晚宴上,阿基琉斯命人宰杀了

---

① 《奥德赛》,Ⅶ,112—122。
② 《伊利亚特》,ⅩⅧ,541—568。
③ 《奥德赛》,Ⅸ,105—124。
④ 《伊利亚特》,Ⅱ,286。

许多白牛、山羊、绵羊和白齿壮猪。① 由于这时希腊军队已离开家乡十年了，带来的食物早已消耗殆尽，因此，这些财富应该是他们通过抢劫得来的。

其次，在荷马时代，牲畜不仅是一种财富，而且还时常在商业活动中充当交换的媒介。根据史诗的描述，牛是最常用的交换媒介，这一事实说明，牛是当时最常见的家畜。我们由此可以推断，在当时的家庭养殖中，饲养牛应该是非常盛行的。

最后，在荷马时代，向神祇献祭成为人们生活中的一件大事，即使在战争期间，众英雄也要举行献祭活动。根据古希腊的传统，向神祇献祭所用的家畜，主要是牛、山羊、绵羊和猪等。因此，饲养猪、牛、羊等牲畜在当时人们的经济生活中必然占有非常重要的地位。虽然古希腊人不用马来祭祀，但是由于马在运输和战争中的突出作用，他们也大量饲养马，如阿开奥斯人的家乡以养马而闻名。② 涅斯托尔与埃利斯人的一次争执就是因劫牛而起，结果涅斯托尔掳获了大量牲畜，包括"五十群牛，还有同样数量的绵羊，同样数量的猪群和分散牧放的山羊，此外还有整整一百五十匹栗色马，全是雌性，其中许多还领着小马驹"③。皮洛斯盛产绵羊，阿尔戈斯以适宜牧马而闻名。④

总之，在荷马社会，牲畜成为最主要的动产，畜牧业在人们的经济生活中占有非常重要的地位。考古工作者对当地居民点的动物骨骼研究，以及对过去土壤的花粉沉淀研究都证实：荷马时代的人们广泛消费家畜肉，尤其是山羊肉和绵羊肉。⑤ 但是，由于史料的严重缺乏，很难进一步证实农耕经济与畜牧业经济哪一种更占优势。根据古希腊的传说，公元前12世纪末，希腊世界刚刚进入"黑暗时代"，多利斯人把游牧民族的生活方式带到希腊大陆上，畜牧业占据主导地位。从《荷马史诗》反映的情况来看，荷马社会的经济结构已经发生很大变化，农耕种植业的经济地位明显上升，似乎已经超过畜牧业。

---

① 《伊利亚特》，XXIII，30—32。

② 《伊利亚特》，II，286。

③ 《伊利亚特》，XI，678—681。

④ 《奥德赛》，XV，226、239。

⑤ A. Snodgrass, *Archaic Greece : The Age of Experiment*, University of California Press, 1980, p. 35.

四、社会劳动分工思想的萌芽

在荷马时代，除了农耕业和畜牧业，还有手工业。在手工业领域中，简单的社会劳动分工已经出现。根据考古学的证据，荷马时代属于铜器时代的后期。《荷马史诗》中提到的金属主要有五种：金、银、铜、铁、锡。当时金属铁已经出现，但还比较稀少，尚未在社会生产中发挥作用，以致人们把它当作财宝收藏起来。陶器制造业也应该比较发达，在奥德修斯宫中的库房里，有许多陶罐，里面存放着芬芳的橄榄油和陈年老酒①。希腊人远征特洛伊是从海路到达的，他们的主要交通工具是船。当时参与这场战争的有来自希腊大陆各地的人，他们所乘的船只达到上千艘。② 如果数字准确，那将是一支相当庞大的舰队。这些船只大多是一种后部翘起的"昂首翘尾"船，船只的载重量比较大。根据史诗的描述，每艘船一般能乘坐 50 到 100 人。可见，当时的造船技术已经达到一定的水平。

荷马时代的手工业已经有了简单的社会劳动分工，主要的手工业者有：木匠、铁匠、金匠、银匠、皮革匠、陶工和瓦工。诗人称木工是掌握一种技艺的"行家"，这类"行家"还包括预言者、医生和以唱歌为职业的"歌人"③。可见，当时的手工业已经出现了专业分工的趋向。由于生产力水平的低下，荷马社会的手工业还不太发达，许多手工技艺还没有得到完全独立的发展。许多人都是拥有多种手艺，像奥德修斯，他不仅会打仗，懂得手持盾牌和长枪在战场上英勇拼搏，而且还会制造木筏，制作床具，"木工手艺非常精湛"④。他还要与欧律马科斯比赛干活，包括割草、赶牛犁田等。⑤ 这说明，荷马时代的社会分工还不太明显，尚处在古希腊社会经济发展的初期阶段。

---

① 《奥德赛》，II，339—340。
② 《伊利亚特》，II，494—759。
③ 《奥德赛》，XVII，383—385。
④ 《奥德赛》，V，243—250。
⑤ 《奥德赛》，XVIII，365—375。

五、早期的商业活动

由于荷马时代的生产力水平很低，希腊世界内部的商业活动还非常原始。根据《荷马史诗》的描述，物物交换是当时商业活动的主要形式。史诗记载了一次交易活动的场面："伊阿宋的儿子把一千坛酒交给阿特柔斯之子阿伽门农和墨涅拉奥斯。长头发的阿开奥斯人从船上买到葡萄酒，有的是用青铜，有的用发亮的铁，有的是用皮革，有的用整队的牛，有的用奴隶换取，准备欢乐地饮宴。"① 同时，史诗也在一定程度上反映了商品交换的发展。尽管当时还未出现货币，但是牛似乎已经充当了一般等价物。诗人这样描述雅典娜的大盾："上面飘着一百条精编的金穗子，每条值一百头牛。"② 在竞赛中，阿基琉斯提供的奖品有："一口可烧火的三脚大锅，按阿开奥斯人估算可值十二头壮牛；一名女子被带到场中央……那女子熟悉各种活计值四头壮牛。"③ 奥德修斯的老女奴欧律克勒娅，就是他父亲拉埃尔特斯用二十头牛买来的。④ 格劳科斯"用金铠甲同提丢斯之子狄奥墨得斯交换铜甲，用一百头牛的高价换来九头牛的低价"⑤。显而易见，牛在商业活动中有着特殊的作用，似乎有充当一般等价物的趋势。

与内部的商业活动相比，希腊世界与外部的商业贸易倒是经常发生。尽管这个时期的希腊世界仍处在一个相对封闭的状态，但是它并没有完全断绝与外界的经济联系。荷马时代，希腊世界与外界的物质交流通过多种形式来实现。

首先，由腓尼基人从事的商业贸易，这对希腊人来说是一种被动贸易。腓尼基人很早就是地中海世界有名的商人，在荷马时代就以航海而著称。他们常常用黑壳船向希腊运送一些新奇的商品。⑥ 由于腓尼基人时常进行欺骗和拐卖妇女的活动，所以他们在史诗中多有恶名。古代地中海世界历来就是以海盗盛

---

① 《伊利亚特》，Ⅶ,470—475。
② 《伊利亚特》，Ⅱ,448—449。
③ 《伊利亚特》，ⅩⅩⅢ,702—705。
④ 《奥德赛》，Ⅰ,430—431。
⑤ 《伊利亚特》，Ⅵ,234—236。
⑥ 《奥德赛》，ⅩⅤ,415—416。

行而出名，这些海盗抢劫活动往往是与海上贸易活动交织在一起的，要把这两种活动完全区分开来是非常困难的。①

其次，也是最为普遍的贸易形式，即互惠性的礼品交换。作为一种特殊的商品交换形式，礼品交换在荷马时代非常盛行，甚至被现代学者称之为"荷马社会的生命线"②。荷马时代的英雄们通常要向来访的客人赠送礼品，墨涅拉奥斯向前来打探父讯的特勒马科斯赠送了一只调缸，这被主人认为是最精美、最宝贵的东西，因为整个缸体都是用银做成的，缸口周沿镶嵌着黄金。③奥德修斯在回国途中曾得到许多馈赠，阿波罗祭司马戎曾赠给他七塔兰同的黄金、一只纯银做的调缸、十二坛酒及一些食品。④传说中的费埃克斯的国王阿尔基诺奥斯送给他一箱笼衣服、工艺精巧的金器和各式其他礼物，还有一只巨鼎和大锅。⑤

就这种礼品赠送的动机而言，赠送者的目的并非是出于好心肠，或让客人满意，而是期望在以后的某个时候得到回馈。⑥从特勒马科斯与雅典娜的一段对话中，可以看出这种馈赠的目的所在。特勒马科斯这样回答雅典娜："客人，你满怀善意地对我谆谆嘱咐，有如父亲对儿子，我不会把它们忘记。你现在虽赶路心切，但还请稍作延留，不妨沐浴一番，宽舒亲爱的身心，然后满心欢悦地带上一些礼物上船，非常珍贵精美，作为我给你的珍品，亲朋挚友间常这样互相拜访赠礼品。"雅典娜说："请不要挽留，因为我现在急于要赶路。至于礼物，不管你心中想给我什么，待我返回时再馈赠，我好携带回家，获得珍贵的礼物；你也会得到回赠。"⑦当奥德修斯装扮成一个乞丐回到家时，他声称是奥德修斯的朋友，曾热情招待过奥德修斯，并在离开时赠送给他许多礼

①　Chester G. Starr, *The Economic and Social Growth of Early Greece 800-500 B. C.*, Oxford University Press, 1977, p. 51.

②　A. Snodgrass, *Archaic Greece: The Age of Experiment*, University of California Press, 1980, p. 132.

③　《奥德赛》, Ⅳ, 614—616。

④　《奥德赛》, Ⅸ, 202—213。

⑤　《奥德赛》, ⅩⅢ, 10—13。

⑥　M. M. Austin and P. Vidal-Naquet, *Economic and Social History of Ancient Greece: An Introduction*, Universigy of California Press, 1977, p. 43.

⑦　《奥德赛》, Ⅰ, 306—318。

物。奥德修斯的父亲拉埃尔特斯回答："客人啊，你确实来到你所询问的地方，可它现在被一些狂妄的恶徒占据。你赠他那许多贵重礼物全是白费心，你若能看见他仍然生活在这伊达卡，他定会也送你许多礼物，招待周全，送你回故乡，因为这样回敬理所当然。"① 总之，礼品交换是荷马时代的一种传统，也是一种特殊的经济交流方式。这种馈赠似乎带有一定的目的，即在将来某个时候得到回报。即使是在古风时代，这种礼品交换的商业形式仍占有一定的地位。总的来说，荷马时代的商品交换非常稀少，商业活动尚处于古希腊社会经济发展的低级阶段。

　　总而言之，在包括克里特文明、迈锡尼文明以及荷马社会在内的早期阶段，古希腊人的经济活动开始通过许多经济方式展现出来。但由于生产技术水平和认识能力的局限性，人们对经济问题的认识是非常有限的。如果从古希腊经济思想发展演变的整个过程来看，这个时期的经济思想意识还处于朦胧状态。

---

① 《奥德赛》，XXIV, 280—286。

第三章　古希腊经济思想的形成

——古风时代

　　古风时代（前8—前6世纪）是古希腊文明形成的重要时期，它上承希腊历史上的"黑暗时代"，下启繁荣发达的古典时代，对古典文明的形成与发展起到非常重要的推动作用。在这三个世纪中，希腊世界的经济结构发生了深刻的变化，希腊人的经济生活几乎被融合在一种复杂的、具有地中海特征的经济体系中。城邦制的确立，使希腊人的生活有了一个中心，神庙、祭坛、剧场、竞技场等，为希腊人的公共生活提供了一种空间。同时，希腊人也在不断探索新的生存空间，在这三个世纪的时间里，希腊人的足迹遍及地中海和黑海各地，从第聂伯河河口到非洲北部沿岸，从西西里岛到西班牙东部，从意大利半岛到马赛，到处都有希腊人建立的殖民地。地中海几乎成为希腊人的内湖，柏拉图形象地比喻为"只好比池塘边上的蚂蚁和青蛙"①。

第一节　古风时代的基本特征

　　公元前8世纪，一场急剧的大变革彻底改变了希腊世界的"黑暗时代"。这场大变革涉及经济、政治、社会、宗教、文化等诸多方面，而且一直持续到公元前6世纪。在这几个世纪中，希腊世界的基本特征主要表现为，人口数量

---

① ［古希腊］柏拉图：《斐多：柏拉图对话录之一》，杨绛译，辽宁人民出版社2000年版，第89页。

迅速增加，并因此引发了一场大规模的移民浪潮，促进了希腊与地中海各地和黑海沿岸的经济、文化联系。城市的纷纷兴起，城邦制度的确立，是这个时期希腊世界最大的政治变化。殖民运动引起希腊各地经济、政治、文化等方面的急剧变革。它促进了希腊与地中海各地以及黑海沿岸地区的经济和贸易往来；海外贸易使一部分人发展成为贸易商，经济实力迅速提高，在一定程度上促进了希腊城邦的政治变革，使贵族与富人以及平民之间的矛盾斗争日益激化。同时，殖民运动也加强了希腊与外部世界的文化交流，先是东方的先进文化传到希腊本土，随后希腊的宗教文化也向周围地区传播与扩散。由于古代希腊并未形成一个统一的国家，所以希腊世界在很大程度上是一个文化概念。殖民运动是影响这个时期希腊社会变革的最根本的推动力。"从公元前 8 世纪到公元前 6 世纪，在影响古希腊世界全貌的经济事实中，没有一个像殖民运动那样在起源上如此具有特点，而在影响上又是如此重要。"①

一、波澜壮阔的殖民运动

自从希腊世界开始出现城邦，就有了海外移民活动。最早进行海外移民的是优卑亚岛上的居民，他们在叙利亚建立商站。在公元前 750 年前后，他们又向西远航，来到意大利那不勒斯附近的皮提库萨岛，并在那里建立了最早的殖民城邦。此后不久，他们又在此岛对面的意大利半岛上建立丘米城。这些殖民活动已经被近年的考古发掘所证实。从公元前 8 世纪中期一直到公元前 6 世纪，希腊殖民者在这 200 多年的时间里沿着地中海海岸展开广泛的殖民活动。在东方，因为有东方各国先进文化的存在，希腊人仅在埃及、叙利亚建立了一些商站。在其他方向上，希腊殖民者的足迹遍布地中海周围和黑海沿岸各地，南到非洲利比亚至突尼斯沿岸，西面进入意大利、伊利里亚、西班牙和法国南部沿岸，北面进入色雷斯，并通过达达尼尔海峡而入马尔马拉海，又通过博斯普鲁斯海峡而入黑海沿岸的广大地区（包括今土耳其、保加利亚、罗马尼亚、乌克兰、俄罗斯等地）。在古风时代，希腊殖民者在这些地区建立了众多的殖

---

① ［法］G. 格洛兹：《古希腊的劳作》，解光云译，格致出版社、上海人民出版社 2010 年版，第 92 页。

民城邦。

　　希腊的海外殖民运动与古代社会一般意义上的民族迁徙有所不同，与近代欧洲的资本主义殖民侵略运动也有着本质区别。从殖民运动的过程来看，海外殖民通常是由某一城邦发起，这个希腊本土的城邦就是母邦；母邦把部分公民迁移到海外某地另立家园，这个海外殖民城邦就是子邦。因此，这种殖民运动是城邦（母邦）为解决自身发展问题而采取的一种措施，也可以说是古风时代希腊城邦国家形成和扩散过程中的一种表现形式。参加殖民的是母邦公民团体的一分子，殖民后便是新城邦公民团体的成员，而殖民城邦和母邦在政治、经济关系上都是平等的。所有子邦都是希腊世界的新成员，它们在政治、经济、文化各方面都和希腊本土诸邦相类似。在殖民运动中，希腊海外殖民城邦最集中的地方就是意大利南部，以至于这里常常被称为"大希腊"。

　　海外殖民运动在很大程度上缓解了希腊城邦发展过程中的内在矛盾，促进了整个希腊世界的经济发展，尤其是推动了海外贸易和商品经济的发展。对于这场持续了200多年的大规模的殖民运动，其出现的原因可能是多种多样的，归纳起来主要有：首先，由于人口增加、耕地有限，希腊人不得不到海外寻找土地，寻找更大的生存空间。其次，因土地兼并、破产失地而被迫到海外另谋生路。再次，为商业发展而谋求原料和开辟市场。此外，有人因在政治斗争中失败而被遣送出国或安插于外；在遇到严重灾荒时，也有人通过殖民海外以求渡过难关。总的说来，海外殖民大多是为了解决城邦内部出现的严重困难和问题，但这种殖民通常是城邦有组织的活动，移民往往由母邦提供领袖人物、船只以及所需各项生产资料，这样可以保证殖民者到殖民点后能够比较顺利地进行农业或工商业活动。于是子邦和母邦、殖民地区和希腊本土之间展开频繁的经济往来，在很大程度上带动了希腊商业贸易的发展。希腊本土可从殖民地区获得粮食及铜铁锡等原料，同时以本土所产工业品和油酒之类进行交换。双方皆获利并使希腊世界的奴隶制商品经济获得较充分的发展，这可以说是海外殖民运动为希腊文明做出的最大贡献。

　　广泛的贸易联系还进一步扩大了海外市场，使希腊世界向东连接埃及、叙利亚、巴比伦等东方文明地区，向南通往非洲，向北进入黑海地区，向西到达中西欧内陆，构成了一个海洋与大陆交错、东方与西方联结的前所未有的地中海最大贸易圈和经济圈，远远超过爱琴文明的规模。同时，殖民运动对于城邦的政治和文化发展也起到了积极的推动作用。它在一定程度上有助于公民集体的稳定以及城邦制度的巩固。随着经济发展而出现的工商业奴隶主阶层，在经济实力不断壮大的基础上，增强了平民阵营的力量，有助于平民反对贵族的斗争和民主政治的建立。几乎与殖民运动同时进行的还有希腊世界与周围各地，特别是东方先进文明之间的文化交流活动，这对于希腊人充分吸收东方文明成果大有促进作用。它扩大了希腊人的视野，丰富了他们对世界和历史的认识，有助于他们探索到一条通过比较分析而获得智慧的科学之路。因此，殖民运动兴盛时期的公元前7世纪，在希腊史上也被称为"东方化时期"。

二、经济的迅速发展

公元前8世纪是希腊世界普遍出现城邦制国家的时期，此时的国家皆以一个城市或市镇为中心，结合周围农村而成，一城一邦，独立自主，故称希腊城邦。留传至今有关这一时期的文献资料并不多见，诗人赫西俄德（约生活于公元前750—前700年间）的诗篇《工作与时日》较为集中地反映了这个时期的真实状况。这部诗作是研究早期希腊城邦历史的极为珍贵的资料，以至于史学界将这个时期称为赫西俄德时期。

在荷马时代末期，随着铁器的普遍使用，希腊社会生产力得以迅速发展。从公元前9世纪晚期到公元前8世纪初，雅典和希腊中部的优卑亚岛已经有贵族（甚至称为"王族"）的豪华墓葬，铁器和青铜生产有了很大发展，优卑亚岛的勒夫康迪且在叙利亚的阿尔·米纳建立商站，恢复了和东方的海运贸易，也恢复了与东方的文化联系。在希腊社会内部，阶级分化明显，奴隶逐渐增多，为早期的奴隶制城邦国家的建立奠定了基础。首先建立城邦的是邻近东方文明的小亚细亚沿岸和爱琴海诸岛，以及希腊本土的雅典、优卑亚岛等文化最发达的地区，继而又有多利斯人占据的伯罗奔尼撒半岛和克里特岛等地，中希腊和北希腊也迅速赶上，纷纷建城立邦。因此，在公元前750到公元前700年间，希腊世界涌现出众多城邦制国家。

这时，希腊各地的生产力有普遍性的增长。铁制工具普遍使用，农业中有装铁铧的重犁，以及铁锄、铁斧、铁锹等各种农具，希腊各地那些多山而贫瘠的土地因此成片地得到开垦和深耕。希腊各地除了广泛种植葡萄、橄榄两大经济作物，粮食生产也有较大发展，而手工业中制陶、造船、冶金业的发展尤为明显。对希腊城邦的形成具有特殊意义的是，希腊世界加强了与东方的联系。这时，希腊和东方的商业联系已经从"黑暗时代"的阴霾中恢复过来，甚至超过爱琴文明时的水平。其中，小亚细亚各邦和优卑亚岛最为活跃。在希腊本土和东方交往中，尽管商业贸易占据十分突出的地位，但其他方面的联系也随之发展。希腊人不断吸收东方文明成就，使希腊文明逐渐取得丰硕成果，并发展出自身的文化特色。这些发展表明，希腊城邦形成之际就已站在较高的历史起点上。考古发现及其研究成果的不断丰富，为探究公元前 8 世纪至公元前 7 世纪早期东方文化对希腊的影响，以及评价这些影响的意义，提供了坚实的基础。[①]

在希腊各地纷纷建立城邦的同时，希腊世界还出现了标志希腊文明光辉成就的一系列重大文化发展：希腊人在沿用腓尼基字母的基础上，创造了自己的文字；第一届奥林匹克运动会于公元前 776 年成功举行，使希腊各邦有了共同的传统节日和历史纪年；继荷马之后，赫西俄德这位农民诗人开始创作诗歌，不仅揭开了希腊文学的新篇章，也为世界文学宝库留下了不朽的作品。

赫西俄德出生于希腊中部的彼奥提亚，著有《神谱》和《工作与时日》等诗篇，前者记述了希腊的神话传说，后者描写了当时的农业劳作和农村生活，是了解古希腊早期社会状况最主要、最生动的历史资料。他以农民的质朴和真诚描述小农的辛苦劳作，也揭露社会的贫富分化和土地兼并。诗中以鹰隼欺凌夜莺的寓言揭露贵族对小农的残酷压榨，他批评当时"强权就是公理"的社会现状，揭示了文明社会阶级压迫的本质。他通过告诫兄弟来劝谕世人：务农要勤苦劳作，最好要设法弄到一头耕牛和一两个作为助手的奴隶，还要学会多种经营，必要时还须出海做点生意。这表明当时希腊的小农经济与奴隶制

---

① ［德］瓦尔特·伯克特：《东方化革命：古风时代前期近东对古希腊文化的影响》，刘智译，上海三联书店 2010 年版，第 7 页。

以及商品经济之间存在着联系。由此可见，赫西俄德虽是土生土长的农民诗人，他的视野却很广阔，具有很高的文化水平。这反映希腊城邦形成初期文化普及活动已取得较好成效，一般公民的素质不低。这和希腊海运方便、人员往来较易、信息传播较快有关，也和当时使用的字母文字简单易学、城邦公民生活相对自由宽松有关。因此，赫西俄德的诗篇也在一定程度上说明了希腊城邦体制本身有其不同于其他古代文明的特点。

希腊城邦体制的最突出特点之一，就是以小国寡民式的城邦为载体的公民政治获得了较为充分的发展，乃至建立起了奴隶制民主政治。在从军事民主制转变为阶级国家的过程中，最早的小国通常都有国王（由军事首领或宗教首领变为国王）。希腊城邦亦不例外，各邦最早都有传说中的国王与王朝。另外，还有贵族会议和公民大会。但在城邦早期发展过程中，王权却不像东方各国那样日益强大，反而逐渐衰微；绝大多数城邦终于废弃君主而实行共和，而后又限制贵族的权力，乃至在一些城邦中推翻贵族统治，建立了古代公民权利最发达的民主政治。因此，城邦建立数百年后，希腊著名哲学家亚里士多德在《政治学》中总结城邦公民政治的特点时指出："（一）凡有权参加议事和审判职能的人，我们就可说他是那一城邦的公民；（二）城邦的一般含义就是为了要维持自给生活而具有足够人数的一个公民集团。""城邦不论是哪种类型，它的最高治权一定寄托于'公民团体'，公民团体实际上就是城邦制度。""凡享有政治权利的公民的多数决议无论在寡头、贵族或平民政体，总是最后的裁断，具有最高的权威。"① 城邦公民政治的这个突出特征，也反映了希腊奴隶制经济以小规模的私有制为主的特点。

三、剧烈的政治变革

在海外殖民运动的推动下，希腊世界也经历了剧烈的政治变革。以雅典城邦为例，它就是在殖民运动的大浪潮中兴起的一个典型城市，雅典城邦制的发展演变过程也比较具有代表性。古风时代的雅典先后经历了世袭王制、早期僭

---

① ［古希腊］亚里士多德：《政治学》，吴寿彭译，商务印书馆1965年版，第112、129、199页。

主政治、梭伦改革、庇西特拉图僭主政治和克利斯提尼改革等一系列政治改革，最终使雅典走上民主政治的道路。或许正是由于经历了新旧势力的多次斗争，反复较量，雅典城邦最终成为古希腊民主政治的典范。

1. 早期僭主政治

随着海外殖民运动的发展，在希腊城邦形成初期普遍存在的贵族专权局面受到挑战，平民反对贵族的斗争日趋激烈。这时的贵族大多依靠古老的氏族关系确立其特权，其主要工具就是从氏族部落议事会演变而来的贵族会议。他们据此掌握城邦的军政财权，公民大会形同虚设。他们拥有众多的奴隶和大片土地，通过土地兼并和高利贷剥削压迫平民。当时债务奴隶非常盛行，负债和破产的公民往往沦为债奴，甚或被卖到国外。在这种背景下，平民反对贵族压迫是城邦政治发展的必然趋势。殖民运动促进了经济发展，使少数经营工商业的平民致富而成为新兴的工商业奴隶主。他们一般不能参加贵族会议，政治地位比较低下，对贵族专权也非常不满，因此在政治斗争中常常与平民联合起来，共同反对贵族阶层。但是，在当时具体条件不成熟的背景下，这种平民反对贵族的斗争尚不能直接导致民主政治，反倒是那些别有用心的人，利用了平民的力量，建立起个人独裁的僭主政治。

僭主一词来自小亚细亚，本义等同于君王，这里被希腊人用来专指城邦政治中依恃武力和非法的手段僭越夺权的专制头领。僭主们把公民大会抛在一边，不经过公民选举而握有终身独裁之权，还可将僭主之位传于儿孙。这些僭主们为了取得民众的支持以巩固统治，往往奉行打击贵族、争取平民的政策，重视殖民运动，并推动工商业发展，因而受到工商业奴隶主阶层的欢迎。当然，僭主独裁终究与城邦公民政治的原则背道而驰，何况后代僭主大多骄奢残暴，更遭人民唾弃，所以僭主政治终究都未能持久。事实上，在僭主政治的早期阶段还有一定的进步作用。从公元前 7 世纪中期到公元前 6 世纪中期，是早期僭主政治比较盛行的时期，阿耳戈斯、科林斯、麦加拉、西息温、那克索斯和萨莫斯等城邦都曾建立僭主统治，并一度使国力强盛。

据说阿耳戈斯的斐冬是最早的僭主（约前 670—前 660 年），他是王族的后裔，夺得政权后决意重振阿耳戈斯在伯罗奔尼撒的霸权，挥兵西进控制了奥林匹克所在的伊利斯地区，成为第二十八届奥林匹克运动会（前668年）的幕后主持人，大大提高了阿耳戈斯在希腊世界的国际声誉。但是，斐冬的主要目标是把阿耳戈斯变成军事强国，在一定程度上未能过多关注经济发展。

科林斯僭主居普赛洛斯（约前657—前625年）虽然是在斐冬的支持下建立的统治，却有着不同的发展方向，他使科林斯成为希腊最大的工商业城市之一。据说居普赛洛斯与长期统治科林斯的氏族贵族巴奇阿代家有亲缘关系，但他自居为巴奇阿代的克星，当权后结束了这一贵族家族的统治，其首领被杀，许多人被放逐，所拥有的土地被没收后分配给支持僭主的平民群众。居普赛洛斯常以平民头领自诩，注意争取民心；同时注重扶持工商业的发展，先后建立三个殖民城市，不仅为科林斯提供丰富的银铜矿产和优质木材，同时也为科林斯工农业产品开辟了广阔的市场。他也大力资助奥林匹亚和德尔菲等神庙、神像的建造，热心于奥林匹克运动会，注重提高科林斯在希腊世界的国际声誉。

在居普赛洛斯之子皮里安德当政期间（前625—前585年），科林斯工商业达到极盛。他命人修建了横跨科林斯地峡的石造拖运船舶专线，长约6.5公里，石砌路面刻有凹槽专供拖车行驶，起着类似铁轨的作用。在科林斯地峡两边的船舶连同货物，都可在这条平直宽阔的曳道上"陆地行舟"，极大地方便了两岸之间的通航。这条曳道使爱琴海和西边的科林斯湾连接起来，为扼守其间的科林斯带来滚滚财源，极大地促进了科林斯工商业的繁荣。这时，科林斯已经发展成为希腊海运贸易和陶器、纺织、金属加工与造船业的主要中心。皮里安德还建立了两个殖民城邦，其中一个在爱奥尼亚海北岸，另一个在爱琴海的北端。皮里安德又设立地区法庭，以取代贵族法庭，进一步打击贵族势力。他还提倡文艺，延揽诗人学者，他本人曾被誉为希腊七贤之一。但是，僭主宫廷的豪华引起人民的不满，他死后由其侄子继位，但不到三年便被人民推翻，家族房舍全被夷为平地，连尸骨也被挖出抛弃。可见，民众对僭主独裁仇恨之深。

与科林斯相比，希腊其他城邦僭主的作为与结果大致相似。总的说来，早期僭主政治促成氏族贵族衰微，并推动了工商业的发展。在麦加拉建立僭主统治后，它的贵族诗人色奥格尼斯曾哀叹道："城市依然如故，人却换了面目，换成旧时此辈，不知法为何物，身披破烂羊皮，野居宛如麋鹿，此辈今成高门，高门于今为庶！"这倒是很生动地反映了僭主政治造成的新形势。

2. 雅典城邦的形成——早期雅典及其贵族统治

早在荷马时代，雅典已经成为希腊世界铁器和几何形风格陶器生产的一大中心。但由于雅典城邦土地广大，始终未积极参与海外殖民运动，因此，其早期历史比较沉寂，相关资料也较缺乏。一般认为雅典国家大约是与斯巴达同时建立起来的，但标志其建国立邦的古代传说比较含糊。据说，一位传说中的英雄提秀斯进行了改革，建立雅典城邦。和斯巴达通过征服方式立国有所不同，雅典是以协议方式建立国家的。提秀斯改革的一项重要内容是把国内公民分为贵族、农民和手工业者三个等级，规定贵族充任官职、执行法律，农民和手工业者只在公民大会中占有一席之地，绝不能当官掌权。这样，公民中贵族和平民（农民和手工业者）的划分界限十分明显，为日后雅典的贵族政治奠定了基础。当时，雅典的国家首脑是国王。到公元前8世纪，雅典城邦的首脑已不是国王，而是执政官（或称"名年执政官"，因公元前683年后以其名纪年），但国王（巴希琉斯）之名仍保留在行政官名中，它是位于名年执政官之下的一个执政官的称号，可译为王者执政官或祭仪执政官。从王名被保留下来的情况看，王权的取消似乎未经过暴力废黜。此时中央议事会已成为贵族会议，只有贵族才能参加，各执政官由贵族会议从贵族中选定，交公民大会形式上通过。执政官最初是终身制，后改为十年一任，到公元前683年改为一年一任，雅典的贵族政治至此达到了一个新高度。

这时雅典的执政官多达9人：首席执政官或名年执政官是国家元首，执掌内政；王者执政官主持节日庆典、宗教仪式，并管理氏族事务；军事执政官统理军务；最后6名司法执政官管理司法和整编法令。九执政之制使贵族对国家政治的垄断无孔不入，他们包揽官职，自订法律，在政治上压迫平民群众，经济上则通过高利贷、土地兼并和债务奴隶制等形式，使贫苦的农民、手工业者破产流离，甚至卖儿卖女，无以为生。亚里士多德曾经揭露当时贵族统治的黑暗，他在《雅典政制》中指出：因为雅典宪法完全是寡头政治的，"贫民本身以及他们的妻子儿女事实上都成为富人的奴隶；他们被称为被护民和六一汉

（因为他们为富人耕田，按此比率纳租，而全国土地都集中在少数人手里），如果他们交不起地租，那么他们自身和他们的子女便要被捕；所有借款都用债务人的人身为担保，这样的习惯一直流行到梭伦之时为止……在群众眼中，宪法上最残酷和苛虐的部分就是他们的奴隶地位。"① 这是对雅典政治特点的一种高度概括。

3. 梭伦改革——雅典民主政治的起步

正如亚里士多德所言，贵族统治的改变是从梭伦之时开始的，这就是雅典历史上著名的梭伦改革。梭伦出身于贵族世家，所以他有资格当选首席执政官，但他不是那种作威作福的显贵。他的家境中平，早年曾兼营贸易，与商旅为伍，并且周游海外，成为饱学之士，被时人誉为"七贤"之一。他常常在诗中抨击贵族，同情平民，又曾在雅典与邻邦麦加拉的战斗中勇敢作战，荣立军功，率众攻克应属雅典的萨拉米岛。因此，他在群众中很有威望，既是一位英雄诗人，又是体察民情的革新派政治家。当时雅典的阶级矛盾异常尖锐，政局动荡。不满的平民群众已准备铤而走险，武装起义一触即发；贵族统治阶级依然我行我素，顽固不化。而社会上出现了一批靠经营工商业致富的奴隶主，他们多出身平民，有钱而无势，也对贵族统治不满，政治上逐渐站到平民一边。应该说，梭伦以整个城邦国家的利益为重，虽主张不偏不倚，却在阶级阵营中实际上是这批工商业奴隶主的代表。他既痛恨贵族的顽劣，又不愿引发平民的暴动，主张以改革方式解决平民备受压迫的各类问题，通过一场带有立宪意义的改革运动达到这个目的。他的立场得到大多数公民的支持，并在公元前594年被选举为"执政兼仲裁"，全权进行宪政改革。

梭伦改革的第一项重大措施是颁布《解负令》，即解除债务及由于负债而遭受的奴役。这是一个解放平民的伟大法令，根据这个法令，平民所欠公私债务一律废除，雅典公民沦为债奴者一律解放。同时，永远禁止放债时以债务人的人身作担保的做法，也就是在公民中取消债务奴隶制。不仅国内因负债被奴役的公民立即获得自由，国家还负责赎回那些被卖到国外的人。与此有关的

---

① ［古希腊］亚里士多德：《雅典政制》，日知、力野译，商务印书馆1959年版，第4—5页。

是，那些因负债而押出土地变为"六一汉"的人，重新成为自己土地的主人。

《解负令》不仅使雅典公民中的贫苦大众解除了最沉重的负担，而且由于它取消了债务奴隶制，还对雅典城邦乃至整个希腊世界的奴隶社会产生极其深远的影响。不过，这种取消只是就公民而言，并不阻碍奴隶制本身的发展。以后雅典的奴隶便全由外邦人充当，由于公民不再受债务奴役，城邦体制更为巩固，民主政治也发展起来，推动雅典奴隶制经济逐渐出现繁荣局面。因此，辩证地看，《解负令》实际上代表着促进希腊奴隶社会发展的进步方向。出于同等精神，梭伦还规定了公民个人占有土地的最高限额，防止土地过分集中，通过保护小农而使城邦体制获得健康发展。

第二项重大改革措施是按土地收入的财产多少划分公民等级，取消以前的贵族、农民、手工业者三级之分。这项政治改革自然使工商业奴隶主阶层获得较大的利益，因为他们按财产必然居于第一和第二等级。同时，对贵族也并非彻底打击，因为贵族以其财产仍可列第一和第二等级，只是他们的特权受到削弱，不能再独占城邦的政权了。按照这些措施的具体细则，第一等级的财产数量为每年收入总计达 500 麦斗以上（每麦斗约合 52 公升），称"五百麦斗级"；第二等级是收入 300 麦斗以上者，称"骑士级"；第三等级的标准则是 200 麦斗以上，称"牛轭级"（有牛耕田者）；其余收入不及 200 麦斗者统归入第四等级，他们靠打工为生，故称"日佣级"。划分等级的目的是为了分配政治权利：第一等级可担任执政、司库及其他一切官职；第二等级与第一等级同，只是不能担任司库；第三等级可担任低级官职，被排除在执政官等高级官职之外；第四等级不能担任一切官职，但是可以和其他等级一样，充当陪审法庭的陪审员。由此可见，梭伦改革使工商业奴隶主进入第一和第二等级，从而获得掌握政权的机会，把他们上升为统治阶级。而给予平民的政治权利十分有限，这反映他的改革始终保持着他自以为荣的"中间路线"。

第三项重大改革措施是设立新的政权机构，贵族会议受到很大的限制。新机构中最重要的是四百人会议，由 4 个部落各选 100 人组成，除了第四等级，其他等级的公民都可当选。四百人会议获得了原属于贵族会议的许多权力，如为公民大会拟订议程、提出议案、成为公民大会的常设机构等。虽然贵族会议仍旧被保存下来，却没有了原来的威风和实权。与贵族会议权力地位的降低相比，公民大会却从原先的形同虚设逐渐恢复了它作为城邦最高权力机关的威严，因为选举首席执政官和通过各项改革法令都必须在公民大会上进行表决，公民参加大会的积极性空前提高。梭伦建立的另一个新机构是陪审法庭，它不仅参与例行审判，还接受上诉案件，等于是雅典的最高法院。梭伦规定每一公民都有上诉的权利，而陪审法庭是以陪审员当法官，人数在数十名甚至百名左右，各级公民都可通过抽签任职，审案时通过投票方式做出判决。通过这种比较民主的做法，打破了贵族垄断司法的积弊，缓和了社会矛盾。梭伦还制定了一些有进步意义的法律，规定除了杀人罪，其他罪犯不得处死，任何公民皆有权提出控告，禁止买卖婚姻，保护孤寡妇孺等。这些法律规定在当时具有一定的时代进步性。

第四项改革措施则包括那些促进工商业的法规，例如奖励外国技工迁居雅典，对携眷移民到雅典的外邦人给予公民权；雅典公民必须让儿子学一门手艺，否则儿子可以拒绝赡养其父；禁止除了橄榄油的其他粮食出口；对度量衡和币制进行改革，使雅典更好地开展对外贸易。这一系列发展工商业的措施突出体现了工商业奴隶主的要求。① 这些举措对于推动雅典手工业和商业的发展，促进雅典社会经济的繁荣，都起到了重要的推动作用。

综观梭伦的各项改革措施，可见它在解救人民疾苦、消除贵族特权方面迈出了很大的一步，同时也为工商业奴隶主掌握政权准备了条件。总的说来，它是把雅典引上了建立奴隶制民主政治和发展奴隶制工商业的道路，这也是符合当时希腊城邦发展要求的正确道路。在此后的百余年间，雅典始终遵循着梭伦开辟的这条道路，继续进行一些民主改革，终于使雅典成为希腊世界的一个经济繁荣、国力强盛、政治民主、文化昌盛的著名城邦。

4. 庇西特拉图僭主政治——雅典民主政治发展中的曲折

梭伦肩负仲裁制宪大任的执政任期只有一年，届满后便飘然离任，出国

---

① ［古希腊］普鲁塔克:《希腊罗马名人传》(上册),陆永庭、吴彭鹏等译,商务印书馆 1990 年版,第 166—203 页。

远游去了。此后，他就再也未进入政坛，直到公元前 560 年去世。据说，梭伦改革后期，曾有人建议他实行僭主政治，被他婉言拒绝，以示他对城邦政治的忠诚，反对个人独裁。但是，梭伦以后雅典公民内部派别斗争又趋激烈，先后出现了平原派、山地派和海岸派三个政治派别，并逐步形成政治上相持不下的混乱局面。从政治背景来看，大致可以说平原派代表贵族，山地派代表农民，海岸派代表工商业者。按希腊城邦的惯例，派别斗争激烈时，往往有利于执政者加强权力，走上僭主政治的道路，而僭主政治一般具有反对贵族势力的倾向。更何况，雅典的梭伦改革已经为反贵族阵营奠定了基础。因此，雅典内部长期政治斗争的结果就是，山地派的领袖且曾为梭伦朋友的庇西特拉图，在雅典成功地建立了僭主统治。他依靠农民支持以武力夺取政权，给守旧贵族一定打击。公元前 541 年，庇西特拉图开始牢固地统治雅典，直到公元前 527 年去世。随后，他的儿子希庇亚斯又继续统治雅典 18 年，直到公元前 510 年被人民推翻。30 多年的庇西特拉图僭主政治，是雅典政治史上的重要一章。

总的说来，庇西特拉图的僭主政治比较关心农民，也支持平民势力反对贵族。他继续执行梭伦的立法，使雅典继续按照梭伦改革确定的路线向前发展。公民大会和执政官的选举也都照常进行，只是担任官职的人皆属他的党羽。他帮助农民发展生产，提高他们的政治地位，以低息贷款支持农民种植葡萄。他把司法权集中于城邦政府的同时，又设立乡村巡回法庭，就地解决民间纠纷，削弱贵族势力对地方司法的干扰。他还经常去各地视察，解决僻远山区农民的问题。尽管他组建了私人卫队，并过着豪华的生活，但平民群众对他的僭主政治尚有好感。在他执掌雅典政权期间，雅典城邦的经济和文化都有较大发展。因此，亚里士多德曾这样评价说："珀西斯特剌图斯（即庇西特拉图）处理国政是温和的，而且是具宪法形式的，而不是僭主的；他每事仁慈温厚，对待犯法的人尤其宽大……在他统治时期，他也不与大众为难，总是致力和平，保持安静；因此人们常说，珀西斯特剌图斯的僭主政治是克洛诺斯的黄金时代。"①

---

① ［古希腊］亚里士多德:《雅典政制》，日知、力野译，商务印书馆 1959 年版，第 19—20 页。

在僭主统治的公元前 6 世纪后半期，雅典工商业有显著发展。雅典陶器生产在希腊世界位居前列，产品畅销于地中海东西各地，还曾深入黑海沿岸一带。随着精美陶器外销的还有葡萄酒与橄榄油等，这两项农产品也居雅典对外贸易的大宗之列。由于庇西特拉图与邻邦和小亚细亚、黑海一带国家皆保持友好关系，雅典对外联络方便，海上贸易路线畅通，它铸造的钱币在国际市场上开始受到重视。庇西特拉图特别注意控制雅典通往黑海的商路，在小亚细亚西北角建立了雅典殖民地西吉昂，并支持雅典商人开发色雷斯的金矿。他在雅典大兴土木，既促进了建筑业和有关行业的发展，也使雅典开始成为希腊建筑和雕刻艺术的中心。他还注意提倡文艺创作，出资组织隆重壮观的节日庆典，把许多诗人请到雅典城，并在雅典整理编订《荷马史诗》。因此，总的说来，在僭主统治之下，雅典城邦正像梭伦所期望的那样逐渐繁荣起来。

庇西特拉图之子希庇亚斯却未能继续其父的"仁政"，他实行黑暗的专制统治，生活上十分奢侈，对民众的态度非常傲慢，最终引起人民的强烈不满，并在公元前 510 年被群众推翻。随后，希庇亚斯遭到民众的驱逐，被迫逃到波斯，落得个叛国求荣的可悲下场。雅典人民获得自由后继续奋斗，赶跑了乘机和流亡贵族相互勾结而一度进入雅典的斯巴达军队，并促成了公元前 508—前507 年的克利斯提尼改革，把雅典民主政治又向前推进了一大步。

5. 克利斯提尼改革——雅典民主制的确立

克利斯提尼也是像梭伦那样出身贵族却支持平民的民主政治家，他针对梭伦改革犹未深入触动雅典选举体制和血缘团体这一问题，进行了比较彻底的政治改革。克利斯提尼改革的内容之一是，废除传统的 4 个血缘部落，而代之以10 个新的地区部落，并按新部落体制进行选举。实际上，这些新部落就是城邦的政治选举区，仅是袭用部落之名而已，从而打破了原来以血缘关系为基础的部落制。由于雅典政坛上早期就有平原、山地、海岸三派之分，新部落的组成在注意消除氏族贵族影响的同时，也有意糅合三个不同的政治派别，因此，新部落制的组成比较复杂。其具体的办法是，每一地区部落都包括三个位于上述三种地区的"三一区"，例如新组成的名为"潘迪奥尼斯"的地区部落，就包括位于海岸的三一区"米里诺斯"，位于山地的三一区"派阿尼亚"，位于平原的三一区"古达特内昂",三地合一而成一个新区。这个办法巧妙地利用了原来血缘部落也分三个三一区的传统,只是旧三一区是按胞族划分,新三一区按地区户籍组成,而且兼容平原派、山地派、海岸派三部分。正是在彻底按地区组成这一点上,克利斯提尼改革沉重打击了氏族贵族势力,使他们不可能再依靠旧的氏族血缘关系影响政治选举,雅典的国家组织也最终摆脱了氏族关系的残余影响,从而建立起典型的民主政治体制。

在组成新的选区之后,克利斯提尼便规定每个选区分别选出 50 人,组成新的五百人会议,以取代梭伦的四百人会议。五百人会议的成员是所有公民,他们不分等级皆可担任,比四百人会议更民主。选举办法也有创新之处:各选区基层单位(相当于村庄的德莫)按人口比例确定的名额在合格候选人中抽签产生。这样一来,每个身体健康并关心政治的雅典公民,原则上都有当选五百人会议成员的权利。实际上,在每个人的一生中总有一两次获选的机会。五百人会议的权力也进一步扩大,不仅要为公民大会准备议案,事先讨论所有议题,主持公民大会等,还要在公民大会闭会期间负责处理国家日常政务。五百人会议的 500 名成员按部落分为 10 个小组,在一年内轮流值班,称为"主席团";在每个小组内部也是按照抽签方式轮流值班;而在每个人值班那天,他便是雅典国家地位最高的公职人员,有权主持公民大会、接见外国使团。

克利斯提尼还对雅典军队组成进行改革,把以前按血缘部落征兵的办法,改为按地区部落征兵,每部落提供一队重装步兵、若干骑兵及水手,并且选举 1 名将军为统领。10 名将军组成将军委员会,由军事执政官任主席。将军之职按照公民自费服役的传统,不仅没有薪饷而且还要由自己出资装备一切(包括勤务兵)。因此,只有家产殷实的人才愿意担当此任,也才有可能担当此任。因此,这一职位不能用抽签的办法而只能通过选举产生,并可连选连任(但也可以随时罢免)。后来,这一职务便成为奴隶主上层掌握的要职,对雅典政局影响较大。

克利斯提尼改革的最后一个措施是实行陶片放逐法(陶片是指选票),它是由公民投票来决定是否对某一公民实行政治放逐的法令,因投票时把定罪人的名字写在陶片上而得名。每年由五百人会议提请公民大会讨论是否应行此法，若公民大会同意执行放逐法，就召开全体公民都参加的集会，进行投票表决。如果出席人数达到 6000 人，而且某人获得多数票，那他就要被流放国外10 年，但不没收其财产。对那些不受群众欢迎的头面人物（往往是贵族），这个放逐法是很大的一种威胁，因此也被看作民主政治的一个重要工具①。

综上所述，克利斯提尼改革是继梭伦之后的又一次重要政治改革，它把雅典民主政治进一步推向高潮。此后，雅典城邦的民主洪流便不可逆转地向前猛进，因此亚里士多德认为这一改革比梭伦宪法要民主得多。恩格斯也认为它是雅典国家建立过程的完满结束，而且，"现在已经大体上形成的国家是多么适合雅典人的新的社会状况，这可以从财富、商业和工业的迅速繁荣中得到证明"②。雅典在将近一百年的时间里由于一系列民主改革而跃升为希腊世界中居领导地位的城邦，其经济、政治和文化的实力，已可使它在即将到来的波斯帝国的入侵中接受空前严重的挑战。

四、古风希腊城邦的另类典型——斯巴达

斯巴达是领土面积最大的希腊城邦之一，其国家制度也很有特色。早在荷马时代之初，南侵的多利斯人就把伯罗奔尼撒南部的斯巴达作为他们盘踞的重要地区。他们经过很长时间才完全征服了当地的原有居民，到公元前 9 世纪末开始建立起自己的国家。据说，斯巴达建国之初由一位名叫莱库古的伟人主持国政、订立法制，才逐渐形成了其特有的国家制度，这就是传说中的莱库古改革。对于莱库古其人，在古代作家和现代学者中都存在许多争议。目前较流行的看法是：斯巴达制度完整严密，似应在其立国之初确有像莱库古这样的立法者为之规划；但同时又要看到，所谓莱库古改革中包含的各种制度是植根于多利斯族固有的传统，因此它们也或多或少见之于其他多利斯人的城邦，而且它们在莱库古之后数百年间不断得到加强和补充，后人托古改制，把不少较晚时期才有的东西也归于莱库古名下，从而增加了问题的复杂性。按照这种观点，

① 吴于廑、齐世荣主编：《世界史·古代史编》（上卷），高等教育出版社 2006 年版，第 228—252 页。
② ［德］恩格斯：《家庭、私有制和国家的起源》，《马克思恩格斯选集》（第四卷），人民出版社 1995年版，第 117 页。

莱库古改革大约发生在公元前825—前800年间。

1. 莱库古改革与斯巴达城邦制的确立

据说莱库古自称是从德尔菲的阿波罗"神谕"中获得有关改革的基本思想的，从而为他的改革带上了神圣的光环。这个"神谕"主要包括以下内容：要为宙斯神和雅典娜女神建立神殿；要组成新的部落和选区；建立包括两位国王在内的30人议事会，并按季节召开民众大会；议事会向民众大会提建议并宣布休会；公民们皆参加民众大会，并拥有决定权。实际上，从这几句古朴的话语衍生出来的改革措施要完备得多。

首先，组成了新的部落和选区。这意味着用国家组织的户籍原则取代氏族组织的血缘原则，标志着斯巴达国家的建立。接着，就国家的政治制度做出了各项规定。这是具有立宪意义的斯巴达国家的根本法，具有鲜明的时代特征。例如，把两位国王（双王制是斯巴达特有的传统）"包括"在议事会内，这实际上等于剥夺了王权，因为"包括"之意是把国王也看成议事会的普通成员，而不再是领袖。他们也同其他成员一样，每人只有一票表决权，而议事会本身则变成了氏族贵族的会议。除了两位国王职位世袭，其余28名议事会成员分别由各个胞族推举，由民众大会以欢呼方式通过，且只有60岁以上的公民才能当选，任期实行终身制。只有议事会才能向民众大会提出议案，以及解散大会。参加民众大会的公民表面上说有决定权，其实只能对议事会提出的候选人和各项议案以欢呼表示赞同，不能发表异议和讨论，更不能自己提出议案，民众大会形同虚设。斯巴达的议事会叫吉罗西亚，还有另一官方名称叫"国王和长老"，因为它的成员除了国王就是长老，它实际上是掌握城邦实权的贵族会议。

莱库古还设立了5名监察官，均由吉罗西亚提名、民众大会选举产生。那时的监察官还不是那么重要，其职责只是监督公民"刮净胡须、遵守法律"，即在保证执行莱库古立法的同时，特别注意青年公民的风纪与体质锻炼。为此，莱库古还制定了一套最具特色的制度：要求青年公民一律过军营般的集体生活，平时整日进行操练，随时听命出征。

为了让斯巴达公民完全脱离生产，专注于军事操练，城邦在经济方面也提供一些保证：把全国土地按户分给公民，世袭占有，但不得买卖；土地上的劳动任务则由被征服居民承担，他们变成了城邦国家的奴隶。据说斯巴达在征服拉哥尼亚地区、攻陷希洛斯城后，把当地居民全部变为农业奴隶，这些国有奴隶被称为"希洛人"。通过这种做法，斯巴达人就可以全身心地投入到军事训练中，战时义无反顾地去参加战争。由此可见，这套制度的目的是为了保持斯巴达奴隶制国家的武力，以满足城邦对内镇压、对外作战的需要，而斯巴达人却美其名曰"平等人公社"，每个剥削希洛人的斯巴达公民都自居为平等人。应该说，这套制度在莱库古立法时期只具雏形，日后由于镇压希洛人的需要而进一步强化，甚至逐渐僵化起来，遂使斯巴达在希腊各城邦中独具一格。

2. 美塞尼亚战争对斯巴达城邦的影响

公元前 8 世纪中期到公元前 7 世纪中期，斯巴达对其邻邦美塞尼亚发动了两次大规模的战争，终于完全征服了美塞尼亚，将其居民变为奴隶身份的"希洛人"。美塞尼亚和斯巴达同属多利斯人，据说最初美塞尼亚国王与斯巴达双王之祖原是亲兄弟。美塞尼亚位于斯巴达西面，土地肥沃，几乎与斯巴达同时建立国家，只是不像斯巴达那样推行严格的军事训练。可是，为了获得大量土地和奴隶，斯巴达却把兄弟邻邦当作猎物，必欲灭之而后快。

第一次美塞尼亚战争发生在公元前 740—前 720 年之间。斯巴达人借口发生边境冲突而突然兴兵入侵，美塞尼亚人奋起应战，坚持抵抗长达十余年，最后终因饥荒流行、国力耗尽、国王自杀而失败，只有少数美塞尼亚人远走国外。随后，美塞尼亚的大片国土则被斯巴达侵占。但是，美塞尼亚人不甘屈服，于公元前 7 世纪中叶再次发动武装起义，遂演变为第二次美塞尼亚战争。领导起义军的阿里斯托明尼是一位杰出的统帅，多次重创敌军。斯巴达人伤亡惨重，士气低落，几乎无心恋战。但在关键时刻，由于盟友背叛，阿里斯托明尼战败，被迫率众退入山区，继续坚持斗争达十余年。斯巴达人最终平息了这次起义，从而结束了第二次美塞尼亚战争。随后，美塞尼亚的所有肥田沃土都被作为斯巴达的国有土地而由其"平等人"公民分享。美塞尼亚人则沦为希洛人，他们不是某一个斯巴达人的奴隶，而是以整体的形式作为城邦的国有奴隶。他们备受奴役，只有少数边远山区和沿海地区的居民，变成了没有政治权利但可经营工商业的庇里阿西人。

由于需要依靠重兵劲旅巩固对美塞尼亚的统治，以及对希洛人的镇压，斯巴达原有的那套制度得到进一步强化。土地国有和奴隶国有制度成为斯巴达经济生活的基础，也决定了斯巴达社会特殊的阶级结构。以"平等人"自称的斯巴达公民是居于统治地位的奴隶主阶级，他们约有9000户，每户从国家领得一份土地以及若干为自己耕种土地的希洛人。但是这些土地和希洛人的所有权属于城邦国家，各户只能世代相传，不得买卖。耕种土地的希洛人则是主要的被剥削阶级，是城邦的国有奴隶，他们生活在自己的村落里，按户（或数户）各自耕种斯巴达人的份地，每年向份地主人交纳82麦斗大麦以及一定数量的油和酒，大约等于田地产量的一半。虽然希洛人身属国家而不能被其份地主人变卖，交纳量亦不按主人需求变动，但是作为奴隶，他们的身家性命完全在"平等人公社"的掌握之中，斯巴达政府可以任意杀害希洛人，其受虐待迫害之残酷程度，较之其他城邦的奴隶有过之而无不及。

除了希洛人，庇里阿西人则构成斯巴达国家的第三等级。他们没有公民权却有人身自由，有自己的土地、作坊和店铺，从事农业和工商业。由于国家规定斯巴达人不能经商做工，所以在斯巴达国内从事工商业的主要是庇里阿西人（其他工商业者则属外邦侨民）。庇里阿西人不得参与任何"平等人公社"的政治活动和政治会议，没有任何政治权利，却需纳税和服兵役。由此可见，斯巴达国内的阶级压迫和阶级矛盾是极其尖锐的，斯巴达的国家制度和生活习俗便始终以镇压希洛人的反抗为首要任务。

3. 独特的政治制度与社会风尚

斯巴达的政治制度基本按莱库古改革确定的体制发展，双王制和吉罗西亚会议继续保持，监察官的权力则大为加强。两位国王分别由他们的家族世袭，权位均等，平时只能作为贵族会议的一员活动，战时则由其一人统军出征。当监察官权力扩大以后，国王出征时往往有监察官随军监督，他们还可以审判国王并在两个王族中决定王位继承人。吉罗西亚会议作为贵族会议总揽军政大权，国家大事都由它讨论决定，之后再交民众大会通过。它还是最高司法机关，并协助一些主要官员处理政务。监察官权力加强后，吉罗西亚会议也由他们主持。民众大会——斯巴达的公民大会由所有年满 30 岁的男性公民参加，名义上选举监察官和贵族会议成员，并通过决议。但在欢呼表决法限制之下，它实际上没有任何权力，一切由监察官和贵族会议操纵，也由监察官主持召开。由此可见，5 位一年一选的监察官此时就成了斯巴达城邦的真正主宰，他们掌握了城邦的主要实权，不仅国王贵族都在其监督之下，而且对普通公民可随时以违犯风纪的罪名逮捕甚至处死，而强化斯巴达那套特殊制度的重任，也主要由他们承担。

在社会风俗习惯方面，自称"平等人"的斯巴达男性公民必须按国家要求终生过着严格的军事生活，其全民皆兵、重武轻文的程度在世界历史上可谓空前绝后。每个斯巴达男性公民从小就必须接受严格的体育和军事训练，甚至达到不近人情的程度，出生时体质不合要求的婴儿，随即就会被抛弃。斯巴达男子在少年时要历经缺衣少食日夜操练等艰苦生活的考验，成年后就一直生活在军营中，除了行军作战就是反复操练。要想回家会见亲人，也只能偷偷跑出去。在精神上，他们以培养绝对服从、视死如归的军人气质为首义。这样，一直到 60 岁，他们才能卸甲归田，过上普通平民的生活。由于这套制度执行得非常彻底，斯巴达的公民社会确实有如军营一般。历史上流传了许多形容少年军训执法如山、斯巴达战士赴汤蹈火的佳话。这样一来，使得斯巴达拥有了一支在希腊世界实力最强、纪律最严的军队。但同时，其他文化建设则完全被忽视了，以致在辉煌的希腊古典文明中，所有重大文化创建皆与斯巴达人无缘。

另一方面，斯巴达人对希洛人的残酷迫害，始终在古代历史上保持着最高纪录。不论有无过失，希洛人每人每年都要按时挨打，目的就是要让他们"牢记"自己的奴隶身份。斯巴达政府常令青年公民组成小分队，到希洛人居住的村庄明察暗访，白天探查寻觅希洛人中壮实勇敢或露出不满情绪的人，夜晚就突然袭击，把他们活活打死。每年新当选的监察官上任，首先必定履行一个向希洛人"宣战"的仪式，既经宣战希洛人便成为法定的公敌，任意屠杀都合理合法，且不受宗教忌讳的约束。严酷的军训制度和对希洛人的无情镇压，充分反映了斯巴达社会的阶级实质。斯巴达既有一般奴隶制城邦国家的特点，但同时又是一个贵族专权的奴隶制城邦。斯巴达公民内部仍有贵贱之分，监察官、王族和贵族不仅垄断官职、指挥一切，还拥有远较普通公民多得多的土地、希洛人奴隶和个人财产。因此，就连古希腊人也不得不承认，斯巴达实行的是最为彻底的贵族寡头统治的政体。

4. 伯罗奔尼撒同盟的建立

在国际关系方面，斯巴达凭借其号称无敌的陆军，在伯罗奔尼撒半岛上以霸主自居。在伯罗奔尼撒，原来可以和斯巴达分庭抗礼的城邦只有阿耳戈斯，该城邦在斐冬僭主统治期曾一度强大起来，但斐冬之后无以为继，逐渐降为二流城邦，再也无力挑战斯巴达。多利斯城邦科林斯和西息温等，在僭主统治期间也曾强盛一时，但在僭主政治结束后，它们也落入斯巴达的控制之下。到公元前6世纪后期，伯罗奔尼撒半岛上的各个城邦，除了阿耳戈斯和西北部阿卡亚少数小城邦，都被斯巴达纠集起来组成了伯罗奔尼撒同盟。所谓的伯罗奔尼撒同盟实际应称斯巴达同盟，是由斯巴达分别与盟邦签订双边盟约组成的，因此斯巴达是同盟中理所当然的核心和领袖。

斯巴达利用伯罗奔尼撒同盟作为控制同盟内各城邦的工具。伯罗奔尼撒同盟是军事性质的组织，其决策以斯巴达利益为准绳。斯巴达的军队占有绝对优势，召集会议权也归斯巴达，所以入盟各邦实际上皆听从斯巴达的指挥。一般而言，同盟各城邦仍保持自己的独立，只是在外交、军事问题上按同盟决议一致行动，若个别盟邦不经斯巴达同意而自行作战，便得不到同盟的支持。该同盟的盟约还特别规定，若斯巴达国内希洛人发动起义，同盟各邦必须派兵援助斯巴达，并受其指挥。这充分体现了这个奴隶制国家同盟的阶级本质。有了这个同盟，斯巴达不仅可以称霸于伯罗奔尼撒半岛，而且在整个希腊世界也具有举足轻重的地位。斯巴达还利用同盟影响各城邦的发展，使它们也建立和斯巴达类似的贵族寡头政治。

五、早期希腊文化

发生于公元前12世纪的多利斯人大规模入侵活动，给早期希腊文明带来致命性的冲击。这次入侵活动不仅造成希腊大陆的人口急剧减少，而且人们的生活水平严重下降，希腊社会开始进入一个与世隔绝和停滞不前的状态①，这就是古希腊早期历史上的"黑暗时代"。但是，在现代考古发掘及其相关研究的基础上，研究者发现，即使在这个"黑暗时代"，尽管迈锡尼文明遭到严重摧残，但是它并没有被完全毁灭，"爱琴文化的某些遗产……在数百年的暴乱之中仍然'奄奄一息地保存着'"②。

进入公元前8世纪，在希腊各地人口快速增长的背景下，希腊人掀起了一场大规模的海外移民浪潮。古风时代的这场殖民运动，推动了古希腊社会的大变革，而这次大变革又影响了希腊文化的发展。③ 一方面，希腊人继承了他们印欧人的文化遗产，并在新的环境下进行全方位的创造，给后世留下了丰富多彩的神话和诗歌；另一方面，在他们与东方世界的接触和交往中，逐渐认识到世界的多样性，希腊人从东方世界的先进文化中吸取到了精华，并与他们的传统文化相互融合，从而形成了一种不同于传统的全新文化。

公元前8—前6世纪的早期希腊文化，可以分为后期几何形风格、东方化风格、古朴风格三个阶段。按照古希腊陶器制作的不同风格，公元前8世纪的古希腊陶器仍以荷马时代的样式为主，所以被称为几何形风格时期。这一时期希腊在文学方面取得了突出的成就，尤其是荷马和赫西俄德的诗歌。荷马所作的《伊利亚特》和《奥德赛》是希腊人留给后世的两部著名史诗，在古希腊影响非常广泛，被称为希腊人的"圣经"。赫西俄德写了《工作与时日》和《神谱》，前者描述了当时希腊农民的生活状况及社会状况；后者以神话的形式描述了有关世界和人类的起源，由于其系统地描述了世界形成过程和诸神的产生，并介绍了诸神的职能，所以具有一定的宗教神话权威。同时，希腊的抒情诗也是这个时期的重要文学成就，首先是古希腊最著名的女诗人萨福，她的诗歌在当时受到人们的高度评价，堪称与荷马比肩齐名，甚至著名哲学家柏拉图都称她为女神。与她同时代的著名政治家梭伦也是一位诗人，他的诗歌主要

---

① William R. Biers, *The Archaeology of Greece: An Introduction*, Cornell University Press, 1987, p. 94.
② ［美］威尔·杜兰：《世界文明史·希腊的生活》，幼狮文化公司译，东方出版社1999年版，第83页。
③ 晏绍祥：《古代希腊》，北京师范大学出版社2018年版，第195页。

被保存在亚里士多德的《雅典政制》和普鲁塔克的《梭伦传》中，其中反映了雅典当时存在的社会和政治危机，内容有为自己的改革进行辩护的叙述，以及表达自己的政治见解。公元前 7 世纪中期的斯巴达人提尔泰奥斯（Tyrtaeus）也是一位著名诗人，他曾参加第二次美塞尼亚战争，他的诗歌当中就有描写这次战争场面的诗句。

在宗教观念上，希腊人信仰多神教，以宙斯为首，同时设立男女祭司，与公职人员等同。希腊宗教还将神"人性化"，即"神人同形同性论"，这是古希腊乃至后世的哲学和艺术的来源。希腊哲学的成就最早出现在小亚细亚沿岸一带，尤其是在米利都产生了古希腊第一个哲学家泰勒斯，并出现了以他为首的米利都学派。据说来到小亚细亚的爱奥尼亚人，把古老的美索不达米亚文化与希腊的习俗相结合，使科学思想取得了很大的进步，自然主义的解释取代了宗教的解释，因而出现了所谓的"爱奥尼亚启蒙运动"。[①] 米利都学派的思想家们往往都是述而不作，很少有作品遗存下来。根据亚里士多德的记述，泰勒斯（Thales）、阿那克西曼德（Anaximander）和阿那克西美尼（Anaximenes）是米利都学派的三位主要代表人物。泰勒斯认为，世上万物都来源于水，他首先开辟了古代唯物主义哲学的先河。阿那克西曼德认为，地球是自由地悬挂在"虚无"中的，它与宇宙中的其他物质保持等距。他还认为，"无限"才是根本的质料。阿那克西美尼进一步发展了阿那克西曼德的学说，认为"无限"就是"气"，世上万物都由"气"组成。虽然三位哲学家的主张有所不同，但是他们的哲学思想中都具有朴素的唯物主义因素。此外，在小亚细亚沿岸，还有另一位唯物主义哲学家，即以弗所的赫拉克利特。他认为世界是"一团永不熄灭的活火"，强调万物都处在一种有规律的运动当中，从而成为朴素辩证法的源泉。

在米利都附近的萨摩斯岛上，生活着一位数学家毕达哥拉斯，他后来移居到意大利南部的一个希腊殖民城邦克罗顿。毕达哥拉斯精于数学研究，他首次将

---

① ［美］伊恩·莫里斯、［美］巴里·鲍威尔：《希腊人：历史、文化和社会》，陈恒等译，格致出版社、上海人民出版社 2014 年版，第 222 页。

地球称之为一个"有序的整体"，他还发现了以1、2、3、4之间的关系来表达和声音程的原理。他利用自己的数学理论尝试创建乌托邦，但最终都归于失败。在哲学上，毕达哥拉斯属于唯心论者，把数学理论引向了一种神秘主义。

此外，希腊大陆在制陶技术方面有了很大改进，这时制作的陶器上已经开始出现形象画，有名的科林斯风格和雅典风格的陶器各有特点。城市的兴起，带动了神庙建筑的发展，"多利斯式""爱奥尼亚式""科林斯式"，反映了当时希腊神庙建筑的不同风格。

总之，古风时代的社会大变革，尤其是长达两个多世纪的海外殖民运动，促进了希腊世界的经济发展和对外贸易活动，同时也促进了希腊的对外文化交流活动。人口的迅速增加，政治上的剧烈动荡，经济贸易上的快速发展，这些社会变革同时也带给了人们以巨大的思考空间，不断丰富着希腊人的文化知识和思想宝库。其中，希腊人在思考社会变革的重要原因时，也不可避免地会考虑到经济因素的社会作用，希腊人的经济意识在潜移默化中也不断增强。这就为古典时代古希腊经济思想方面的重要成就奠定了基础。

第二节　殖民运动与经济思想的形成

殖民运动是古风时代希腊历史上的重大事件，它不仅对古希腊社会的政治、经济及文化发展起到了重要推动作用，而且对希腊文明的形成与传播也产生了重要影响。古希腊历史上的殖民运动与近代西欧各国的殖民掠夺有着本质上的区别，它是通过和平的方式进行的，目的并不是为了掠夺殖民地的财富，而是为了寻找新的生存空间。

古风时代的殖民运动是一场大规模的移民运动，其规模之大、时间跨度之长，为历史上所罕见，时间持续长达两个多世纪（约前750—前500年）。这场史无前例的殖民运动几乎波及整个地中海地区和黑海沿岸。早在公元前8世纪中叶，希腊人就已经开始在南意大利和西西里岛进行殖民活动。由于这里的气候与希腊大陆非常相近，适宜于希腊人生活居住，殖民者几乎把希腊的生活方式，尤其是其农耕种植模式完全移植过来。在殖民运动的高峰时期，希腊人的殖民地从西班牙的地中海沿岸和法国南部的马塞等地，一直向东延伸到小亚细亚沿岸；南到利比亚的北部沿海地区；北到爱琴海北岸的色雷斯一带。据考证，希腊人移民于色雷斯后，在达达尼尔海峡和黑海沿岸建立了 100 座城市。① 黑海沿岸地区的肥沃土地吸引了不少的希腊人，最北端的殖民地在塔奈斯。后来，黑海沿岸地区成为希腊世界的主要粮食供应地之一。据统计，公元前 750—前 500 年，希腊人在地中海沿岸和黑海一带开拓的殖民地多达 140 处。②

古风时代，希腊世界已经结束了"黑暗时代"相对封闭的状态，恢复了与地中海各地的经济贸易往来，带动希腊经济开始走向复苏。这时，希腊文化已焕发出新的活力；城邦制度开始确立；同时，在科学不断发展的基础上，希腊人创立了哲学。经济的发展、政治的相对稳定以及文化上的进步，都对这个时期的殖民运动产生了巨大影响。这次殖民运动表现出一定的有序性，且常常与母邦的政治目标联系在一起。因此，殖民运动往往是在一些人的带领下，有组织地进行的，在新的殖民地点站稳脚跟以后，殖民者要到母邦获取政治上、文化上及精神上的支持。他们要从母邦取得火种，以及确定政治领导人，以便他们在新土地上按照母邦的模式建立新的城邦。像母邦一样，由于宗教在希腊人生活中的重要地位，修建神庙也就成为建立城邦过程中的一项重要内容。新殖民城邦还往往按母邦的要求，进行宗教庆典活动。在有些殖民地，如在西西里岛和意大利南部沿海地区，由于那里的气候条件与地理环境与希腊基本相同，殖民者把希腊人的生活方式及农业耕作方法几乎完全移植到这里。所以在这些地方，殖民城邦几乎就是希腊城邦制度在海外的一种复制。

可见，古风时代的殖民运动在传播希腊文化方面也起到了重要作用。殖民者把希腊的生活方式、政治模式、宗教信仰、神庙建筑等都带到了殖民地，扩大了希腊文化的范围，加深了它对世界文化的影响。尽管新的殖民地在政治上

① ［美］威尔·杜兰：《世界文明史·希腊的生活》，幼狮文化公司译，东方出版社 1999 年版，第 165 页。
② John Boardman, *The Cambridge Ancient History*, Vol. Ⅲ, Part3, Cambridge University Press, 1982, pp. 160-162.

独立于母邦，但由于两者之间在宗教、文化上的同质性，以及经济贸易上的密切往来，每当殖民地遇到重大困难时，都会得到母邦的支持和援助，包括政治方面的支持。总之，由于希腊与其殖民地之间的广泛联系，希腊文明在殖民地区留下了非常深刻的影响，从而扩大了希腊文明的辐射范围。

古风殖民运动是希腊历史上的一场广泛的移民浪潮，它对古希腊文明的形成与发展起到非常重要的作用。这场殖民运动的广泛性和普遍性，对古希腊经济思想的形成起到极大的推动作用，尤其是对广大民众的经济意识产生重要影响。在殖民运动中，希腊人的重农思想、积极发展工商贸易的思想，都得到充分的体现；由于铸币在希腊世界的出现，促进了新财富观的形成。

就殖民运动的动机而言，对于这场持续两个多世纪、范围波及地中海各地和黑海地区的移民浪潮，其中的原因可能是多方面的，但是有两点是可以肯定的。首先，寻找土地是这场殖民运动最初的动机，也是最主要的原因之一。这一观点已经得到中外史学界的普遍认可。[①] 众所周知，希腊本土山多地少，希腊人的可耕地面积很少，而且土地贫瘠，不适合耕种粮食作物。从另一方面来看，希腊人殖民的主要地点是在西西里岛、意大利南部和黑海西北沿岸，这些地区不仅在气候方面与希腊本土相似，而且土地资源丰富。西西里岛盛产粮食，意大利南部在气候方面与希腊大陆极为相似，殖民者几乎完全把希腊的生活方式带到这里。黑海西北沿岸一带土地资源广阔，土质较好，非常适合小麦等农作物的生长。从希腊人殖民的地点可以看出，希腊殖民者大多是以农业为生，偶尔也可能从事一些渔猎活动，甚至饲养一些家畜。后来的史实也证明了这种观点，因为古风时代后期和古典时代，西西里岛和黑海地区成为希腊世界进口粮食的主要来源地之一。

对于古希腊人而言，移居他乡毕竟是一件至关重要的大事，乘船出海也存在各种危险，如果不是为生存问题所迫，也不会有那么多的人加入这场移民浪

---

① 参看：罗宾逊(C. E. Robinson)的《希腊史》(*A History of Greece*)，第30页；哈蒙德(N. G. L. Hammond)的《公元前332年以前的希腊史》(*A History of Greece to 322 B. C.*)；《剑桥古代史》第3卷第3分册，第157页；启良的《公元前八—六世纪希腊移民运动中的农商关系》(《北京师范大学学报》1987年第4期)；李韵琴的《试析公元前八—六世纪希腊殖民运动的主要原因》(《世界历史》1989年第4期)。

潮之中。在古代社会，农业是最基本的一种生计，也是最稳妥的生存方式。来到海外的希腊人首先关注土地问题，这从他们殖民的地点也可以看得出来。对土地的关注，也正体现了他们的重农思想。在一些与希腊气候相似的地区，如西西里岛和意大利南部，希腊殖民者甚至把希腊本土的经济模式移植到殖民地，种植大麦、橄榄树、葡萄藤和无花果树。在古风殖民运动中，移民的主要成分是农民，农耕种植业在殖民地的经济中占有主要地位。到古典时代，西西里岛和黑海地区都成为希腊世界粮食进口的主要的来源地之一。这也从侧面说明了农业在殖民地经济中所占有的重要地位，希腊的重农思想在此也得到一定的体现。

其次，无论商业动机是否是这场殖民运动的主要原因，商业因素在其中的作用也是不可忽视的。有西方学者认为："商人在这场运动中起到了非常重要的作用。"[①] 商人不仅熟悉海上航行的路线，而且在长期的海外贸易中也积累了丰富的航海经验。在希腊人建立的殖民地中，有许多贸易站性质的移民点。像希腊人在埃及的诺克拉提建立的殖民地，就是这种贸易站性质的；还有他们在西班牙东部沿岸和今法国南部的马赛等地建立的殖民地，大多也是贸易站式的定居点。

就古风殖民运动与经济思想的形成关系而言，探索这场殖民运动的结果显得更加重要。随着古风殖民运动的不断深入，海外贸易的巨大利润也必然对一些希腊人产生诱惑，促使更多的人投身于这种冒险性的事业当中，越来越多的希腊人把目光转向海外。到公元前 6 世纪初，雅典工商业者的势力迅速壮大，代表沿海一带工商业阶层利益的"海岸派"，已经成为雅典社会的三大政治力量之一。随着希腊人不断在地中海和黑海地区开辟殖民地，西西里岛和黑海地区的粮食、咸鱼等产品源源不断地进口到希腊的许多城邦。同时，希腊的橄榄油、葡萄酒以及陶器也出口到黑海地区。在从爱琴海到黑海地区的海上航线上，普罗彭提斯海（今马尔马拉海）有着至关重要的地位，尤其是博斯普鲁

---

① J. B. Bury and Russell Meiggs, *A History of Creece：To the Death of Alexander the Great*, St Martin's Press, 1975, p. 70.

斯海峡和赫勒斯滂海峡（今达达尼尔海峡），更是扼地中海与黑海交通的咽喉要道。为了确保这条海上贸易线，希腊人在公元前7世纪初就在普罗彭提斯海沿岸建立了帕瑞亚、阿斯特克斯、加尔西顿、塞林布尼亚和拜占庭等城市。① 这充分说明，随着海外贸易的不断扩展，希腊人越来越重视商业和海外贸易。殖民运动给希腊本土带来了深刻的社会后果，其中对经济方面的影响尤为深刻。

首先，在殖民运动的推动下，希腊世界的经济结构越来越具有明显的外向型特征。在殖民运动中，希腊人几乎把母邦的城邦制复制到殖民地，尤其是在那些自然环境与希腊本土相同或者相似的地方，如西西里岛、南意大利等。这样，新建立的殖民地对母邦产生很大需求，殖民者要从母邦进口葡萄酒、橄榄油以及陶制品等基本生活必需品。海外需求的扩大也促进了希腊本土经济的发展，希腊人积极开发山间土地，发展园艺种植业；葡萄、橄榄以及无花果的种植规模不断扩大，对这些产品的储藏、加工业日益成为许多农民的家庭副业。随着希腊农业结构的不断变化，其外向型特征日益明显，对海外市场的依赖性越来越大。

殖民地的需求在客观上也刺激了希腊工商业的发展，从科林斯工商业的发展情况可以很好地说明这一问题。科林斯地处伯罗奔尼撒半岛西北部，控制着科林斯地峡，扼科林斯湾。这种有利的地理位置使它不仅控制着希腊大陆南北之间的商品交易，而且垄断了从西亚经爱琴海岛屿、科林斯湾，沿爱奥尼亚海北部沿岸，到西西里岛和南意大利或更远地区的贸易，成为这条国际贸易线上的主要中间商之一。随着工商业的发展，大批外国手工工匠移居到希腊。尤其是工商业比较发达的科林斯和雅典，在僭主统治的高潮时期都从外国招引工匠到城市里。② 商业经济的发展，特别是海外贸易的繁荣，直接带动了科林斯制陶业的发展。到公元前6世纪，科林斯的陶器已行销海外。③ 后来雅典在陶器

---

① John Boardman, *The Cambridge Ancient History*, Vol. Ⅲ, *Part*3, Cambridge University Press, 1982, p. 119.

② Simon Hornblower, *The Greek World* 479–323*BC*, Methuen, 1983, p. 97.

③ J. B. Bury, *The Cambridge Ancient History*, Vol. Ⅴ, Cambridge University Press, 1964, p. 17.

制造方面逐渐超过科林斯，到庇西特拉图开始掌权时，雅典的黑绘图彩陶达到很高的水平，出口量逐渐超过科林斯，产品畅销于希腊的所有通商地区，甚至远销至埃特鲁里亚和南俄地区。① 在古代希腊，彩绘陶器上通常都留有陶工和画匠的名字。根据一项统计显示，在雅典的这种高档陶器生产中，已知的陶工和画匠中，至少有一半是外国人。② 这表明，在当时的雅典制陶业中有许多外国工匠。由此我们可以推知，在其他手工行业也应该有大量的外国人。甚至到古典时期，雅典政府也曾采取过类似的鼓励外邦人到雅典从事工商业的政策。

其次，随着海外联系的不断加强和海外贸易的不断扩展，吕底亚王国的铸币经小亚细亚传到希腊大陆。据考证，在爱琴海地区先后出现过两种铸币体系，一种是优卑亚各城邦发行的货币，另一种是由繁荣的爱吉那岛发行的货币。这些货币逐渐在希腊半岛东部流传开来，并向内地传播。"对于那些具有商业思想的土地贵族来说，铸币的发行使用不仅是他们发财致富的机会，更重要的在于这是一种新形式的财富。"③ 铸币的出现为商业提供了极大的便利，它使商品交易的方式发生了质的变化，由原来的物—物交换，变成了以铸币为媒介的交换方式。卖与买的过程发生分离，加速了商品交换的过程，促进了商业活动的繁荣。同时，卖与买的分离，使储藏货币成为可能，铸币的储藏功能开始显现出来。一部分人以追求货币的增加为目的，逐渐成为专门的商人。因此，铸币的出现，把希腊社会带向了重商主义。④

铸币所具有的储藏功能对普通民众的财富观产生了直接影响，他们由对土地的占有扩大到对铸币的追求。尽管这种转变的过程可能非常缓慢，但它毕竟是经济领域里的一种新现象，具有深刻的历史意义。从古希腊最早的铸币成分来看，当时主要是金银合成的一种货币，其本身即是财富的象征。财富形式的

---

① ［英］A. 安德鲁斯:《希腊僭主》,钟嵩译,商务印书馆1997年版,第118页。

② A. Snodgrass, *Archaic Greece: The Age of Experiment*, University of California Press, 1980, p. 430.

③ C. E. Robinson, *A History of Greece*, New York, 1980, p. 36.

④ ［法］让-皮埃尔·韦尔南:《希腊世界的起源》,秦海鹰译,生活·读书·新知三联书店1996年版,第81页。

变化不仅使商品交换的频率加快，更重要的是财富的积累也比原来快，因为货币的积累要比其他财产的积累更容易。在此之前，大量财富的积累是比较困难而缓慢的。

最后，殖民运动对希腊社会产生的影响是非常深刻的，它不仅加强了希腊世界与海外的经济贸易和文化联系，而且促使希腊人的思想意识发生变化，特别是他们的经济意识发生明显变化，重视经济、追求经济利益的思想日益显著。正如公元前 7—前 6 世纪的希腊诗人特奥根尼斯在他的诗句中所写的那样："不是门第而是财富造就一个人"，"财产乃是不幸的凡界人的灵魂"，"荣誉随财富而来"。[1]

诗歌是时代的强音，它反映了社会大变革时代古希腊人追求经济利益的思想，希腊世界正日益走向一个经济时代。随着殖民运动的深入和经济的迅速发展，希腊社会出现了一种追求舒适、享乐和奢侈之风，"钱能使人"成为那个时代的格言，对这种生活的描写也成为那个时代诗歌的主题。[2] 因此，殖民运动也带来人们的思想转变，经济思想上的变化尤其明显，追求物质利益、追求货币财富逐渐成为一种潮流。或许这正是古希腊重商主义产生的重要社会基础。

第三节　宗教与经济思想

古代希腊是一个充满宗教色彩的社会，古希腊宗教不仅具有许多不同于其他宗教的特点，而且在古希腊社会中起到非常独特的作用。宗教活动是古希腊人社会生活的一个重要组成部分，尤其对他们的经济生活产生了直接而深刻的影响。因此，宗教是我们了解古希腊社会及其思想意识的重要渠道。

由于古希腊宗教有着不同于其他宗教的突出特点，这也使它在世界宗教史

---

[1]　Chester G. Starr, *The Economic and Social Growth of Early Greece* 800-500 *B. C.*, Oxford University Press, 1977, p. 193.

[2]　Chester G. Starr, *The Economic and Social Growth of Early Greece* 800-500 *B. C.*, Oxford University Press, 1977, p. 94.

上独树一帜。古希腊宗教具有全民性和普遍性，与其说希腊人为了信仰而崇拜神祇，不如说他们为了生活而信仰宗教。正因如此，古希腊宗教与他们的经济生活密切地联系在一起。透过古希腊人的宗教活动，我们不仅可以了解古希腊人生活的许多方面，而且还可以从中发现希腊古风、古典时代的经济思想意识。

一、古希腊宗教的基本特征

古希腊宗教属于多神崇拜，在古希腊人看来，世间万物都具有神灵。因此，在古希腊宗教中有各种各样的神祇，如太阳神、风神、星神、山神、海神、树神、花神、睡神、梦神等。早在荷马时代，以宙斯为首的奥林匹斯山众神祇就已经为人们所知。赫西俄德在《神谱》中对整个神的家族进行系统的正本清源，并把以奥林匹斯神系为主的众神祇纳入一个单一世系中，从而统一了希腊神话，以宙斯为首的奥林匹斯山十二神成为古希腊人所崇拜的主要神祇。古典时期，对酒神狄奥尼索斯的崇拜也在希腊各地流行起来。

古希腊人并没有一部真正的宗教经典，宗教教义都体现在人们口头传说的游吟诗歌、抒情诗作、戏剧、史著等作品中。《荷马史诗》有希腊人的"圣经"之称，但它并不是真正意义上的宗教经典。古希腊宗教也没有任何启示形式：没有预言，没有救世主。"它扎根于一种传统，这种传统与之紧密融合，与之一起包容了希腊文明所有其他的构成成分，以及所有赋予城邦希腊以特有面貌的东西：从语言、手势、生活、感觉、思维方式到价值体系和集体生活规则。"[①] 与中世纪的基督教不同，古希腊的宗教不仅没有任何教理的特点，而且没有专门的教会组织和神职人员。神庙的相关事务由城邦政府派人专门管理，或由城邦的有关官员兼管；宗教活动的开支也由城邦政府负担，或由富人们捐献。

与基督教的"上帝"和伊斯兰教的"真主"相比，古希腊宗教中的众神祇更具人性化的特点，他们不仅有各种欲望，而且有喜、怒、哀、乐等各种情感。

---

① ［法］让-皮埃尔·韦尔南：《古希腊的神话与宗教》，杜小真译，生活·读书·新知三联书店2001年版，第11—12页。

众神祇之间也有友谊、爱情，有妒忌之心，也会产生矛盾。刘文荣认为，作为古希腊宗教的核心内容，古希腊神话的最大特点就是，神与人同形同性。[1]

然而，古希腊人对神祇的执着崇拜并不是表现在他们的信仰上，而是表现在他们强烈的展示性上。正如西方学者所言，古希腊宗教在本质上是一个"做"的问题，而不是信仰的问题；与其说是信仰，不如说是行动。[2] 古希腊人到处建立神庙或祭坛，山顶上、洞穴中、泉水旁、耕地里、山坡上、树林中、石堆中，到处都留下了希腊人宗教活动的遗迹。祭神节日也成为古希腊宗教活动的重要内容，古希腊人的祭神节日不仅数目繁多，而且盛况宏大，气氛隆重。除了各城邦的地方性节日，还有许多泛希腊的祭神节日，如埃里斯的宙斯节，德尔菲的阿波罗节等。古希腊人的宗教活动并不只是单纯的祭献和仪式，他们还要举行游行、体育比赛、戏剧演出等活动。所以，古希腊宗教更多地向我们展示了其"世俗"的一面。

二、宗教与古希腊社会

古希腊宗教的这些特点使它具有广泛的社会性，并因此与社会生活紧密地联系在一起。

在个人层面，人生中的几个重要里程碑——出生、成年、结婚、死亡都由具有宗教意义的仪式表现出来，宗教活动成为他们日常生活中不可缺少的组成部分。在古希腊，妇女是没有任何政治地位的，不能参加城邦的选举活动，但是，她们可以参加一些宗教节日庆典活动。甚至有一些节日，如祭祀得墨忒耳的立法女神节（Thesmophoria），就是专门为妇女而设的。[3] 古希腊妇女结婚前要供奉家族的神，到丈夫家以后，她们要改供丈夫家族的神。所以她们结婚时要举行隆重的宗教仪式，表示脱离父家圣火，转祭夫家圣火，以便她们取得在丈夫家中的合法地位。古希腊的男子一生中的许多重要关节，如成年、结婚、死亡都要举行宗教仪式，以标志他们人生的转折点。

---

① 刘文荣：《西方文化之旅：从阿波罗到"阿波罗"》，文汇出版社 2003 年版，第 8 页。

② P. E. Easterling and J. V. Muir, *The Greek Religion and Society*, Cambridge University Press, 1985, p. 98.

③ W. Burkert, *Greek Religion*, Harvard University Press, 1985, p. 161.

在家庭层面上，古希腊人的每个家庭都有自己的家族之神，他们的居室中都有祭祀家族之神的祭台，台上燃烧着具有象征意义的圣火。这种圣火必须一直不停地燃烧着，否则就预示着这个家庭要招来灾难。① 因此，古希腊人必须时刻想着给圣火添加木炭，以使它不断地燃烧。在德莫（村落或社区）、部族、部落直至城市等层面上，都有各自崇拜的神祇。

在城邦层面上，各城邦都有自己的城市保护神。如雅典娜是雅典、斯巴达及伊奥尼亚各城邦的保护神，赫拉是阿尔戈斯、提林斯和萨摩斯的保护神，波塞冬则在科林斯、优卑亚岛上的埃雷特里亚、埃托里亚的特蒙（Thermon）、克里特岛上的德列罗斯（Dreros）等城邦有很大的影响。城邦不仅要定期为它的保护神举行献祭庆典活动，还要在重大军政事务中向神求问吉凶。德尔菲神庙之所以名闻希腊世界，在很大程度上依赖于该神庙的"神谕"。

正因如此，宗教事务也成为城邦政府议事日程中不可缺少的一个重要组成部分，宗教也在一定程度上影响着城邦的政治体制。在雅典的政治体系中，最高的3名执政官的工作都与宗教事务有关，王者执政官主要负责宗教事务，全面负责举办大狄奥尼索斯节，包括一次游行和一次竞赛；还负责指挥一切祖先祭祀活动；"主管审判不敬神罪状和争执继承僧职的法庭"，"宣判各氏族间和各僧侣间一切特权的争执"。首席执政官也兼管一些宗教事务，如任命3个雅典最富有的人为悲剧合唱队的队长，还曾任命5个喜剧合唱队的队长（后来改为各部落选出）；还负责监督各种重大节日，如大狄奥尼索斯节，以及节日期间的游行活动；还是大狄奥尼索斯节和塔格里亚节的管理者。军事执政官要承办女猎神阿尔忒弥斯和厄泥阿利宇斯的献祭活动，主办哈尔摩狄乌斯和阿里斯托革同的祭礼，并办理纪念战争死者的丧礼竞技。②

在执政官之下，还有具体负责宗教诸事务的基层官员，如在五百人议事会之下，就有10名雅典娜司库。按照梭伦的改革法令，这10名司库应从500麦斗级中抽签选出，后来执行中是在所有公民中抽签选出的。他们的职责是，在

---

① ［法］古朗士：《希腊罗马古代社会研究》，李玄伯译，上海文艺出版社1990年版，第12页。
② ［古希腊］亚里士多德：《雅典政制》，日知、力野译，商务印书馆1959年版，第59—62页。

议事会参与下，保管雅典娜像和胜利神像以及其他的纪念品和基金。还通过抽签选出 10 名神庙缮修官，负责从收款官那里领取一定数量的钱，以修缮最需要修的神庙。[①]

在民众大会下面也有专门负责宗教事务的官员，如通过抽签选举出的 10 名赎罪监。他们按照"神谕"规定奉献祭祀，并与占卜者合作，在需要征兆时，等候着吉兆。还有 10 名常年司祭，也是通过抽签选举产生。他们负责某些祭祀活动，还管理泛雅典娜节以外的所有四周年节，如提洛节、布洛罗尼亚节、赫拉克利亚节、厄柳西尼亚节等。民众大会还选举出一位萨拉密斯执政官和一位庇里乌斯的市长，分别负责主持这两个地方的大狄奥尼索斯节，并选定合唱队队长。[②]

在军事方面，宗教在战争中的作用非常明显。在制定作战策略、鼓舞士气等方面，宗教都起到很大的作用。古希腊各城邦在决定采取重大军事行动前，都要到神庙中请求"神谕"，以便决定是否采取行动。在出征前，他们还要举行重大的祭神活动。根据《伊利亚特》的记载，在古希腊人的军队中就有随军的牧师，祭祀活动随时都可以举行，以满足战争中不同场合的需要。在战争结束后，凯旋的军队还要向神庙奉献战利品，一般是其中的十分之一。到后来，这种奉献逐步被固定化，成为向神庙缴纳的什一税。正是通过向神献祭，希腊人在战争中的劫掠行为获得合理化的地位。

在法律方面，向众神祇发誓约束自己，是任何人出现在法庭上或就任供职时都必须经过的一个标准程序。根据德摩斯提尼所提供的材料，任何一个雅典法庭的陪审员在履行这一义务之前必须发誓："向宙斯、波塞冬和德墨忒耳发誓，如果他在任何一点上违背了这个誓言，就会使自己和他的家族招致毁灭。但他也祈求如果他遵守自己的誓言，就要给他带来丰厚的回报。"[③] 由于没有专门的神职人员和机构，通常由城邦政府派人去管理神庙，城邦还要为祭神节

---

① ［古希腊］亚里士多德:《雅典政制》,日知、力野译,商务印书馆 1959 年版,第 50—54 页。

② ［古希腊］亚里士多德:《雅典政制》,日知、力野译,商务印书馆 1959 年版,第 57—58 页。

③ ［英］保罗·卡特里奇主编:《剑桥插图古希腊史》,郭小凌等译,山东画报出版社 2005 年版,第 304 页。

庆筹集资金，常常还需要承担神庙的修缮费用。由于城邦政府制定重大政策时通常都要向神庙求得"神谕"，所以有时宗教也会成为一种政治工具。在古希腊历史上，宗教崇拜的煽动者常常是一些别有用心的政治家们。古风时期，雅典僭主庇西特拉图就曾利用雅典人对雅典娜的崇拜，让一名身材高大的妇女扮成雅典娜，随他一起从流放地返回雅典城，以便使人们相信，是雅典娜亲自把他带回雅典卫城的。结果庇西特拉图取得了成功，夺取了政权，并因此第二次成为雅典的僭主。①

在文化方面，宗教的影响也非常突出，在一定程度上影响了文化的主流思想。古希腊人修建了遍布各地的神庙和雕像。在雕像中，又以神祇的雕像为主。同时，宗教神话还是文学作品和艺术作品的主要素材，当然更是古希腊剧作的素材。事实上，古希腊的戏剧与宗教有着密切的联系，古典时代的戏剧演出就是宗教仪式的一个重要组成部分。在艺术方面，以宗教题材为主的艺术形式更加普遍。考古发现的古希腊陶器上，带有宗教色彩的画面占有相当大的比例，古希腊神庙建筑上的浮雕，尤其是在神庙三角形山墙上的浮雕，更是以神话故事为主要题材。可见，宗教神话成为古希腊文化的一项重要内容，也是一种表现形式。总之，宗教成为希腊文明的重要特征之一。

宗教对古希腊社会和社会心理的影响，还常常通过一种人神直接"交流"的形式得以实现，这就是"神谕"。通过这种"交流"方式，神的意志在人的各种活动中都起到某种支配作用。在这种"交流"中实际起到作用的是祭司，他负责向求问者"传达"神的旨意。有时这种"神谕"是一段意义含糊不清的文字，对"神谕"的解释就成了其中的关键。在希波战争中，雅典人在面临波斯军队入侵的危险时，曾派人到德尔菲神庙请求"神谕"，结果"神谕"中有一句话是"在开克洛普斯圣城和神圣的奇泰隆谷地里目前所保有的一切都被夺去的时候，远见的宙斯终会给特里托该涅河一座难攻不落的木墙用来保卫你们和你们的子孙"。雅典人对这句话的解释产生分歧，其中有两种意见恰好相反。一些老年人认为，神的启示的意思是应当把雅典卫城留下，因为过去

_____

① ［英］A. 安德鲁斯：《希腊僭主》，钟嵩译，商务印书馆1997年版，第106页。

雅典卫城的四周有一道木栅栏，在他们看来这木墙就是指的这木栅栏；另一派则认为神所说的木墙是指船只，神的意思是让他们把船只装备起来。最后在雅典将领地米斯托克利的坚持下，雅典人采取了后一种意见，建立了一支大规模的舰队。① 后来，雅典利用这支舰队取得了萨拉米海战的胜利。古希腊人请求"神谕"所涉及的问题多种多样，有些是微不足道的问题，也有一些非常荒唐可笑的问题，但是最多的还是一些事关个人或集体前途命运的重大问题，比如移居他处、采取重大军事行动等。

就整个希腊世界而言，宗教不仅是连接整个民族的重要纽带，而且是希腊文明的重要体现，是希腊民族身份的一种象征。古希腊的宗教虽然未能像中世纪欧洲的基督教那样，建立起对政治的绝对权威，但是，就希腊作为一个民族共同体而言，宗教的影响和作用要远远超过政治。古代的希腊世界，从来没有建立起一个统一的政治单元。邦国林立的政治格局，成为希腊文明"最大的致命伤"，而宗教实则成为维系希腊成为一个统一体的"绳索"。② 对于每一个希腊城邦而言，宗教以各种不同的形式——直观的或抽象的渗透到社会生活的每一个领域。正是由于看到了宗教在古希腊社会中的重要作用，英国历史学家保罗·卡特里奇把古希腊城邦称作"一个献祭的社会"③。

宗教几乎渗透到古希腊社会生活的每个角落，对社会生活施加影响。古希腊的各种职业都有各自的保护神，如得墨忒耳是农业的保护神，墨丘利是商业的保护神，赫菲斯托斯是工匠的保护神。总之，古希腊宗教就像一棵枝繁叶茂的大树，深深扎根于古希腊社会这块肥沃的土地上。

三、宗教与经济活动

由于古希腊宗教所具有的广泛社会性，其与希腊人的经济生活直接联系在一起。首先，它对古希腊的农业和手工业生产有着直接的影响。在古希腊，农

---

① ［古希腊］希罗多德：《历史》，王以铸译，商务印书馆1959年版，第519—521页。
② ［英］狄金森：《希腊的生活观》，彭基相译，华东师范大学出版社2006年版，第10页。
③ ［英］保罗·卡特里奇主编：《剑桥插图古希腊史》，郭小凌等译，山东画报出版社2005年版，第103页。

业生产的各个环节都与宗教活动联系在一起，农民在一年中要过各种农节。比如在阿提卡，各种农节与农业生产的整个过程相伴随。秋天，人们要过"犁前节"（Proerosia）；冬季里，人们要过"打谷节"（Threshing-floor Festival，"Haloa"）；春天到来时，他们又要过"发芽节"（Chloaia）、"抽枝节"（Kalamaia）和"开花节"（Antheia）。在伊奥尼亚和雅典，人们还要过"收前节"（Thargelia）。在这些节日期间，人们不仅要用刚打下来的粮食向神献祭，而且还要为此举行饮宴活动，甚至在田间的打谷场上举行文体活动。① 总之，古希腊农业生产的各个环节都直接构成了宗教活动的基本内容。

献祭是古希腊宗教活动的又一项重要内容，古希腊人向神庙进献的祭品种类很多，有各种农产品和牲畜，葡萄酒更是必不可少。古希腊人对于用动物祭祀神祇有着严格的规定，必须是饲养的家畜，并在种类上受到限制，主要是牛和山羊。由于祭祀的规模很大，宗教活动给农业资源带来很大压力。所以一些城市饲养了一群群牛羊，以备祭祀时使用。②

古希腊人向神献祭的方式很多，除了进献各种农产品，还有各种手工产品，如各种铜制品、陶器，其中包括雕像、铜牛（马、鹿、山羊、小鸟）等。有时希腊人还向神庙奉献金银礼品，以解决神庙的开支问题。古希腊宗教活动的盛行也必然在一定程度上刺激手工业的发展。研究表明，手工艺技术的提高与神庙的兴起，这两种现象之间存在着明显的相互关联性。

向神庙奉献祭品是古希腊人的一种惯常行为，这种祭献的内容也因进献者身份和地位的不同而表现出很大的差别，贵族富人们的进献往往是比较隆重的，且数量较多。除了私人进献，还有政府部门的祭献。德尔菲神庙作为古希腊世界的宗教中心，不仅享有很高的声誉，而且享受了来自希腊各地的祭献。到古典时代，德尔菲神庙变得越来越辉煌。神庙周围不仅有体育场馆和剧院，还有用来储放各城邦贡物的"宝库"，以至于这些特殊的建筑成了神庙的一个组成部分。据统计，在公元前 5 世纪末，德尔菲神庙的"宝库"数量达到 27

---

① W. Burkert, *Greek Religion*, Harvard University Press, 1985, p. 265.

② Robin Osborne, *Classical Landscape with Figures: The Ancient Greek City and Its Countryside*, Sheridan House, 1987, p. 182.

个，其中还包括吕底亚国王克洛伊索斯（Croesus）的一座"宝库"。除了一般的进献，古希腊宗教中还有一种非常特别的初获奉献（the First Fruit Offerings）。按照古希腊人的宗教习俗，人们要将其第一批收获物敬献给众神祇。这种敬献习俗所涉及的范围是相当广泛的，包括农业、手工业、商业活动，甚至还包括战争中获得的战利品。

"对古希腊人来说，人的各种功绩也很清楚地确定了人与神、人与人的界限。"[①] 古希腊人把劫掠活动看作是一种正常的谋生手段，亚里士多德则进一步认为，"战争技术乃是一门关于获取的自然技术"[②]。古希腊人认为，在战争中取得胜利，是因为得到了神的保护，所以得胜归来的军队要把一部分战利品敬献给神庙。根据希罗多德的记载，波奇司人的军队斩杀了大批敌军后，将2000枚盾牌敬献给了德尔菲神庙，并用这次胜利中十分之一的战利品制造了一些巨像，立在德尔菲神庙殿前。[③] 直到希腊化时期，这种习俗仍在亚历山大的军队中流行。亚历山大曾派人把从波斯军队缴获来的300套盔甲送到雅典，献给雅典娜。[④] 古希腊的战利品主要是三脚铜鼎、盔甲、盾牌，以及在战争中夺来的土地和男女战俘。古希腊军队向神庙敬献最多的是盔甲，古希腊神庙中所保存的盔甲，其数量之多令现代研究者惊叹不已，以至于他们认为，"古希腊的许多神庙实际上是战争博物馆"[⑤]。据粗略的估计，在公元前700—前500年间的两个世纪中，奥林匹亚神庙收到的铠甲多达25000副，头盔100000多个。[⑥]

其次，宗教还直接影响到古希腊人的生活消费，尤其是对城邦政府的财政开支产生影响。古希腊人喜欢展示的特性在宗教上也得到了充分体现，他们把大量的时间用在宗教节日庆典上，把大量钱财用在修建豪华的神庙、祭坛、圣

---

① ［英］保罗·卡特里奇主编：《剑桥插图古希腊史》，郭小凌等译，山东画报出版社2005年版，第214页。

② ［古希腊］亚里士多德：《政治学》，颜一、秦典华译，中国人民大学出版社2003年版，第15页。

③ ［古希腊］希罗多德：《历史》，王以铸译，商务印书馆1959年版，第571页。

④ ［古希腊］阿里安：《亚历山大远征记》，李活译，商务印书馆1979年版，第38页。

⑤ A. Snodgrass, *Archaic Greece: The Age of Experiment*, University of California Press, 1980, p. 64.

⑥ A. Snodgrass, *Archaic Greece: The Age of Experiment*, University of California Press, 1980, p. 131.

塔等建筑上。古希腊人信仰多神教，除了泛希腊的神，如宙斯、雅典娜、阿波罗等，各城邦还有自己的城市保护神。所以古希腊人修建了许多神庙、祭坛及圣塔，甚至许多城邦为同一个神祇修神庙。比如，在希腊大陆、克里特岛、西西里岛，以及小亚细亚的伊奥尼亚各城邦，到处建有宙斯、雅典娜、阿波罗等神祇的神庙。

对于古希腊人而言，宗教节庆活动需要一大笔开支。据不完全统计，在希腊250个不同的地方，人们崇拜400多个不同的神祇，而由政府管理的公共节日有300多个。在公元前5—前4世纪，雅典人每年有144天用在宗教节日上。① 在节日里，除了向神献祭，人们还要举行盛宴、体育竞赛和戏剧演出，这些活动都需要一笔不小的开支。因此，用于宗教庆典的花费成为城邦政府的一项财政负担。有时城邦政府难以全部承担这些开支，只好让富人们分担一些。公元前487年后，雅典通过抽签这种民主方式，每年任命一位官员，负责大狄奥尼索斯节的有关事务。其具体职责包括：选任3名悲剧演员，5名喜剧作家；任命合唱团主管；提供一次盛宴。② 合唱团的主管通常由富人担任，他要负责演员的服装和津贴。

最后，在某种意义上，宗教庆典活动本身也是经济活动。古希腊的宗教活动并不是单纯的祭神行为，还包括体育竞赛、戏剧演出、游行活动，甚至还伴随着商业活动。

在古希腊人看来，宗教节庆是非常神圣的事情，特别是一些城邦保护神的庆典活动，如德尔菲神庙祭祀阿波罗神的庆典、科林斯的海神节、雅典的泛雅典娜节、奥林匹亚的宙斯节等。在举行这些节日之前，政府要对神庙修缮一番，这本身就增加了一些建筑工匠和建筑艺术师们的工作机会。节日期间，希腊各地的人们来到神庙附近。这些人的突然到来给当地的住宿和饮食都带来了压力，同时也给一部分人带来了赚钱的机会。他们通过开小饭馆或小旅馆，也会得到不小的收益。有些泛希腊祭神节日还要举行大型运动会，更是吸引了几

---

① P. E. Easterling and J. V. Muir, *The Greek Religion and Society*, Cambridge University Press, 1985, p. 99.

② P. E. Easterling and J. V. Muir, *The Greek Religion and Society*, Cambridge University Press, 1985, p. 125.

乎希腊所有城邦的运动员，由此形成了许多泛希腊运动会。其中，最著名的四大运动会是：奥林匹克运动会、德尔菲运动会、地峡运动会和涅墨亚运动会。这时，来到神庙所在地的有各种各样的人，其中也包括许多来自各地的房屋出租者、小棚店主、小商贩、厨师、魔术师、杂技演员、音乐家，甚至娼妓。还有各种手艺人，专门制作一些用于向宙斯等神祇敬献的祭品，他们也会在其中大获其利。在古希腊，城邦公共活动的中心是神庙和祭坛，在神庙附近通常都有市场。因此，在这些宗教节日期间，也必然伴随着商品交易活动。总之，宗教活动本身就进行着各种形式的商品交易活动，以至于一位希腊地理学家把提洛岛上的重要宗教节庆活动称之为一种"商务"①。

古希腊遗留下大量的神庙建筑，这些宗教建筑不仅外观非常豪华，而且建筑艺术超群。"希腊文化总体上被称为神庙文化，其原因就在于，在神庙建筑中，而不是在宫殿、剧院、浴室等建筑中，希腊的建筑和艺术臻于完善之境。"② 希腊世界曾出现像菲迪亚斯那样闻名于世的建筑艺术家，也就不足为怪了。菲迪亚斯曾经为雅典帕特农神庙制作过一尊雅典娜神像，神像高约四十米，躯干是一根大木柱，头部和四肢是由象牙雕刻而成，衣服上缀满金质圆片。

矗立在古雅典卫城上的帕特农神庙，最能使我们联想到希腊过去的辉煌。从经济角度而言，神庙建筑需要城邦政府的大量投资，而且带动了古希腊建筑行业的发展，为许多的建筑艺术家和建筑师们提供了展现他们才华的机会；同时，也为建筑工人提供了工作岗位。就此而言，宗教在一定程度上推动了古希腊社会经济的运行和发展。总之，宗教对古希腊经济的影响非常深刻。

四、透过宗教活动看古希腊人的经济意识

宗教是人类对客观世界的一种反映，透过古希腊人的宗教活动，我们可以

---

① P. E. Easterling and J. V. Muir, *The Greek Religion and Society*, Cambridge University Press, 1985, p. 110.

② W. Burkert, *Greek Religion*, Harvard University Press, 1985, p. 88.

发现古希腊人的某些经济意识，以及他们对许多经济问题的思考。

首先，在古希腊社会中，妇女在城邦的政治生活中几乎不起任何作用，但是她们在宗教活动中扮演非常重要的角色。希腊神话中有许多女性神祇，如赫拉、雅典娜、阿芙罗狄忒、得墨忒耳等。在现实生活中，妇女不仅被允许参加宗教节庆活动，而且还有一些节日是专门为妇女设定的，其中最主要的是立法女神节（Thesmophoria）、哈罗阿节（Haloa）等。由于妇女在生育中扮演的重要角色，古希腊人认为她们与丰产存在着直接的联系。因此，他们希望通过以妇女为中介的对神的祭祀奉献和多产仪式的实施，企求神祇保佑他们风调雨顺，获得农业生产的丰收。

在古希腊的农村，对大地女神得墨忒耳的崇拜非常盛行。立法女神节就是古希腊人纪念得墨忒耳和她的女儿佩尔塞福涅的节日。在这两位女神中，前者是谷物女神，司谷物的成熟；后者是地狱的女统治者，司谷物生长和土地的丰收。根据传说，佩尔塞福涅被冥王哈得斯拐走后，失去女儿的得墨忒耳悲痛欲绝，四处寻找女儿。后来得知，哈得斯是经宙斯的同意才将佩尔塞福涅拐走的。她气愤至极，离开奥林匹斯山，化装成一位老太婆，来到厄琉西斯。当地国王刻勒俄斯（Keleos）收留她做自己儿子的保姆。最后她向厄琉西斯人民吐露实情，并让他们为自己建立神庙，创制仪式。得墨忒耳离开奥林匹斯山后，大地不长庄稼，饥荒来临。宙斯无奈，只好同意佩尔塞福涅回到母亲身边。但有一个条件，即女儿每年只能有三分之二的时间跟着母亲，其余三分之一的时间跟着冥王哈得斯在冥间度过。得墨忒耳见到女儿后，重返奥林匹斯山，大地又重新结出果实。因此，立法女神节的庆典显示了古希腊人对农业生产的高度关注。又由于这个节日是专门为妇女而设的，只允许妇女参加。这可能与妇女在生活中的作用有关。有学者认为，对农业丰产丰收的企盼是古希腊男性吸纳妇女参加宗教活动的重要原因之一。[①]

其次，献祭与祭神仪式在古希腊有着特殊的意义。保罗·卡特里奇认为，"城邦也被描述为一个献祭的社会，因为宗教渗透到它的实践活动的方方面

---

① 裔昭印：《古希腊妇女宗教地位探析》，《世界宗教研究》2001年第1期，第107—118页。

面，向众神供奉动植物祭品构成古希腊宗教仪式的核心"①。可见，献祭活动在古希腊社会中有着非常重要的作用。古希腊人对宗教活动的执着，与其说是为了信仰，不如说是为了生存和生活。他们在宗教信仰上的实用主义倾向也是非常明显的。他们向神献祭的目的在于，求得神对人的佑护。作为献祭活动的一个组成部分，祭神仪式也是古希腊宗教活动的重要内容。希腊人试图通过献祭和祭神仪式与神祇建立某种联系，以便使人的事业获得成功。在厄琉西斯为谷物女神得墨忒耳举行的宗教仪式中，不仅要表现出这位女神失去女儿的悲痛心情，接着还要表现佩尔塞福涅从地狱归来的场面。厄琉西斯的这种仪式反映了人类最基本的一种需求：对食物的需求。"就像佩尔塞福涅一样，谷物在整个冬季里必须埋在地下，一旦春天到来，它对人类而言就成为一种不朽的生命的象征。"② 可见，在厄琉西斯为得墨忒耳举行的仪式中，反映了古希腊人对农业生产的期望和重视。

宗教是古希腊社会生活的重要组成部分，它在古希腊人的日常生活中也起到非常重要的作用。因此，宗教成为我们了解古希腊社会及古希腊人思想意识的一个重要方面。但是，由于宗教以一种扭曲的意识形态方式反映社会存在，所以在我们通过宗教观察、研究古希腊人的思想时，不免表现出一定的局限性。我们必须与其他方面的研究，诸如政治、经济、社会研究等结合起来，这样才会对古希腊社会有一个更加全面而深刻的认识。

第四节　城邦的兴起与经济思想的形成

随着古希腊经济的发展，不仅希腊人的物质生活得到了提高，而且他们的思想意识也发生着变化，表现出一种历史进步性。古风时代，希腊人虽没有明确表述出经济思想的具体内容，但他们在经济领域里进行着大胆的探索和追

---

① ［英］保罗·卡特里奇主编：《剑桥插图古希腊史》，郭小凌等译，山东画报出版社 2005 年版，第 103 页。

② P. E. Easterling and J. V. Muir, *The Greek Religion and Society*, Cambridge University Press, 1985, p. 88.

求，他们的经济意识也在潜移默化之中不断增长着。

一、积极开发农业经济的潜力

第一，重视土地资源。

古风时代，希腊城邦制逐步确立起来。城邦的出现使农业的基础地位更加突出，土地作为重要的社会财富形式也越来越受到人们的重视。古风时代，希腊世界发生了重大变革，在这个过程中，希腊社会也充满了矛盾、斗争、冲突甚至战争。其中，许多矛盾和斗争往往都是因争夺土地而引起的，不仅城邦与城邦之间的许多战争起因于对土地的争夺，而且城邦内部也充满因土地兼并而引起的矛盾和冲突。利兰坦战争的起因与争夺利兰坦平原上的土地有着密切的关系。[①] 斯巴达人两次发动美赛尼亚战争，在很大程度上也是为了占有美赛尼亚的土地。在希腊各城邦内部，也充满了争夺土地的矛盾和斗争。根据赫西俄德的描述，父亲的财产不仅要在众子之间分配，而且出现了因财产分配不均而引发的争端。他与他的兄弟佩耳塞斯之间就因财产分配而发生矛盾，审理案件的官员受贿，致使他受到不公正的待遇，佩耳塞斯得到较多的财产。[②] 斯巴达人占领美赛尼亚后不久，其内部就出现了严重的财富不均现象，从而严重影响了城邦的稳定。根据普鲁塔克的记载，斯巴达立法者莱库古的祖先索奥斯做国王时征服了美赛尼亚人，并且从被征服的阿卡狄亚人手中夺取了大片土地。到莱库古执政时，土地不均的现象已经十分严重，"城邦因充满了贫穷的、无依无靠的人而负担沉重，财富却全部集中在少数人手里"[③]。这正是莱库古重新分配土地的重要原因。这也从另一方面说明，土地已经成为社会财富的最主要形式。斯巴达人属于多利斯人，他们原来以畜牧为生。建立城邦后，斯巴达人以武力征服美赛尼亚人，占有他们的土地，把他们变成斯巴达城邦的奴隶，迫使他们为主人们耕种土地。斯巴达人逐渐转向农耕定居生活，土地的重要性更

---

① A. Snodgrass，*Archaic Greece：The Age of Experiment*，University of California Press，1980，p. 144.

② ［古希腊］赫西俄德：《工作与时日·神谱》，张竹明、蒋平译，商务印书馆1991年版，第2页。

③ ［古希腊］普鲁塔克：《希腊罗马名人传》（上册），陆永庭、吴彭鹏等译，商务印书馆1990年版，第87、95页。

加明显。这时，不仅其内部争夺土地的矛盾和斗争日趋激化，而且对外战争中掠夺土地的现象显著增加。

在稍后的雅典也出现了类似的情况。据记载，在梭伦改革前的雅典社会，"富人和贫人间的不平，似乎已经达到了顶点。……所有的平民都负了富人的债。他们或者是替富人耕种土地，交纳六分之一的收成，因而被称为六一农或泰特；或者以自己人身作债务抵押，可以被债主押收，因而有的在本土成为奴隶，有的被卖到了外国。也有不少的人被迫卖掉自己的儿女（因为当时并没有禁卖儿女的法律），或者因为受不了债主的虐待，逃亡到外国。但是他们中间的大多数和最坚强的人，却开始团结起来，互相激励，不要在这些富人的侵害的面前屈服，要选出一个可靠的人，作为他们的领袖，去释放那些已被定罪的负债者，重新分割土地，并对政治制度进行彻底的改革"[1]。从这段文字中我们不难看出，贫民要求重新分配土地的愿望十分强烈。这反映了这样一种社会现实，即土地已经成为最主要的社会财富形式。同时，土地占有情况严重不均是造成社会矛盾尖锐的最主要原因，这也说明土地作为重要的社会财富形式越来越受到人们的重视。

从古风殖民运动的发展情况来看，殖民运动的主要动机在于寻找新的土地。在各殖民地，农业定居是最具典型的形式。在西西里、南意大利和黑海北岸，这种农业定居尤为明显。据考证，在有些殖民地（如叙拉古），第一批定居者被称为"gamoroi"，意思就是"分得土地的人"。[2] 显然，对于殖民者来说，占有或分得土地是至关重要的。

第二，城邦政府重视农耕经济。

城邦是一种新的定居方式，它使农业的重要性日益显著。从理论上说，城邦的定居生活应该是建立在农耕经济的基础之上的。城市那高大的城墙使它失去了流动性，农耕种植业的重要性也日益提高。赫西俄德的《工作与时日》

---

① ［古希腊］普鲁塔克：《希腊罗马名人传》（上册），陆永庭、吴彭鹏等译，商务印书馆1990年版，第178—179页。

② M. M. Austin and P. Vidal-Naquet, *Economic and Social History of Ancient Greece：An Introduction*, University of California Press,1977,p. 61.

描绘的是一幅小农经济的图景，在这幅图画中，农业处于最重要的地位。诗人劝诫人们要勤劳耕作，注意农时，在农闲时节也不要"贪图铁匠铺子和人多的旅店暖和而待在那些去处"，"抱着虚无缥缈的希望的懒汉，因缺乏生活来源心里想起做坏事"①。为了弥补生活资源的不足，那时的人们在农闲时也可能驾船出海，从事一定的海上贸易活动。但是扬帆出海不仅充满了艰辛，而且具有很大的危险性。

梭伦改革的重要措施之一是重新划分公民的等级，而划分等级的标准主要依据财产。根据梭伦的法令，粮食、油、酒等农产品仍然是社会财富的主要内容。因此，农业经济在当时占有主导地位。根据修昔底德的记载，"大多数的雅典人，从早期时代直到这场战争前，都和家人一起生活在乡村"。甚至在波斯军队大举入侵的危机形势下，他们还是不愿迁移到雅典城中居住。② 可见，古风时代的希腊是以农耕经济为主的社会，这种经济不仅包括粮食种植，还包括园艺种植以及小规模的家畜饲养。

古希腊城邦制的重要特征之一是公民权与土地占有权的结合，拥有公民权是拥有一定土地的重要前提条件。占有一定数量的土地，则是公民的权利和身份象征。因此，城邦的出现，使土地的重要性越来越突出。古风希腊社会虽未提出明确的重农思想，但是从人们对土地的激烈争夺，从这个时代希腊的各种制度以及复杂的社会变革中，可以发现重农思想意识的萌芽。随着城邦国家的普遍建立，相邻城邦之间争夺土地的情况常常发生，甚至会引起战争。对于城邦来说，保卫国家领土是每一个公民应尽的义务，这种义务与占有土地等权利是相联系的。根据雅典的德拉科改革法令，凡能自备武装的人才能拥有公民权，参与选举。③ 从这一法令中我们不难看出，雅典城邦非常重视保护自己的领土。对个人而言，土地是他们的生存之本，也是他们作为公民参与城邦政治生活的基础。所以，占有一份土地，对城邦的每个公民来说都非常重要。因为公民拥有了一份土地，才有自备武装的经济能力。对于城邦而言，公民有了土

---

① [古希腊]赫西俄德：《工作与时日·神谱》，张竹明、蒋平译，商务印书馆1991年版，第15页。
② [古希腊]修昔底德：《伯罗奔尼撒战争史》，徐松岩等译，广西师范大学出版社2004年版，第89页。
③ [古希腊]亚里士多德：《雅典政制》，日知、力野译，商务印书馆1959年版，第7页。

地,才有条件参与政治活动,才能保卫国家。德拉科改革后不久,雅典社会的不平等现象日益加剧,贫富差距越来越大。社会矛盾的不断激化把政治家梭伦推上了历史舞台的前沿,梭伦竭尽全力缓和社会矛盾,颁布"解负令",释放奴隶,政府出钱为他们赎身。但平民的要求远不止这些,他们最强烈的要求是平分土地。

雅典僭主庇西特拉图是继梭伦之后雅典的又一位政治改革家,在他的改革政策中,就非常重视农业生产。他采取鼓励小农的政策,征收农业生产税,将税收的一部分以贷款的方式作为回报,贷给挣扎中的农民,让他们把贷款用在土地上。庇西特拉图还曾进行私人巡视,设立巡回审判制度,在农村就地解决乡间纠纷,节省了乡下人的时间,避免了因为较小的争执而不得不到雅典城。到公元前 5 世纪中期,阿提卡不仅是一个工商业发达的城邦,而且其小农经济也十分兴旺,庇西特拉图因此享有很高的声望。①

作为古希腊世界的另一个著名的城邦国家,斯巴达在政治上与雅典截然相反,但在经济上也非常重视土地,其经济几乎完全依赖农业。通过两次美赛尼亚战争,斯巴达人不仅完全占有了美赛尼亚人的土地,成为整个斯巴达城邦土地的所有者,而且把美赛尼亚人牢固地控制在手中。莱库古通过改革设立了新的政治机构,分化了君王的政治权力,而且制定了一部新法规,"对公民从摇篮到坟墓的生活做了事无巨细的规定"②。为了使男人专注于军事训练,斯巴达政府禁止公民从事各种手工劳动,认为经营手工业和商业是可耻的。③ 斯巴达人实际上过着一种寄生生活,希洛人为他们耕种土地,庇里阿西人为他们提供手工产品和部分奢侈品。但是,斯巴达人不仅牢牢掌握着土地所有权,而且严格控制着希洛人,让希洛人为他们生产粮食,提供生活必需品。这从侧面也反映了斯巴达人对农业生产的高度重视。

古风时代,希腊农业经济经历了一次结构转型,即由原来以粮食种植业为

---

① [英]A. 安德鲁斯:《希腊僭主》,钟嵩译,商务印书馆1997年版,第117页。
② [美]威廉·弗格森:《希腊帝国主义》,晏绍祥译,上海三联书店2005年版,第45页。
③ [古希腊]普鲁塔克:《希腊罗马名人传》(上册),陆永庭、吴彭鹏等译,商务印书馆1990年版,第116页。

主转向以园艺种植业为主。公元前 7—前 6 世纪，随着海外粮食的大量进口，希腊许多城邦开始由种植谷物改为主要种植葡萄、橄榄等经济作物。① 希腊农业开始放弃原来粗放的农业种植方式，转向精耕细作的园艺种植。这种园艺农业不仅包括田间种植，还要对收获的农产品进行复杂的加工，比如把橄榄轧制成橄榄油，把葡萄酿制成葡萄酒。我们姑且不管这种转变的动机如何，从转变本身可以看出：古希腊人正在充分利用现有资源，积极开发农业的潜力。同时，这种转变也反映了希腊人对农业的高度重视。毕竟古希腊的土地资源贫乏，古希腊人不得不努力探索一切可以利用的资源，尽其所能地挖掘土地潜力，以扩大他们的生存空间。

二、积极拓展海外贸易

公元前 9 世纪末至公元前 8 世纪初，希腊世界逐渐结束了"黑暗时代"的封闭状态，开始与外界建立起广泛的联系。通过广泛而深刻的殖民运动，希腊世界逐渐被融入贸易发达的地中海世界。由于希腊以山地为主，可耕地较少，希腊世界相当大的一部分粮食供应来自海外。因此，在希腊的对外贸易中，粮食进口贸易占有非常突出的地位。为充分利用海上贸易带来的便利，弥补因大量粮食进口造成的贸易逆差，希腊各城邦大都鼓励发展外向型农业和各种手工业。公元前 7 世纪，希腊农业已经开始转向园艺经济，农民除了种植粮食，还大规模种植橄榄、葡萄等经济作物，并对农产品进行深加工，如轧制橄榄油，酿制葡萄酒。与传统的粮食种植业相比，园艺经济更具外向型特征，也更适合于希腊世界不断扩大对外贸易的需要。

对于古风殖民运动发生的原因，学术界已经争论了很长时间，笔者在上文也已经讨论过，在此就不做过多的叙述。但可以肯定的是，经济因素是造成这场殖民运动的最主要原因，因为"希腊人出外殖民主要是为了寻找生存空间

---

① S. Barr, *The Will of Zeus: A History of Greece from the Origins of Hellenic Culture to the Death of Alexander*, Dell Publishing CO. , Inc. ,1961 ,p. 41.

和生存机会"①。杜丹先生认为殖民运动是一种经济活动，它对希腊经济产生的影响最深刻，希腊商业贸易的发展是这场殖民运动的直接结果。②

古风殖民运动是希腊人掀起的一场以经济为主要目标的海外移民活动。在殖民城邦建立的过程中，必然首先对其母邦产生经济上的需求，从而刺激母邦手工业和商业的发展。由于殖民地多建立在土地肥沃、水利条件较好的地方，殖民地农业经济的发展也势必为希腊本土各城邦提供大量的粮食供应。由于殖民地与母邦之间仍存在各种往来，双方之间也必然有贸易上的联系。同时，在希腊人建立殖民地时，有时选择那些适合做码头的沿海地带，或大河两岸，这里交通便利，对于加强希腊世界与殖民地之间的联系创造了有利条件。希腊社会上层阶级的扩大，工商业阶层的出现，经济的迅速发展，这些因素之间也许是一种相辅相成的关系，共同推动了希腊社会的进步。可以肯定的是，上层阶级追求优越的舒适生活，必然产生对奢侈品和外国新奇商品的大量需求，也在一定程度上刺激海外贸易的发展。

古风时代，人们一般还比较认可商业活动，甚至许多著名人物都曾从事过商业活动。米利都学派的创始人泰勒斯就曾经从事过商业活动，数学家希波克拉底也从事过商业活动。梭伦为雅典制定法律后，曾去海外游历，其间也曾在海外经商。③ 由于城邦政府的支持，希腊商业贸易在古风时代得到迅速发展。对土地贫瘠的雅典而言，黑海等地区的粮食供应对于城邦的生存显得更加重要。雅典每年都要从黑海地区进口大量的谷物、咸鱼和金属等。在梭伦以及后来雅典历届政府的对外经济政策中，鼓励酒、油出口都居于突出地位。④ 公元前 7 世纪，许多希腊城邦实行了僭主政治，早期的僭主大都注意扶持下层平民，致力于经济的发展，鼓励发展商业经济和海外贸易。雅典僭主庇西特拉图在公元前 530 年左右派他的儿子赫格西斯特拉图占领赫勒斯滂海峡南口的西吉

---

① 李韵琴：《试析公元前八—六世纪希腊殖民运动的主要原因》，《世界历史》1989 年第 4 期，第 112—121 页。

② [法]杜丹：《古代世界经济生活》，志扬译，商务印书馆 1963 年版，第 28 页。

③ [古希腊]普鲁塔克：《希腊罗马名人传》(上册)，陆永庭、吴彭鹏等译，商务印书馆 1990 年版，第 168 页。

④ 顾銮斋：《论雅典奴隶制民主政治的形成》，《历史研究》1996 年第 4 期，第 107—121 页。

阿姆①，从而加强了雅典在该地区的势力，确保了雅典在黑海地区的粮食供应和商业利益。科林斯僭主库普塞洛斯和佩里安德都很重视海外贸易，他们曾在西北方建立了好几处科林斯的殖民地，以扩展科林斯在西北海岸沿线的影响。其结果是，不仅保障了科林斯通往意大利和西方的贸易路线，而且打开了同内地的商业贸易。②

诺克拉提是希腊人在埃及的一处具有贸易港性质的殖民点，它与当时希腊人在地中海各地建立的殖民地有很大不同，因为这是埃及国王阿莫西斯（Amosis）赠予寄居埃及的希腊商人的一块土地。这位国王还另外给希腊人一些土地，专门用来修建他们的祭坛和神庙。根据希罗多德的记载，其中最著名的海列尼昂圣地是由来自希腊许多城邦的人共同建立的，包括岐奥斯、提奥斯、波凯亚、克拉佐美纳伊、罗德斯、克尼多斯、哈立卡尔那索斯、帕赛利斯和米提列奈。此外，厄吉那人单独修建了一个宙斯神殿，萨摩斯人修建了赫拉神殿，米利都人修建了阿波罗神殿。③ 因此，到埃及经商的希腊人来自许多城邦，其中主要有伊奥尼亚人、多利斯人和爱奥尼亚人。

显而易见，古风时代的希腊世界，商业经济呈上升的发展趋势。除了斯巴达城邦的特殊情况，其他许多城邦采取鼓励商业发展的政策，商人的社会地位得到人们的认可。在某种程度上，这一切都为古典时代希腊经济的繁荣奠定了基础。

三、发展手工业

据考证，古代地中海贸易圈，是世界古代文明史上最为活跃的贸易圈。在航海技术有了一定的发展后，地中海就把沿岸的国家联系起来，形成一个环地中海周围各地的贸易圈，它包括整个地中海和黑海地区。在前古典文明时期，米诺斯人、腓尼基人和迦太基人是活跃在地中海沿岸的主要商人群体，他们控

---

① John Boardman, *The Cambridge Ancient History*, *Vol. Ⅲ*, *Part*3, Cambrideg University Press, 1982, p. 121.

② ［英］A. 安德鲁斯：《希腊僭主》，钟嵩译，商务印书馆 1997 年版，第 49 页。

③ ［古希腊］希罗多德：《历史》，王以铸译，商务印书馆 1959 年版，第 189—190 页。

制着地中海的贸易。

古风殖民运动使希腊人的生活空间迅速扩大，同时也把希腊联结在地中海周围发达的贸易体系上。希腊人奔走于地中海各地和黑海沿岸一带，不仅大量的粮食进口到希腊本土，而且希腊的土特产也通过这些海上通道出口到海外。为弥补因大量粮食进口造成的贸易逆差，希腊各国还鼓励发展外向型农业和手工业。这在某种程度上推动了希腊手工业的发展，除了橄榄油和葡萄酒大量出口到海外，还带动陶器的出口，制陶业也有很大的发展。

尽管希腊大陆上土地贫瘠，但拥有的其他资源相对丰富，其中石材、黏土以及木材是希腊的主要资源。因此，石材加工业、陶器制造业以及造船业成为希腊主要的手工行业。许多城邦政府采取鼓励发展手工业的政策，梭伦改革期间就曾制定过一项法律，规定：如果一个公民没有叫他的儿子学会一门手艺，他的儿子就可以不必承担赡养他的义务。① 在制陶业比较发达的科林斯，似乎手工业活动受到整个社会的重视。

从这一时期希腊陶器出口的情况看，从公元前 625—前 570 年，科林斯的陶器出口有了大幅度的增加；从公元前 570—前 525 年，伊奥尼亚的黑色琉璃陶（特别是弗凯亚和米利都生产的）受到青睐；到公元前 6 世纪中期，阿提卡的陶器出口开始占据优势。② 这一时期，希腊制陶业的繁荣在很大程度上得益于制陶技术的进步。研究显示，古风时代，希腊在技术领域里进步最明显的当属陶器制造行业，制陶技术的进步主要表现在：首先，陶轮不再是一个贴近地面的小旋转盘，而是一个大的飞轮，上面带有一个运转部件，飞轮被提高到离地面一脚的高度；陶工制作陶胚时，有一个学徒工坐在他的对面，用手转动沉重的飞轮。其次，经过烧制后的陶胚，还要放在轮子上刮光表面，以便使陶器有一个较好的外观。最后，利用一种优质的黏土制造陶胚，然后通过一种相

---

① ［古希腊］普鲁塔克：《希腊罗马名人传》（上册），陆永庭、吴彭鹏等译，商务印书馆1990年版，第190 页。

② ［法］费尔南·布罗代尔：《地中海考古：史前史和古代史》，蒋明炜等译，社会科学文献出版社2005年版，第192 页。

当复杂的烧制过程,以达到黑红色的对比。① 陶器制造技术的进步,使希腊人得以制造出更加精美的陶器,也促进了希腊陶器的出口。同时,由于希腊的葡萄酒和橄榄油大量出口,这些液体产品通常使用陶瓶盛装,因此,在客观上也刺激了希腊陶器的出口。在诺克拉提的考古挖掘提供了直接的证据,通过对这里发现的陶器残片进行分析,发现其中有科林斯陶器,有雅典陶器,还有拉哥尼亚陶器和基亚陶器。② 这些事实说明:在古风时代,希腊的陶器已经行销海外,希腊制陶业的发展状况可见一斑。

到古风时代末期,希腊的许多手工行业得到开发。由于宗教在城邦生活中的作用越来越显著,古希腊的宗教建筑日益增多,从而带动建筑业、石材加工业等的发展。同时,随着海外贸易活动的日益频繁,也在很大程度上推动了希腊造船业的发展,造船技术不断得到提高。

四、奴隶制的初步发展

奴隶制问题是一个非常复杂的社会历史问题,这在城邦林立的古希腊社会显得更加复杂而突出。从理论上讲,奴隶没有任何权利,没有人身自由,他们自身都属于其主人,是奴隶主阶级的劳动工具。在荷马时代,希腊奴隶制已经萌芽;古风时代,各城邦逐步确立奴隶制度。到古风时代末期,奴隶制度已经成为许多城邦的重要支柱。

奴隶制的发展程度不仅受到政治制度、经济制度的制约,更受到经济发展水平和经济规模的直接影响。古风时代,希腊世界不仅经历了急剧的变革,而且出现了社会生产力的大幅度提高。根据考古学的证据,公元前 9 世纪,希腊世界已经进入铁器时代。到古风时代,虽然铜器仍在人们的生活中广泛使用,但是铁器的使用逐渐推广开来。在赫西俄德时代,希腊世界已经有了铁作坊,铁斧已被作为砍伐工具,这与荷马时代已经大不相同。赫西俄德告诫人们,在

---

① Henry Hodges, *Technology in the Ancient World*, Alfred A. Knope, Inc. ,1970, p. 179.

② Astrid Möller, *Naukratis: Trade in Archaic Greece*, Oxford University Press, 2000, pp. 119-136.

冬季的农闲时间里，不要因贪图温暖而在铁匠铺子里浪费时光。① 可见，当时希腊人已经掌握了冶铁技术，这对于推广铁器在生产生活中的使用是至关重要的。生产力的提高必然会推动社会经济的发展，从而使社会对奴隶的需求大量增加。

赫西俄德认为，公民要进行正常的农业生产，"首先，弄到一所房屋、一个女人和一头耕牛。女人我是说的女奴，不是说的妻子，她也可以赶牛耕地"。他还建议："赶牛耕田的应是个精力旺盛的 40 岁的男人，让他一餐吃一个可分为四大块或八小块的面包"，"你在耕种时要吩咐一名奴隶带着锄头跟在后面，用泥土盖住种子"。② "大力气的奥利安一出现，你就要催促你的奴隶们在一个空阔地方的一块平滑的场地上扬净地母神赐予的谷物。过秤后要贮藏在坛坛罐罐里。……此后，你就要让你的奴隶们休息他们可怜的膝盖。"③ 可见，奴隶们要为其主人辛勤劳作，一年四季都难得休息。

但是，从另一方面来看，希腊土地资源匮乏，一般公民只能拥有少量的土地，其收入非常有限，不能充分支持生活所需，还要"常常扬帆出海以寻找充足的生活来源"④。在这样的经济状况下，公民地产上的收入不足以常年养活一个奴隶。他们通常在农忙季节找一些雇工临时帮忙，农忙一结束即将雇工解雇。赫西俄德曾建议他兄弟："当你已把生活所需的全部食物妥善地贮备在家里时，我劝你赶走一个雇工，挑选一名没有孩子的女仆，因为有孩子的女仆要照料孩子，会带来麻烦。"⑤ 由此我们不难看出，在古风时代初期，由于社会生产力发展水平还非常低，在一定程度上制约了奴隶制的发展。雇主与雇工之间还没有形成一种牢固的关系，他们之间似乎更多的是一种雇佣关系。斯巴达采取一种国家奴隶制的形式，也许不只是政治上的原因，还有经济方面的

---

① [古希腊]赫西俄德：《工作与时日·神谱》，张竹明、蒋平译，商务印书馆 1991 年版，第 13—15 页。

② [古希腊]赫西俄德：《工作与时日·神谱》，张竹明、蒋平译，商务印书馆 1991 年版，第 13—14 页。

③ [古希腊]赫西俄德：《工作与时日·神谱》，张竹明、蒋平译，商务印书馆 1991 年版，第 18—19 页。

④ [古希腊]赫西俄德：《工作与时日·神谱》，张竹明、蒋平译，商务印书馆 1991 年版，第 19 页。

⑤ [古希腊]赫西俄德：《工作与时日·神谱》，张竹明、蒋平译，商务印书馆 1991 年版，第 18 页。

考虑。

随着经济的迅速发展，奴隶劳动也逐渐在社会生产中得到广泛使用。古风时代的经济发展是一个相当复杂的过程，它不仅表现为生产力的提高、生产规模的扩大，而且表现为殖民运动所带来的海外贸易的扩张、铸币的出现等。铁器时代的到来不仅推动了社会生产力的巨大进步，而且带动了一个新兴的手工生产部门的发展。同时，它也会带动其他行业的技术革新和制造水平的提高，比较突出的是陶器制造业和造船业。古风时代也是古希腊政治变革的关键时期，以雅典为代表的许多希腊城邦，经过新、旧力量的不断斗争，最终走向了民主政治。雅典在公民中实行的是直接民主，要求公民积极参与城邦的政治生活。为了参加公民大会和议事会，参与法庭的审判活动，雅典人不得不把大量的劳动交给奴隶们来完成，像斯巴达这种城邦则几乎完全由奴隶来完成劳动。因此，希腊民主制的形成也必然会带动奴隶制的发展。如果没有大量的奴隶从事生产劳动，奴隶主阶级就没有太多的"闲暇"。也就是说，作为希腊民主制的表现形式，公民制的发展与奴隶制的发展是并行不悖的，两者相辅相成。

古风时代，希腊经济的迅速发展也造成贫富差距迅速拉大，许多小农日益穷困潦倒，不得不以自己的财产甚至人身作为抵押，向富人们借债。随着贫困的不断加重，当他们无力偿还债务时，就变成了富人们的债务奴，有的甚至被卖到国外。正是富人们对普通小民的任意剥削，导致社会矛盾日益尖锐。比如在梭伦改革的前夕，雅典的社会矛盾已经激化到相当尖锐的程度，贫富差距非常悬殊，社会矛盾异常尖锐，"整个城邦陷入了十分危险的境地，似乎只有建立僭主政治，才能够使它恢复秩序，停止混乱"[①]。

梭伦改革缓解了社会危机，他解除了许多雅典人的债务，并拿钱为许多被卖往国外的奴隶赎身。这就在一定程度上制止了雅典奴隶主阶级奴役本族同胞的可能性，也制止了雅典内部奴隶制发展的可能性，但这并不妨碍奴隶主奴役

---

① ［古希腊］普鲁塔克：《希腊罗马名人传》(上册)，陆永庭、吴彭鹏等译，商务印书馆 1990 年版，第 178—179 页。

外邦人。于是，贵族富人们开始把目光转向外邦人或非希腊人。研究表明，早在公元前7世纪末，希腊就有小规模的奴隶贸易，之后便迅速发展。公元前6世纪，雅典城邦就有来自黑海地区的奴隶，其中西徐亚弓箭手被用作雇佣兵。①

在奴隶制问题上，斯巴达也是一个极端的例子。斯巴达人以民族征服的形式占领了美赛尼亚，把当地的美赛尼亚人变成他们的国家奴隶"希洛人"。希洛人为斯巴达人耕种土地，并向他们提供各种生活必需品，尤其是各种食物。虽然斯巴达公民个人不能随意杀死希洛人，但是斯巴达政府可以任意屠杀希洛人。希洛人几乎完全成为全体斯巴达人的集体财产。在战争期间，希洛人还要作为侍从，跟随斯巴达战士一起打仗。可见，希洛人完全变成了斯巴达人的劳动工具。

总的来说，古风时代希腊奴隶制的发展还是比较缓慢的。在古希腊社会中，始终存在大量自由劳动者。除了一些拥有自由的雇工，还有许多下等公民，他们自己耕种土地，或自己经营店铺和作坊。② 在雅典，梭伦改革释放了大量私奴，并把许多被卖到国外的人赎回，给他们少量的土地，从而恢复了他们的公民身份。庇西特拉图也曾采取大力扶持小农的政策，减轻农民的负担。在克利斯提尼对公民登记的过程中，曾把一些外邦人和解放了的奴隶吸收进来。③ 古风时代的这些政治改革，对扩大公民数量、巩固民主政权，都起到非常重要的作用。由于大量自由劳动力的存在，再加之古风时代希腊工矿业还没有得到大规模的发展，所以奴隶在数量上也一定是非常有限的。而农业劳动中使用奴隶的现象还不普遍，奴隶大多被用来从事家庭劳动。研究表明，即使到古典时代，阿提卡的奴隶有一半以上用于家庭生活。④

尽管希洛人所受的压迫非常残酷，但由于斯巴达人一向崇尚俭朴生活，以至于希洛人比他们的主人生活得还要好。基托曾这样说过对希洛人的"剥

---

① M. I. Finley, *Economy and Society in Ancient Greece*, Penguin Books Ltd, 1981, p. 169.

② M. I. Finley, *Economy and Society in Ancient Greece*, Penguin Books Ltd, 1981, p. 97.

③ 李天祜：《古代希腊史》，兰州大学出版社1991年版，第164页。

④ ［英］基托：《希腊人》，徐卫翔、黄韬译，上海人民出版社2006年版，第122页。

削"："假如这一现代术语有其现代含义，那么它就意味着斯巴达人靠希洛人的生产过着某种舒适的生活；事实上，他们的生活是这么严酷，一个现代人，要是让他挑选，他宁可做一个希洛人而不是公民。"① 总的来说，由于特殊的时代背景和社会环境，古风时代的希腊世界，奴隶制尚未得到充分发展。

五、铸币的出现和新财富观的形成

古风时代，希腊世界的重大变革深刻地影响着人们的思想意识，其中经济与社会方面的巨大变化对希腊人的经济思想意识产生了很大的影响。广泛而持续的殖民运动不仅使希腊世界与地中海各地恢复了联系，而且随着殖民运动的不断深入，希腊逐渐融入贸易发达的地中海世界的商业网络之中。当时希腊人的殖民地遍及地中海各地，甚至远至黑海北岸的南俄草原。希腊殖民地的这种分布状况，从客观上带动了希腊海外贸易的发展。这时的古希腊社会还出现了其他方面的变化，铸币的出现就是希腊经济领域里的另一个新现象。

根据传统观点，在公元前 6 世纪初，吕底亚王国的一种金属货币首先流传到厄吉那岛，经厄吉那流传到科林斯和雅典等城邦。随后，铸币在希腊世界流传开来。从吕底亚王国传入希腊的是镍币，这是一种由金、银铸成的合金，其价值相当高。由于希腊缺乏金而富有银，希腊人逐步把银作为铸造货币的主要金属。希腊人在铸币的两面都印上标记，这种印有标记的金属块就具有了法律效力，它通过城邦政府的认可得以在社会上流通。因此，铸币的出现也反映了城邦国家权力的巩固和增强。由于古希腊的每个城邦都是独立的政治单元，各城邦铸造的货币大都不统一。即使在一个城邦，最初铸造的货币上面也有各种不同的符号，这也许反映了城邦建立初期几个大的家族各自掌控某种权力的政治局面。到后来，每个城邦都有了一种或数种相对稳定的铸币，货币上的符号也逐步固定下来，使得铸币易于辨认。比如，雅典以带有雅典娜头像、猫头鹰图像的银币流行于希腊世界，厄吉那货币上是一个龟壳图案，塞勒尼货币上是

---

① ［英］基托：《希腊人》，徐卫翔、黄韬译，上海人民出版社 2006 年版，第 85 页。

一种植物希尔菲昂的图案。

见下图：

A   B

(雅典四德拉克玛银币，公元前 5 世纪中期铸造，图案为雅典娜女神和她的猫头鹰。本图为实物的放大版。A. 无花环；B. 有花环)

(厄吉那铸币)

(色雷斯和马其顿的早期银币，来源于《萨索斯、萨蒂尔和宁芙》。注：萨蒂尔 Satyr，淫荡的半人半兽山林之神；宁芙 Nymph，山泽女仙)

希腊人在铸币上设计各种图案，作为一种标记，这种标记最初也许是为了方便各城邦之间的经济往来，诸如征收港口税，或支付雇佣军的薪金等。货币的出现使人们之间的物质交换形式发生了质的变化，原来的物—物交换形式变成了以货币为媒介的新的交换形式，即物—货币—物的交易方式。这种变化首先会给希腊世界的经济交流带来很大的便利，最明显的一点是促进了商业交换的频繁发生，从而推动希腊商业经济的发展。买与卖的分离，使储藏货币成为可能。有些人专门从事以赚取大量货币为目的的买卖活动，成为大富商。这种变化也使人们对商业活动有了新的认识，在原来物—物交换的经济形式下，买、卖这两种交换过程需要同时进行，土地以及各种农产品和手工业品成为财富的主要形式，财富的积累受到时间和空间等方面的限制。在以货币为媒介的新的交换形式下，买、卖不再受时间上的限制。这两种过程的分离不仅使占有货币成为可能，而且对财富的追求变成了赚取大量货币，于是货币成为财富的象征和代表。通过商业活动，货币本身也能带来货币。希腊人对货币有了新的认识，他们的经济思想意识也随之发生变化。从某种意义上说，铸币的出现促进了古希腊经济思想的形成与发展。

古风时代，希腊经济正处在迅速发展的时期，希腊人在各个经济领域里探索，其经济思想意识也随着经济的增长而逐步形成。这时，虽未出现像亚里士多德那样的大思想家来表达希腊人的经济思想，但是，希腊人的这种思想意识已经清晰可见。通过对希腊人的社会生活的考察，通过对城邦政府的各种政策和措施的分析，甚至通过对最具有广泛社会性的宗教事务的分析和归纳，我们不难看出，古希腊经济思想正处在形成之中。美国经济史学家斯皮格尔认为，在古希腊经济史上占有突出地位，并对城邦国家的经济结构产生过深远影响的有四件大事。这四件大事是，古希腊人采用腓尼基字母（前 9 世纪），希腊人在地中海沿岸及黑海沿岸建立殖民地（前 8—前 6 世纪），吕底亚王国发明的铸币传入希腊（前 7 世纪），利息借贷在古希腊兴起（前 7 世纪）。[①] 这四件事大都发生在古风时代，希腊人采用腓尼基字母也必然与经济有密切的关系，因为腓尼基人一直是地中海地区的著名商人。可见，古风时代既是古希腊文明发展的重要时期，又在古希腊经济思想的发展史上占有重要地位。与古典时代经济思想的特点相比，古风时代更能体现古希腊民众朴素的经济思想意识。或者说，从现代经济学的观点来看，与柏拉图、色诺芬和亚里士多德的成熟的经济思想相比，古风时代所表现出来的应该是希腊人的一种朴素的经济意识。从经济学说史的观点来看，这也是经济学说发展过程中必需的一个过渡阶段。

---

① ［美］亨利·威廉·斯皮格尔：《经济思想的成长》，晏智杰等译，中国社会科学出版社 1999 年版，第 6—7 页。

第四章　古希腊经济思想的成熟

——古典时代（上）

第一节　古典时代经济领域里的新变化

　　进入古典时代，希腊社会各方面日益发展和成熟起来。随着希腊世界与海外的联系全面展开，它开始在地中海地区发达的贸易网络中受益，逐渐出现经济繁荣局面。这时，雅典已经成为希腊世界的一个中心，庇里乌斯港（Peiraeus）不仅成为阿提卡地区的经济中心，而且是亚洲与地中海西部贸易的交通枢纽，东地中海的一个经济中心。为了有效地利用和管理庇里乌斯港，雅典政府修建了一道直通庇里乌斯港的长墙，把港口与雅典城连接在一起。雅典政府还设置专门的官员，负责庇里乌斯港的市场管理和税收事务。波斯战争后，雅典人大规模地开采矿藏资源，为雅典城邦的经济繁荣奠定了基础。公元前 483 年，在阿提卡地区东南的罗立温发现了银矿，随后雅典人进行了大规模的开采活动。罗立温银矿对改善雅典的财政收入状况起到了非常重要的作用，雅典政府曾把这些收入在公民中进行分配。在古典时代，雅典的采石业也得到迅速发展，雅典城北潘提里库姆山（Pentelicum）的大理石矿得到大规模的开采，它所提供的大理石质地坚硬，纹理格外细密。由于潘提里库姆山靠近雅典城，采石场的大理石成为日后雅典修建卫城的主要建筑材料。雅典卫城上的帕特农神庙，堪称古希腊建筑史上的一件杰作，它主要就是用潘提里库姆山上的大理石修建而成。

雅典城邦在经济繁荣发展的同时，军事实力大增，尤其是在海军实力方面，开始在希腊世界占有绝对优势。雅典的海上霸权地位不仅为其海外贸易提供了安全保证，而且使雅典从其控制的"帝国"中受益匪浅。雅典是提洛同盟的主宰者，各同盟国都要向雅典缴纳贡金，这种贡金最初是以海军储备金的名义缴纳的，雅典以其海军优势向盟国提供安全保证。这种海军储备金最初存放在提洛岛的神庙中，后来伯里克利将金库移到雅典城。提洛同盟曾为雅典提供了大量的资金支持。有资料表明，这些贡金除了海军力量的日常维护费用，剩余部分被储备起来。据说，伯里克利曾花费2000塔兰特用于修建公共工程，如帕特农神庙等，剩余的6000塔兰特成为战争准备基金，这些钱最终在伯罗奔尼撒战争期间被花掉，用来支付步兵和海军的薪金。[1] 雅典还凭借着在提洛同盟中的特殊地位，在地中海东岸建立起广泛的海上贸易联系，这也是雅典商业贸易繁荣发达不可忽视的重要因素。雅典经济的繁荣是爱琴海地区经济发展的一个缩影，其他许多城邦，尤其是沿海城邦的经济也得到迅速发展。

古典时代经济的繁荣也带动了生产专业化的发展，劳动分工进一步扩大，生产行业日益增多，尤其是手工业领域里的分工更加明显。在冶铁业中，出现了锻打、铸范、拉风的分工；建筑业有木工、铸工、铜匠、石匠、染工、金匠、象牙匠、画匠、刺绣工、雕刻工等；陶器制造业内也有较细的分工：烧瓦工、烧砖工、塑像制模工、瓷灯制造工等；在制鞋业内，不仅有男、女制鞋的分工，还有裁鞋面、纳鞋底、上鞋等不同工序的分工。还有其他一些专门制造某种生活用具的工匠，如专门制造车、船、马鞍、马具的人。还有专门的木工、制模工、石匠、金属匠、漆匠、装饰工、铁匠、制剑匠、制盾匠、制灯匠、七弦琴调音手、磨面工、面包工、腊肠工等手工业者。[2]

古典时代，奴隶制经济的高度发达还表现在，奴隶劳动在许多生产领域被广泛使用，尤其是手工业和矿业领域。古典时期，希腊农业、手工业和商业都已经达到了相当繁荣的程度，希腊人对政治的执着追求和对军事的高度重视，

---

① A. H. M. Jones, *Athenian Democracy*, The Johns Hopkins University Press, 1957, p. 8.

② G. Glotz, *Ancient Greece at Work：An Economic History of Greece*, London, 1926, pp. 222~225.

使他们的经济活动被隐藏在历史舞台的幕后。许多生产劳动都是由奴隶来承担，奴隶是社会财富的主要创造者。家境富裕的雅典人通常把一小部分财富投资给手工奴隶，这些奴隶或者在工厂里一起工作，或者单独做工，向他们的主人支付一定的报酬。无论他们挣多少钱，都要自己养活自己。据记载，最大的工厂是吕西亚斯（Lysias）和普利马尔库斯（Polemarchus）兄弟俩的盾牌制造厂，有约120个奴隶。公元前4世纪，银行家帕息温（Pasion）也经营了一个盾牌制造厂，作为一个副业。这个盾牌制造厂每年为他带来1塔兰特的收入，估计厂里应该有60多人。帕息温原是一个外邦人，由于向城邦承担公务而被授予公民权。他那时是雅典最富裕的人，除了银行和工厂，还获得了价值20塔兰特的土地。德谟斯提尼（Demosthenes）的父亲拥有两个工厂，包括32个制刀工人和20个制床工人。在14塔兰特的总资产中，资金价值占6.5塔兰特，其中奴隶价值4塔兰特，库存货物价值2.5塔兰特。

在古希腊，使用奴隶最多的手工业部门是采矿业。仅在雅典的罗立温银矿，最多时就有30000多奴隶。公元前5世纪，尼塞拉图斯的儿子尼西阿斯（Nicias）拥有1000个奴隶，他把这些奴隶以每人每天1个奥波尔的价格出租给一个矿产承包商，承包商负责这些奴隶们的衣食，并要负责包赔损失。据说还有同时代的其他两位富人希波尼可斯和菲列摩尼，分别拥有600个和300个奴隶，他们把这些奴隶出租给矿上使用。①

由于手工业中使用的奴隶多是租赁来的，手工业的发展也促进了奴隶租赁业务的兴盛。蓄养奴隶成为有利可图的事情，于是有一些人专门投资在这种营生上。伊索克拉底（Isocrates）的父亲蓄养了一批制造长笛的工人，获利甚丰，家境因此而富裕起来；色诺芬在《回忆苏格拉底》中引证了同时代的五类人，其中包括磨坊主、面包商和披风制造商，他们都使用奴隶劳动而获利。雅典的富人们通常更多地投资于土地、房产和蓄养奴隶工匠。当苏格拉底问起一个高级妓女以何营生时，建议她以土地、房产或蓄养会手艺的奴隶作为典型

---

① ［古希腊］色诺芬:《经济论·雅典的收入》，张伯健、陆大年译，商务印书馆1961年版，第72页。

的收入来源。① 在提马尔库斯（Timarchus）所继承的财产中，除了土地、房屋，还有 10 个鞋匠，他们每天都要付给他 2 个奥波尔；利俄克拉特（Leocrates）拥有价值 35 明那的铜匠；塞隆（Ciron）除了 1 塔兰特的固定资产和两座房子，还拥有几个租来的奴隶，价值 3 个家奴，还有价值 13 明那的家具；攸克特蒙（Euctemon）拥有一家农场、一座房子、一家澡堂、一家妓院，还有酒坊和一些工匠。②

由于希腊农业以小农经济为主，一般公民拥有的土地比较少，且农业生产具有明显的季节性，要一年四季养活一个奴隶仍需要很大的开支，这项费用一般公民是难以承担的。所以，在古希腊社会中，一般公民往往成为农业劳动的主要承担者。但在贵族的庄园中，大多使用奴隶劳动；在富裕的公民家庭里也可能有一个或几个奴隶，他们主要从事家务劳动，有时也跟随主人参加农业生产。甚至雅典政府还拥有一些公共奴隶，他们充当维护公共秩序的警察，还有一些负责记录政府的财政支出情况等。古希腊奴隶的主要来源是奴隶贸易，也有一些是掠夺或拐卖来的人口，古典时期希腊世界战争频繁发生，许多战俘被卖为奴隶。研究者通过对罗立温地区的墓碑进行细致的考察分析，发现在雅典的银矿业中使用的奴隶人数最多，其中绝大多数是非希腊人，他们主要来自拥有银矿的国家，如色雷斯和帕弗拉戈尼亚（Paphlagonia）。③ 根据修昔底德的记载，在伯罗奔尼撒战争期间，各城邦都大量使用奴隶，其中使用奴隶数量最多的是斯巴达，其次是开俄斯。④ 可见，到古典时代，拥有或蓄养奴隶的现象，以及大规模使用奴隶劳动的现象都已经很普遍。这表明，希腊奴隶制在各个行业得到了不同程度的发展。

随着希腊经济的日益繁荣发达，从事工商业活动的人越来越多。这时，大量外邦人进入希腊各城邦。除了个别城邦，如斯巴达这样的极端国家，大多数城邦都有外邦人定居，有些城邦还采取鼓励外邦人定居的政策。尽管各城邦对

① ［古希腊］色诺芬：《回忆苏格拉底》，吴永泉译，商务印书馆 1984 年版，第 126 页。
② A. H. M. Jones, *Athenian Democracy*, The Johns Hopkins University Press, 1957, p. 15.
③ M. I. Finley, *Economy and Society in Ancient Greece*, Penguin Books Ltd, 1981, p. 169.
④ ［古希腊］修昔底德：《伯罗奔尼撒战争史》，徐松岩等译，广西师范大学出版社 2004 年版，第 449 页。

外邦人的政策不尽一致，但有一点是基本相同的，那就是它们大都不允许外邦人拥有和经营土地，除非他们因故获得公民权。这种政策与城邦政治有密切关系，所以绝大多数外邦人只能从事手工业和商业活动。

随着商业活动的日益活跃，货币的使用日益广泛。考古工作者在希腊各地发现了许多古代货币的窖藏，从窖藏发现的地点来看，这些铸币远离其铸造场。因此，这些铸币很可能主要用于海外贸易。尽管学术界对古希腊最早引进货币的动机存在很大争议，但它所带来的后果是，客观上促进了希腊商业经济的活跃，对希腊经济的繁荣起到不可忽视的作用。到古典时代，大多数城邦都已经开始铸造货币。货币的广泛使用，也带动了借贷业务的活跃。随着神庙"宝库"积累的金钱日益丰富，它也积极从事金钱借贷活动。神庙除了向私人借贷，还向城邦国家借贷。因此，"货币现象所产生的经济后果是人所共知的：在这方面，它是引起希腊社会深刻变革的一个因素，它把希腊社会带向了重商主义"①。

随着古典经济的日益繁荣，希腊世界的经济结构也发生很大变化，城邦政府开始涉足经济领域。同时，经济领域里的新变化也引起了哲学家、思想家对经济问题的深入思考，古希腊经济思想日趋成熟。柏拉图、亚里士多德、色诺芬等人的经济思想代表了古典希腊经济思想的最高成就，也是古希腊经济思想成熟的最突出表现。

第二节　城邦制的完善及其对经济活动的干预

政治、经济形态是人类社会特有的存在方式，是人类思想意识的重要源泉，因此国家政策、经济形态对人类的经济思想也必然产生深刻的影响。古代希腊始终没有发展成为一个统一的国家实体，它实际上只是一种抽象的文化概

---

① ［法］让-皮埃尔·韦尔南：《希腊世界的起源》，秦海鹰译，生活·读书·新知三联书店1996年版，第81页。

念，是以宗教为纽带联结起来的国家集团。希腊世界先后出现数百个"微型国家"——城邦，这种特殊的奴隶制城邦国家是我们理解古希腊政治、经济形态的基本出发点。

一、城邦国家的基本政治、经济形态

1. 政治形态：希腊奴隶制国家的特殊形式——城邦

要分析古希腊社会的政治形态，迈锡尼时代和荷马时代是我们不能回避的两个重要时期。有学者认为，希腊世界在迈锡尼时代就已经开始进入阶级社会，其理由之一是，雅典国家产生于迈锡尼时代。[①] 但是，由于各种因素的制约，古希腊社会的政治发展是极不平衡的，特别是多利斯人的入侵，使迈锡尼文明的发展几乎中断。直到古风时代，希腊世界才普遍建立起奴隶制城邦国家。

古希腊社会既有一般奴隶制国家的基本特征，又有其不同于其他文明的政治特点，城邦制就是最突出的一点不同。古希腊的城邦通常以一个城市为中心，控制着周围的一些乡村和土地。城市是城邦政治、宗教和文化活动的中心，它在经济上依赖农村，绝大多数生活用品都依靠农村的供应。公元前8—前7世纪，希腊世界开始出现城邦，希腊人的政治生活发生了深刻变化。城邦的中心区逐步建立起一些公共设施，这些设施不仅成为城市的重要组成部分，而且为希腊人参与各种公共活动提供了空间。在城邦的各种公共活动中，最重要的是政治活动。相应地，在城邦的公共设施中，公民大会场、议事会大厅、议事会执行委员会大厅，是城邦政治活动的重要场所。城邦制的出现表明，公民大众的权力在扩大，世袭的国王、贵族的权力受到挑战。在建立城邦的过程中，有的完全废除了王权制度，有的在一定程度上削弱了王权。

在奴隶制度下，奴隶劳动成为希腊各城邦的经济基础。无论是实行贵族制专制的斯巴达、底比斯、科林斯等城邦，还是确立了民主制的雅典等城邦，都是建立在奴隶制基础之上的。尽管每个城邦的奴隶制发展程度不尽相同，但奴

---

① 晏绍祥：《荷马社会研究》，上海三联书店2006年版，第50—51页。

隶劳动在城邦的经济发展中的基础性作用是毋庸置疑的。斯巴达是建立在对希洛人的集体占有和对庇里阿西人的经济剥削基础之上的，斯巴达人是整个国家的统治阶级。在雅典，许多下层公民虽也拥有土地，他们甚至自己耕种土地，但是，雅典社会仍然存在大量奴隶。这些奴隶除了为富人们从事家务劳动，还在手工业部门从事劳动，同时商业活动中也存在许多奴隶。在开俄斯岛上，有专门进行奴隶贸易的市场。

在第一次奥林匹克运动会（前776年）之前，雅典就已经废除了世袭君主巴希琉斯（Basileus），实行执政官制。之后，雅典通过德拉科改革、梭伦改革、庇西特拉图改革和克利斯提尼改革，铲除了氏族制的残余，最终走上民主制的道路。根据亚里士多德的记载，在德拉科以前，雅典高级官吏的任用都以门第和财富为标准，而德拉科的改革法令突出以财产作为选举官吏的主要依据。[①] 这在一定程度上削弱了门阀氏族的势力。梭伦以财产作为划分公民等级的标准，以和平方式打破了贵族对政治的垄断，普通公民开始拥有参政权利。

庇西特拉图以僭主身份掌握雅典政权后，继续打击守旧贵族，扶持社会下层农民，如设立巡回法庭，到乡下进行私人巡视；设立专门的基金，贷款给贫困的小农。[②] 总体而言，对庇西特拉图的僭主政治，古希腊历史学家修昔底德多有赞誉。[③] 克利斯提尼执政后，采取了一系列改革措施，完全消除了原来氏族制的痕迹，彻底打破了氏族贵族对政治的垄断，最终使雅典确立了民主制。

直接民主和权力的分化与制衡是雅典民主政治的最大特点之一。雅典民主制的国家机构主要有：九执政官、公民大会、议事会、陪审法庭以及十将军委员会。九执政官中的6位立法官通过抽签选举产生，首席执政官、王者执政官和军事执政官则轮流从每一部族中选出，由公民直接选举产生。对执政官的任期也有明确规定，最初任期是以10年为期，后来改为5年，最后变为1年。在任期内，执政官要接受议事会的考察。公民大会是民主政治的集中体现，它是由全体公民组成的议事机构。在公民大会上，所有公民都可以行使自己的权

---

① ［古希腊］亚里士多德：《雅典政制》，日知、力野译，商务印书馆1959年版，第5—7页。

② ［英］A. 安德鲁斯：《希腊僭主》，钟嵩译，商务印书馆1997年版，第117页。

③ ［古希腊］修昔底德：《伯罗奔尼撒战争史》，徐松岩等译，广西师范大学出版社2004年版，第350页。

利，自由选举将军、骑兵将官和其他各种军事官员，还负责选举 10 名祭祀主持。议事会最初有 400 人，到克利斯提尼时代扩大为 500 人。议事会由 10 个部族的代表组成，每个部族选出 50 人，议事会的主议官由每个部族轮流担任。十将军委员会的成员也是由公民大会在各个部族中选举产生，每个部族选举 1 名将军。议事会下面的诸多官员、十将军委员会下的各级军事将领也都是通过抽签选举出来的。雅典政制的民主性不仅体现在它的政治机构上，而且体现在它的政治机制上。在政治机制方面，雅典的官员大多数通过抽签选举方式产生，在各部族之间平均分配名额。比如，五百人议事会由 10 个部族的人员组成，每个部族选出 50 人；议事会的主议事官由每一部族轮流担任。可见，这种政治机构及其制度，使雅典的民主制达到了历史上的一种极致状态。

雅典的民主政治在希腊世界有着广泛的影响。在反对波斯侵略的战争中，雅典不仅逐步建立起在爱琴海地区的军事优势，而且其国际地位迅速提高。希波战争后，雅典利用在希腊世界树立起的权威，组成了由它控制的提洛同盟。雅典通过这种政治优势，在各同盟国之间广泛推行民主制。希腊世界逐渐分成了两大阵营，即以雅典为首的提洛同盟和以斯巴达为首的伯罗奔尼撒同盟。斯巴达对待其盟邦的政策与雅典有所不同，它并不要求同盟国缴纳贡金，而只要求在这些国家建立贵族寡头政治，"以确保他们为拉栖代梦的利益效力"①。伯罗奔尼撒战争是这两大同盟之间的一场争斗，从某种意义上说这场战争也是两种政制之间的较量。在这场战争中，各城邦内部几乎都发生了相互对立的两个政党之间的斗争。根据修昔底德的记载："后来整个希腊世界可以说都受到震撼，因为民主党人和寡头党人到处都在发生着斗争，民主党的领袖们求助于雅典人，而寡头党人求助于拉栖代梦人。"② 因此，当时的希腊世界在政治上划分为泾渭分明的两大阵营，伯罗奔尼撒同盟的成员国在政治上实行奴隶主贵族寡头政治。

斯巴达城邦是一个贵族专制的奴隶制国家，在古风初期，斯巴达实行的是

---

① ［古希腊］修昔底德：《伯罗奔尼撒战争史》，徐松岩等译，广西师范大学出版社 2004 年版，第 12 页。
② ［古希腊］修昔底德：《伯罗奔尼撒战争史》，徐松岩等译，广西师范大学出版社 2004 年版，第 178 页。

双王制，即国家有两个国王。莱库古改革以后，斯巴达设立了由贵族组成的元老院，它在国家重大事务上与国王具有同等的决定权。① 双王制和元老院使国王的权力受到分割和制约，大大减少了国王专制的可能性。同时，贵族们的权力得以扩大和加强。所以，斯巴达的这种贵族政治具有一定的进步性和民主因素。

此外，根据亚里士多德《政治学》的描述，古希腊城邦国家的政体大致分为平民政体、寡头政体、贵族政体和君主政体。雅典民主制是平民政体的一种。关于君主政体，他列举了五种具有代表性的表现形式：英雄时代的君主制；野蛮民族的君主制；民选邦主制（其君王类似于民主选举的僭主）；斯巴达君主制；家长式君主制。② 亚里士多德还进一步阐述了平民政体与寡头政体的区别，"平民政体指的是贫穷而又占多数的自由人执掌着政权；寡头政体指的是门第显贵而又占少数的富人执掌着政权"③。对于我们的研究而言，由于斯巴达和雅典是古希腊的两大主要城邦，在古典时代，分别以这两个城邦为主形成了两大集团，所以这两个城邦的政体在希腊世界最具有代表性。

2. 经济形态

（1）奴隶劳动是古希腊经济的主要基础

从经济形态来看，以斯巴达和雅典为代表的古希腊各城邦都是奴隶制经济。无论是斯巴达的贵族政治，还是雅典的民主政治，都是建立在奴隶劳动基础之上的。奴隶的劳动成果被奴隶主贵族占有，奴隶本身也都是奴隶主的私有财产。虽然二者奴隶制的外在表现有所不同，在奴役和剥削奴隶这一点上却是相同的。

斯巴达的奴隶制经济是一种乌托邦主义的形式。在现代人的眼中，乌托邦是一种空想主义，是一种缺乏现实基础的奇妙幻想。但是，在古希腊的斯巴达城邦，人们早已将这种乌托邦主义付诸现实。甚至现代学者认为，斯巴达是整

---

① ［古希腊］普鲁塔克：《希腊罗马名人传》（上册），陆永庭、吴彭鹏等译，商务印书馆1990年版，第92页。

② ［古希腊］亚里士多德：《政治学》，颜一、秦典华译，中国人民大学出版社2003年版，第105页。

③ ［古希腊］亚里士多德：《政治学》，颜一、秦典华译，中国人民大学出版社2003年版，第122页。

个西方乌托邦主义的典型模式和最终根源。① 斯巴达社会主要由三个等级组成：斯巴达人、庇里阿西人和希洛人，其中希洛人是典型的奴隶。斯巴达人来到伯罗奔尼撒半岛中部的"拉西第梦凹地"之后，被这里肥沃的土地资源所吸引，逐步在这一带定居下来。后来他们以武力征服了当地的原有居民美赛尼亚人，并称之为希洛人。他们占有了希洛人的土地，最后把希洛人赶到伯罗奔尼撒西南部美赛尼亚地区，并将另一支居民赶到西部边境地区，后被称为庇里阿西人，意思是居住在边地的人。斯巴达人先后发动两次美赛尼亚战争，完全征服当地的希洛人，迫使希洛人为斯巴达人耕种土地，并为他们提供各种生活必需品。不过希洛人并不是某个斯巴达人的奴隶，他们是斯巴达人的集体奴隶。斯巴达人作为统治阶级，不仅占有全部的土地，而且把希洛人当成是斯巴达人的共同财产和劳动工具。希洛人要为斯巴达人耕种所有的土地，供应他们的生活需要，还必须俯首听命于主人，稍有反抗就会遭到屠杀。同时，居住在边境上的庇里阿西人，也是斯巴达人剥削的对象。他们虽有一定的自由，在自己的居住区内实行自治，但没有参与城邦治理的政治权利，即没有公民权。庇里阿西人主要从事手工业和商业活动，向斯巴达人缴纳一定的贡赋，其形式主要是向斯巴达人提供各种生活用品，如服装、武器等。相比之下，斯巴达人不从事任何体力劳动，轻视所有手工生产和商业活动，他们利用武力统治着整个国家，斯巴达人的天职就是充当军人。

希洛人属于斯巴达城邦的奴隶，不属于某一个斯巴达人所有。主人们既不能把他们卖掉，也不能随意释放他们。希洛人只能耕种属于斯巴达人的土地，每年向其主人提供大麦、水果、橄榄油和葡萄酒等各种生活用品。由于斯巴达人以军事训练为日常活动，磨炼斯巴达士兵坚强意志成为训练中的一项重要内容。同时，为了防止斯巴达贵族过度追求豪奢的生活，斯巴达在其公民中倡导简朴的生活方式，并实行共餐制。因此，斯巴达人的总体生活水平并不高。相比之下，尽管希洛人处在社会的最底层，没有人身自由，在法律上没有任何权利，但是他们的物质生活也许并不太差，以至于现代学者认为，他们可能比他

① Stephen Hodkinson, *Property and Wealth in Classical Sparta*, Gerald Duckworth & Co. ,Ltd. ,2000,p. 9.

们的主人们吃的还要好一些。① 显然，斯巴达城邦在经济上追求的是一种较低层次的自足生活，斯巴达人不参加任何生产劳动，鄙视商业行为，限制人们对物质利益的过度追求。据记载，斯巴达城邦曾根据莱库古的法令制造价值非常小的铁钱。在斯巴达，还有一种奇特现象，即庇里阿西人的上百个村庄和土地形成了一条隔离带，围绕在斯巴达人和希洛人的周围。② 这是斯巴达人的有意安排，其目的也许是为了利用庇里阿西人，以便有效实施对希洛人的统治。因为在斯巴达城邦中，斯巴达人在数量上占有少数，希洛人则占有绝对优势。

雅典的情况与斯巴达有所不同，一方面，奴隶劳动主要局限在家务劳动和手工业部门；另一方面，雅典的奴隶相对而言有一定的自由。在雅典的农业生产领域，很少存在奴隶劳动。雅典的大多数公民都是小土地所有者，拥有一定的土地，而且他们的土地财富较少，农活大多比较集中，况且希腊社会中存在许多雇工。梭伦在一首诗中曾提到农业雇工，他们长年累月给有钱人开荒种地③；阿里斯托芬在《马蜂》中也曾提到采摘橄榄的佣工④。雅典社会中还存在另一个经济群体，即外邦人（metic）。希波战争后，雅典民主制要求所有的公民都要参与政治，为了使公民能够参与国事，城邦政府建立公共基金，以补偿公民因参加公民大会给自己的生产带来的损失。为了扩大城邦的财政来源，雅典政府曾采取鼓励外邦人到雅典定居的政策。这些居住在雅典的外邦人没有公民权，不能拥有和经营土地，只能从事工商业活动。同时，他们不用承担兵役义务，不向政府领取津贴，但是必须向城邦政府缴纳捐税。对于这一政策给雅典城邦带来的益处，色诺芬曾有过详细的论述。⑤ 根据公元前 4 世纪末的一项人口统计资料显示：当时雅典城邦有 21000 位公民，而长期侨居的外邦人就有 10000 人。⑥ 因为外邦人不能参与城邦的政治事务，只能从事工商业活动，

① S. Barr, *The Will of Zeus: A History of Greece from the Origins of Hellenic Culture to the Death of Alexander*, Dell Publishing Co. , Inc. , 1961 , p. 60.

② [美]威廉·弗格森：《希腊帝国主义》，晏绍祥译，上海三联书店 2005 年版，第 46 页。

③ 外国文学名著丛书编辑委员会编：《古希腊抒情诗选》，水建馥译，人民文学出版社 1988 年版，第 77 页。

④ [古希腊]阿里斯托芬：《云·马蜂》，罗念生译，上海人民出版社 2006 年版，第 171 页。

⑤ [古希腊]色诺芬：《经济论·雅典的收入》，张伯健、陆大年译，商务印书馆 1961 年版，第 67—68 页。

⑥ A. H. M. Jones, *Athenian Democracy*, The Johns Hopkins University Press, 1957 , p. 10.

向雅典政府缴纳捐税，所以他们主要在经济方面发挥显著的作用。这些也许是希腊农业领域里较少有奴隶劳动的主要原因。

但在其他领域里，奴隶被广泛用于承担各种劳动，其中主要有家庭奴仆，商业和银行里的小店员，手工业、采矿业的劳动者。在雅典，使用奴隶劳动最突出的是采矿业。根据现代学者的估计，在伯罗奔尼撒战争前，阿提卡约有12.5万奴隶，其中有6.5万人，也就是一半以上用于家庭劳动。[①] 从罗立温银矿给雅典政府带来的大笔收入，以及有关奴隶出租的情况来看，雅典银矿上有大批的奴隶从事艰苦的劳作。根据修昔底德的记载，在斯巴达军队占领狄凯里亚期间，雅典有两万奴隶逃走，其中大部分是工匠。[②] 通过对阿提卡罗立温地区的墓碑进行详细的调查分析，学者们认为，雅典银矿上广泛使用奴隶劳动，最多时可达3万人。[③] 其中绝大多数是非希腊人，主要来自小亚细亚和其他东方国家；还有一些来自那些拥有银矿的城邦，如色雷斯和帕弗拉戈尼亚。现代研究显示，雅典工矿业中使用的奴隶总数达到6万人。[④]

曾有一个斯巴达人嘲笑说："在雅典的街头，你无法辨别哪一个是奴隶，哪一个是公民。"[⑤] 雅典的奴隶有相当大一部分被用在家庭劳动上，他们在富有人家充作仆人或保姆。这种家庭奴隶相当于奴仆，他们经常与其主人生活在一起，可能由于他们忠心耿耿，或者长期勤恳劳动，而深得主人的信赖和赏识。主人对他们的态度也会不断发生改变，甚至给予一些财产，就像奥德修斯的牧猪奴欧迈奥斯一样。但这毕竟只是少数奴隶的情况，绝大多数奴隶还是处于社会的最底层，他们只是主人的劳动工具，被当作一种财产来对待。亚里士多德关于奴隶的论述，也许更能反映古希腊社会的现实情况，具有一定的代表性。

莫里斯（I. Morris）给城邦下了一个恰当的定义：城邦是一个围绕着公民

---

① ［英］基托：《希腊人》，徐卫翔、黄韬译，上海人民出版社2006年版，第122页。
② ［古希腊］修昔底德：《伯罗奔尼撒战争史》，徐松岩等译，广西师范大学出版社2004年版，第393页。
③ M. I. Finley, *Economy and Society in Ancient Greece*, Penguin Books Ltd, 1981, p. 169.
④ ［英］基托：《希腊人》，徐卫翔、黄韬译，上海人民出版社2006年版，第122页。
⑤ ［英］基托：《希腊人》，徐卫翔、黄韬译，上海人民出版社2006年版，第122页。

权概念建立起来的复杂的等级社会，城邦与整个公民团体的平衡把它与其他古代国家区分开来，所有的公民都分享城邦的权利，这样的城邦的最发达形式在经济上完全是建立在动产奴隶制基础之上的，如果公民变成了臣民，他们的共同体也就不再是城邦了。① 这或许是对古希腊城邦奴隶制特征的最好的说明。

古希腊世界普遍实行奴隶制，但是奴隶制在多大程度上支撑起城邦国家的基本运行，这在不同的城邦国家还是有很大差异的。像斯巴达这样的城邦就几乎完全是建立在奴隶制基础之上的；至于雅典的奴隶制，则以奴役外邦人作为重要补充。古希腊历史学家特奥蓬波斯（Theopompus）曾说："开俄斯人是继色萨利人和拉西第梦人之后最早使用奴隶的人，但是他们获取奴隶的方式与后者不同；色萨利人和拉西第梦人通过征服原有居民，然后把他们变成奴隶的，开俄斯人的奴隶则是购买来的野蛮人。"② 尽管奴隶的来源有所不同，但希腊奴隶制的本质是相同的。不管是斯巴达的希洛人，还是开俄斯或雅典从海外买来的奴隶，他们的社会地位是基本相同的。总之，奴隶制是古希腊城邦文明的基本要素之一。③

（2）自足是城邦的主要经济目标

古希腊的城邦是一种小的政治单元，即"微型国家"。不仅城邦的人口较少，而且领土面积比较小；再加之，古代社会的生产力水平比较低下，希腊的自然资源也相对贫乏，这些都成为制约古希腊经济发展的不利因素，城邦在经济上也只能以自足为主要目标。柏拉图认为，由于人具有各种各样的生活需要，单靠个人是不能满足这些需要的，建立城邦的目的就在于满足人的各种需要。因此一个理想的城邦需要有各种职业存在，有农夫、瓦匠、纺织工人、鞋匠等，还要有商人，更要有保卫城邦的战士和治理城邦的统治者。总之，城邦国家的目标在于经济上的自足。④ 斯巴达就是一个明显的例子，斯巴达人不但

① ［美］莫里斯：《作为城市和国家的早期城邦》，转引自裔昭印：《古希腊的妇女——文化视域中的研究》，商务印书馆2001年版，第48页。

② M. I. Finley, *Economy and Society in Ancient Greece*, Penguin Books Ltd, 1981, p. 114.

③ M. I. Finley, *Economy and Society in Ancient Greece*, Penguin Books Ltd, 1981, p. 111.

④ ［古希腊］柏拉图：《理想国》，郭斌和、张竹明译，商务印书馆1986年版，第58页。

鄙视手工业和商业活动，而且通过立法的形式付诸实施。由于商业被认为是一种牟利的活动，斯巴达政府极力阻止商业的发展，并因此而铸造没有多大价值的小铁币。另一方面，斯巴达政府让庇里阿西人从事工商业活动，希洛人专门耕种土地。普鲁塔克认为，或许是为了使人们习惯于简朴的生活，莱库古在斯巴达建立公共食堂，实行共餐制。① 显然，斯巴达人以经济上的自足为目标，并采取一系列措施，尽力实现这一目标。

但是，斯巴达毕竟是古希腊世界一个特殊的城邦，尤其是在经济方面。一个正常的城邦绝不可能只限定于这种低层次的自足。经济自足是相对的，不是绝对的，因为人的欲望也是多方面的，并且会随着经济的发展而不断增多。亚里士多德一方面指出：城邦是为着某种善而建立的政治共同体，自足是城邦产生的目的和至善②；另一方面又指出："一个城邦共同体不能仅仅以生活为目的，而更应谋求优良的生活。"③ 可见，城邦的经济目标并不只限于低水平的生活，而是具有多层次需求的。它既要满足普通民众的基本生活需要，又要满足上层社会追求享乐生活的需要，甚至包括更高层次的政治生活和精神生活。

（3）经济因素影响城邦政策的制定

由于雅典城邦在古希腊世界中的突出地位，特别是通过提洛同盟在爱琴海地区发挥了巨大的领导作用，雅典民主制在希腊世界具有很大的代表性。因此，就经济要素与城邦政策的关系而言，雅典是一个比较突出的例子。

雅典城邦在政治上是一种典型的直接民主制，但它绝不是全民民主。按照雅典民主制的规定，只有公民才有资格参加公民大会等政治活动，而拥有公民资格最主要的前提条件是占有一定数量的土地。在雅典民主政治的初期，参与公民大会是没有任何津贴的。普通公民要经营自己的土地，尤其是居住在农村的一般公民，不得不为生计而劳作，没有太多的精力奔波于城乡之间。亚里士多德说："由于没有多少财产，他们没有闲暇，因而不能经常出席公民大会，

① ［古希腊］普鲁塔克：《希腊罗马名人传》（上册），陆永庭、吴彭鹏等译，商务印书馆1990年版，第99页。

② ［古希腊］亚里士多德：《政治学》，颜一、秦典华译，中国人民大学出版社2003年版，第4页。

③ ［古希腊］亚里士多德：《政治学》，颜一、秦典华译，中国人民大学出版社2003年版，第88页。

为了获取生活必需品他们终日操劳……所以他们不关心政治和官场，做官之类的事情并不能带来显著的收获。"① 所以，雅典政府后来采取发放津贴的方式，鼓励公民参与各种公共活动，包括政治选举、宗教活动、观看戏剧演出等。雅典上层对政治的执着，使他们也非常关心经济问题，尤其是政府的财政收入和粮食供应问题，由此产生国家干预经济的思想意识。在古风时代后期，希腊各城邦都存在各种货币收入方式，主要包括：罚金、港口的入港税、租金和税收等。而这些收入主要用于政府首脑们的开支，如公共工程、雇佣兵的薪酬、维持专业部门的费用，政府甚至在公民中间分配剩余收入。考古发现，大约在公元前550—前525年间出现在埃雷特里亚的一块法律碑文断片，上面就曾记载了用政府发行的钱币支付罚款的事件。② 根据希罗多德的记载，昔普诺斯人每年都要将一部分收入在民众中进行分配。③ 雅典人还曾将罗立温银矿的收入在公民中间进行分配。④

　　政府的大量财政开支，迫使城邦必须关注经济问题，这从古希腊早期货币的发行情况也可以得到证实。研究表明，古风时代中期，货币被引进到希腊世界后，希腊人开始根据自己的习惯发行这种铸币。考古发现，古希腊早期的铸币一般面值都比较大，不适合于一般的商业流通。几乎所有可查的资料都表明，古希腊的货币都是由政府或国家首脑们发行的。这意味着，古希腊早期货币存在商业动机的可能性是微乎其微的。也就是说，古希腊早期货币的政治功能是首要的，它强调的是发行者所属团体的权威，其经济功能则是次要的，或者是附属于政治功能的。⑤ 由于货币发行后所产生的重大经济后果，城邦也必然关注货币的发行，这间接地反映了政府对经济问题的关注。

　　在雅典民主政治发展的过程中，始终充斥着内部的政治斗争。为了扩大雅典民主制的基础，鼓励公民参与城邦的各种政治选举，雅典政府对于参加选举

---

① ［古希腊］亚里士多德：《政治学》，颜一、秦典华译，中国人民大学出版社2003年版，第213—214页。

② A. Snodgrass, *Archaic Greece : An Age of Experiment*, University of California Press, 1980, p. 135.

③ ［古希腊］希罗多德：《历史》，王以铸译，商务印书馆1959年版，第220页。

④ ［古希腊］普鲁塔克：《希腊罗马名人传》（上册），陆永庭、吴彭鹏等译，商务印书馆1990年版，第238页。

⑤ A. Snodgrass, *Archaic Greece : An Age of Experiment*, University of California Press, 1980, p. 136.

的公民给予一定的补贴，以提高他们参与民主政治的积极性。但在僭主政治时期，僭主们并不赞成公民参与政治。庇西特拉图被视为一个极端的人民倾向者，他甚至拨款借贷给农民。但是，根据亚里士多德的观点，他这样做的目的之一在于，"防止他们（农民）逗留城市，而使之散居乡村，又令他们有小康之产，忙于自己私事，而不愿意，也没有时间来留心公众事情"①。为了扩大民主制的基础，让每个公民都能行使他们的民主权利，伯利克里时代开始对参加民主选举等政治活动的公民给予一定的报酬。法官们根据其职责的性质给予不同的报酬，议事会的成员在公元前 4 世纪每天给予 5 个奥波尔——在公元前 5 世纪时可能没有这么高的津贴；陪审团的成员每天给予 2 个奥波尔的补助津贴，公元前 425 年提高到 3 个奥波尔。到后来，参加公民大会的公民给予 1 个奥波尔的补助金，后来又相继增加到 2 个 3 个奥波尔。由于每次分配给公民大会的钱都是有限的，有时为了鼓励公民积极参与公民大会，就把补助金发给最先到达的公民。再后来，发放补助金的比率越来越不规范，一般每天给予 1 德拉克玛（drachma），议事日程较多的 10 次常设会议每天给 1.5 德拉克玛。②

津贴的发放在一定程度上使雅典的民主政治活跃起来，但同时也给城邦政府带来经济上的压力。随着民主政治的日益完善，雅典政府的财政支出越来越大，单靠富人捐献的办法已经难以维持。于是，城邦政府采取各种干预经济的措施，如税收政策、控制货币发行、垄断银矿的开采、加强对市场的管理等，以此增加城邦政府的财政收入。为确保城邦获得稳定的财政收入，古希腊的许多城邦都对矿产资源实行垄断。但是，城邦政府并不直接经营这些矿场，而在保持对矿产资源所有权的前提下，将矿产出租给个人，由承包者自己经营，城邦只收取租赁税。矿场上的劳动者大多是奴隶，雅典的罗立温银矿就是一个典型的例子。而银矿的承包者常常是雅典的公民，其中的许多人都曾在公元前 4

---

① ［古希腊］亚里士多德：《雅典政制》，日知、力野译，商务印书馆 1959 年版，第 19 页。

② A. H. M. Jones, *Athenian Democracy*, The Johns Hopkins University Press, 1957, pp. 4–5.

世纪雅典的政治和社会生活中起到非常重要的作用。①

总之，经济因素在城邦的政治中是一个不可忽视的重要方面，有时甚至成为城邦制定政策的直接诱因。城邦的政治制度越完备，经济因素发挥作用的可能性就越大。这也体现了政治与经济之间相辅相成的复杂关系。

（4）经济因素影响城邦的外交政策

经济因素不仅影响着城邦的内政，而且对城邦政府制定的外交政策也发挥着重要作用。这种现象在海外贸易比较发达的沿海城邦更明显。雅典政府非常关心粮食供应问题，因此比较注意直接或间接地控制粮食来源。粮食进口贸易甚至对雅典的外交政策产生持续性影响，在与埃及和塞浦路斯的关系中就明显地表现出来。埃及在摆脱了波斯人的统治以后，很快加入了雅典领导下的提洛同盟，这对于雅典的粮食供应是非常重要的。塞浦路斯不仅战略位置非常重要，拥有丰富的矿产资源（特别是铜矿），而且岛上盛产谷物。因此，雅典曾几次尝试使该岛摆脱波斯人的统治。大约公元前 5 世纪中期，在埃及反对波斯帝国的斗争中，雅典积极支援埃及。② 尽管雅典的计划最终失败了，但这说明雅典城邦对粮食来源地的重视程度。据统计，公元前 4 世纪时，雅典每年要从黑海地区进口大量的粮食，保护黑海航线显得非常重要。史实也证明，雅典政府历来都非常重视对黑海航线的保护。庇西特拉图的儿子在赫勒斯滂一带进行殖民，其目的在很大程度上是为了保护雅典与黑海地区的贸易交通线，从而确保雅典的粮食供应。希波战争期间，来自黑海的粮食进口贸易一度中断。战争刚一结束，雅典就力图重新控制黑海海峡，以恢复与黑海地区的贸易关系，尤其是恢复粮食进口贸易。在伯罗奔尼撒战争期间，雅典派出一支特别卫队来保卫赫勒斯滂，以确保来自黑海的运粮船只顺利通过。③

科林斯是最早称霸爱琴海的城邦国家之一，到古风时代末，它的霸权受到

---

① M. M. Austin and P. Vidal-Naquet, *Economic and Social History of Ancient Greece：An Introduction*, University of California Press, 1977, p. 121.

② ［古希腊］修昔底德：《伯罗奔尼撒战争史》，徐松岩等译，广西师范大学出版社 2004 年版，第 54 页。

③ M. M. Austin and P. Vidal-Naquet, *Economic and Social History of Ancient Greece：An Introduction*, University of California Press, 1977, p. 115.

雅典和厄吉那等城邦的挑战。为了保护自己的海上利益，科林斯施展外交手段，支持雅典与厄吉那进行争夺。根据希罗多德的记载，公元前 487 年，科林斯曾借给雅典 20 只战船，以便使雅典人去进攻厄吉那。[①] 为了扩大在爱琴海地区的海上利益，雅典与厄吉那长期处于对抗状态。直到伯罗奔尼撒战争期间，雅典人占领厄吉那岛，把厄吉那人赶出该岛屿。[②] 可见，在古希腊，由于许多城邦无法实现经济上的自足，尤其是城邦内部无法自行解决，不得不向外部寻求解决的办法。因此，经济因素在一定程度上影响到各城邦的外交政策。

二、经济形态与经济思想的发展

（一）经济自足与海外贸易

古希腊的城邦是一种特殊的国家形态，经济上的自足、政治和军事上的独立，是城邦国家存在的至关重要的条件。经济自足是城邦赖以存在的物质基础，这其中还包含公民之间一定程度上的经济平等。经济自足是一种理想目标，它要求城邦政府把维持公民的基本生活作为其内外政策的基本出发点。但是理想与现实之间总是存在一定的差距，有时这种差距还会很大；即使在经济较为发达的古典时代，这种差距也是存在的。另外，由于城邦内在的平衡往往会由于社会和政治冲突而被打破，经济自足的目标是很难完全实现的。

对于古代社会而言，经济自足最主要靠的是粮食的自给。因此，拥有充足的土地是实现经济自足的基本前提条件。斯巴达在经济上基本实现了自足，把与外界的经济联系降低到最低限度。这主要是因为斯巴达控制了"拉西第梦凹地"的大片肥沃土地[③]，再加之斯巴达人专注于军事训练，反对追求物质享乐主义。但是，由于希腊的地形以山地为主，大多数地区土地资源缺乏，很多城邦无法实现粮食自给。在土地十分贫瘠的阿提卡地区，粮食的自给率就更低

---

① ［古希腊］希罗多德：《历史》，王以铸译，商务印书馆 1959 年版，第 440 页。

② ［古希腊］修昔底德：《伯罗奔尼撒战争史》，徐松岩等译，广西师范大学出版社 2004 年版，第 94 页。

③ M. M. Austin and P. Vidal-Naquet, *Economic and Social History of Ancient Greece: An Introduction*, University of California Press, 1977, p. 90.

了。早在古风时代，希腊世界就从埃及、黑海地区和西西里进口粮食；到古典时代，由于人口的增加，对粮食需求加大，许多城邦的粮食进口贸易都有了很大的发展，埃及、塞浦路斯、色萨利、色雷斯等也成了希腊粮食进口的重要来源地。公元前 5 世纪，雅典城的规模迅速扩大，人口激增，雅典的海外贸易空前繁荣，雅典城和庇里乌斯港成为东地中海地区的贸易中心，商业贸易在雅典社会经济中已经占有举足轻重的地位，以至于威尔·杜兰这样评价，"商业贸易是雅典经济的灵魂"。到伯利克里时代，雅典已经发展成为一个名副其实的"商业帝国"①。这时，雅典人不仅从黑海地区进口大量的谷物和干鱼，享用本地生产的橄榄油和葡萄酒，还能拥有腓尼基的椰枣、西西里的奶酪、波斯人制作的鞋、迦太基人制作的枕头、米利都人制作的床。② 正如亚里士多德所言："城邦是若干家庭和种族结合成的保障优良生活的共同体，以完美的、自足的生活为目标。"③ 可见，城邦不仅要实现经济上的自足，而且还有其不断提高的内在要求，也就是说，人们的生活需求也有不断提高的趋势。所以，粮食进口问题更是雅典公民大会所要讨论的重要议题之一，雅典城邦政府越来越关注海外贸易。

许多城邦政府鼓励发展海外贸易，促进了希腊世界的经济发展。到古典时期，希腊已经与发达的地中海贸易体系联结在一起。雅典、科林斯、厄吉那以及小亚细亚沿岸的希腊诸城邦，也都依赖大量的海外贸易来获得充足的生活资料。在公元前 432 年的伯罗奔尼撒同盟大会上，麦加拉代表认为，他们被排斥于雅典帝国的所有港口和市场之外，"这不仅是对麦加拉的不公正待遇，而且违背了有关条约的规定"④。在这里，我们可以看出，麦加拉政府对雅典的政策表示不满，这反映出他们也非常重视对外贸易。在古风时代早期，科林斯就是一个商业中心，海上贸易和陆路贸易都很发达，它的陶器生产相当有名，产品曾行销地中海各地。后来，科林斯依靠海军优势积极争夺海上霸权。到古典

---

① ［美］威尔·杜兰：《世界文明史·希腊的生活》，幼狮文化公司译，东方出版社 1999 年版，第 143 页。
② J. B. Bury, *The Cambridge Ancient History*, Vol. Ⅴ, Cambridge University Press, 1964, p. 16.
③ ［古希腊］亚里士多德：《政治学》，颜一、秦典华译，中国人民大学出版社 2003 年版，第 90 页。
④ ［古希腊］修昔底德：《伯罗奔尼撒战争史》，徐松岩等译，广西师范大学出版社 2004 年版，第 34 页。

时代结束时，厄吉那、雅典成为科林斯的主要竞争对手。

（二）奴隶的双重属性

为了保证奴隶主阶级的优裕的物质生活，并有闲暇参加各种政治活动、宗教庆典以及文体娱乐活动，奴隶主贵族高度关注奴隶制的稳定性，极力保证有足够的奴隶为他们从事生产劳动。奴隶主不仅把奴隶当作自己的私有财产，而且把奴隶看成是一种会说话的劳动工具，即"使用工具的工具"[1]。

雅典人热衷于政治，斯巴达人崇尚军事训练，城邦国家的生产劳动主要由奴隶来完成。斯巴达的奴隶制在整个希腊世界都非常突出，斯巴达人把所有的希洛人都变成奴隶。虽然每一个斯巴达人通常没有自己固定的奴隶，但是希洛人是整个斯巴达共同体的奴隶。希洛人为斯巴达人耕种土地，向他们的主人提供生活必需品。在战争期间，他们还要跟随在斯巴达重装步兵后面，为他们提供各种服务。因此，"在斯巴达，自由人是世界上最自由的人，奴隶则是最彻底的奴隶"[2]。根据希罗多德记载，在希波战争中，一支 5000 名斯巴达人组成的军队中，每个斯巴达战士配备 7 个希洛人作为侍从。[3] 在伯罗奔尼撒战争中，也有大量的希洛人作为斯巴达人的随从参与作战，甚至有 700 名希洛人曾作为重装步兵随伯拉西达出征。[4]

为了保证奴隶制度的正常运行，奴隶主阶级不仅把奴隶当成一种生产工具，而且要求奴隶必须忠于他们的主人，不能有丝毫的反叛。斯巴达人不仅要希洛人为他们耕种土地，而且要他们俯首听命，不能有任何反抗活动。为了消弭希洛人的反抗意志，斯巴达人成立了一种秘密行刑队，他们负责侦查和屠杀那些具有反抗精神的希洛人。[5] 这支秘密行刑队定期到希洛人居住区中进行侦查，一旦发现希洛人有反叛的迹象，就立刻加以诛杀。

---

[1] ［古希腊］亚里士多德：《政治学》，颜一、秦典华译，中国人民大学出版社 2003 年版，第 7 页。
[2] ［古希腊］普鲁塔克：《希腊罗马名人传》（上册），陆永庭、吴彭鹏等译，商务印书馆 1990 年版，第121 页。
[3] ［古希腊］希罗多德：《历史》，王以铸译，商务印书馆 1959 年版，第 626 页。
[4] ［古希腊］修昔底德：《伯罗奔尼撒战争史》，徐松岩等译，广西师范大学出版社 2004 年版，第237 页。
[5] ［古希腊］普鲁塔克：《希腊罗马名人传》（上册），陆永庭、吴彭鹏等译，商务印书馆 1990 年版，第120 页。

雅典城邦也普遍使用奴隶。在富人的家庭中、在作坊里、在田野中，尤其是在矿场中，都使用奴隶劳动。在许多公共领域也有奴隶，他们或负责雅典城的治安，或负责记录雅典政府的经济收支情况。雅典使用奴隶最多的是工矿业部门，如罗立温银矿。雅典人习惯将从银矿上得来的租金在公民中进行分配，其数量应该相当大。城邦将从银矿上得来的收入分给了公民，每个人分得 10 德拉克玛。公元前 480 年，根据雅典将军地米斯托克利的建议，城邦用这部分收入建造了 200 艘战船。① 根据这些巨额收入的状况来看，雅典的罗立温银矿应该使用大量的奴隶劳动。其他矿业部门也可能有类似的情况。尽管雅典的奴隶一般有较大的自由，雅典的普遍人道主义也是人人皆知的，但在采矿业劳动的奴隶所受的待遇是极为残酷的。矿工的工作时间长，劳动强度大，工作环境非常差，致使他们的寿命一般都比较短。雅典奴隶制的最大污点也许就在这里显示出来。

奴隶是其主人的一份财产，也是一种劳动工具。亚里士多德作为奴隶主阶级的代言人，在他的《政治学》中不仅明确表达出了这一经济思想，而且他从伦理的角度进行了论证，极力为奴隶制度辩护。古希腊城邦毕竟是奴隶制的国家，这一基本形态决定了奴隶主阶级的思想特征。无论是雅典的民主制，还是斯巴达的贵族寡头政制，统治阶级都非常关注奴隶问题。色诺芬也曾站在奴隶主阶级的立场上，建议雅典政府通过畜养奴隶的方法增加收入。② 事实上，当时雅典城邦有许多富人畜养奴隶，从事奴隶出租业务。奴隶贸易在雅典的海外贸易中占有非常重要的地位，尤其在古典时代，雅典从黑海地区进口大量的奴隶。

正是奴隶们的劳动为奴隶主阶级提供了生活之需，才使奴隶主阶级有更多的时间从事各种政治活动和娱乐活动。亚里士多德站在奴隶主阶级的立场上指出，"必须让最优秀的阶层有闲暇，并且不从事任何低贱的职业"，"让那些最有能力当政的人来当政"，"立法者即使不想让贤能之士免于贫困，总也应该

---

① ［古希腊］希罗多德：《历史》，王以铸译，商务印书馆 1959 年版，第 520—521 页。
② ［古希腊］色诺芬：《经济论·雅典的收入》，张伯健、陆大年译，商务印书馆 1961 年版，第 73 页。

保证当政者的闲暇"。①

可见，奴隶主把奴隶当作劳动工具，看成是自己的私有财产。从根本上说，这是奴隶制的阶级本质之所在。奴隶主阶级要维护统治秩序，就必须加强对奴隶的管理。只有奴隶阶级为他们提供了生活必需品，他们才有"闲暇"治理奴隶制城邦国家。

三、城邦对经济活动的干预

"经济"（economy）一词最早出现在古希腊，但那时它的含义与现在有很大不同，是指家庭管理。古希腊人没有形成独立的经济意识，但古希腊城邦已经有了现代意义上的经济行为。随着城邦制的日益完善，城邦国家机器不断发展，政府机构逐渐增多，各项制度和法律得以制定。在这种背景下，为了城邦政治的正常运行，城邦政府也往往直接或间接干预经济。其中主要有：参与部分海外贸易活动，制定财政政策，甚至直接控制一些经济部门等。

（一）重视海外贸易

根据亚里士多德的描述，"城邦是若干家庭和种族结合成的保障优良生活的共同体，以完美的、自足的生活为目标"②。显而易见，城邦在经济上首先以自足为目标。但是严酷的现实使希腊人无法完全依靠本土资源实现这一目标，社会生产力低下，自然资源相对贫乏，土地资源贫瘠且严重不足，希腊人不得不向外部世界寻求生活资料。同时，由于希腊奴隶制的相对不发达，社会劳动力缺乏的现象还是比较突出的。为此，到古典时代，随着城邦制的日益完善，许多城邦采取吸引外邦人（metics）定居的政策，造成城市人口迅速增长。尽管各城邦对外邦人的政策不尽一致，但有一点是相同的，那就是不允许这些外邦人拥有和经营土地。像厄吉那、科林斯、雅典等工商业发达的城邦，都有大量的外邦人定居或寄居。随着城市人口的不断增多，粮食供需矛盾更加突出，城邦不得不加大粮食进口。为了拥有稳定的粮食进口来源，城邦政府加

---

① ［古希腊］亚里士多德:《政治学》,颜一、秦典华译,中国人民大学出版社 2003 年版,第 66—67 页。
② ［古希腊］亚里士多德:《政治学》,颜一、秦典华译,中国人民大学出版社 2003 年版,第 88 页。

大对粮食进口贸易的监督管理。尤其是直接或间接控制粮食供应源，不仅是城邦的一项内政，而且成为城邦外交政策中经常起作用的因素。

早在古风时代，粮食进口贸易在希腊的海外贸易中就已经十分突出。现代考古研究表明，大约在公元前7世纪末，希腊人在埃及的诺克拉提建立起具有贸易港性质的城镇。① 不久以后，埃及成为古代世界的重要粮仓之一。因此，希腊的粮食进口贸易最早可能开始于公元前7世纪末。到古典时代，随着希腊人口的日益增长，城邦对粮食进口贸易越来越重视。以雅典为例，除了城邦政府中有专门负责食物供应的粮食监督委员会，采取司法措施保护城邦的粮食供应；同时还采取鼓励粮食商人的措施，因为这些从事海上粮食贸易的几乎全都是外邦人。"为此，城邦需要动用一切手段吸引外邦商人：让他们在剧场中坐主位，拿出公共开支为他们提供膳食，让他们在商业法庭上享有优先权。"② 城邦关注粮食进口问题的另一个重要表现是，通过军事护航保障粮食的海上运输。在希波战争期间，希腊世界与黑海地区的联系时常受阻，再加上海盗活动猖獗，保护海上航线成为城邦高度关注的事情。在古典时代，黑海地区已经成为希腊世界粮食进口的主要来源地。希波战争结束时，雅典一跃成为爱琴海地区的霸主，夺取了爱琴海沿岸包括拜占庭在内的许多战略要地，从而控制了希腊通往黑海地区的海上交通咽喉。在伯罗奔尼撒战争期间，雅典在苏尼昂海岬修筑防御工事，以确保粮食运输安全③。塞浦路斯岛上土地肥沃，盛产粮食。雅典人曾多次帮助塞浦路斯，试图使他们摆脱波斯人的统治。此外，西西里岛也成为希腊粮食进口的重要来源地。雅典在伯罗奔尼撒战争期间派大军远征西西里，很大程度上是为了控制这一片巨大的粮食产地。伯里克利发动对埃及的远征其目标仍是为了粮食。尽管这些努力都最终归于失败，但仍在一定程度上反映了雅典政府对粮食进口贸易的高度关注。

研究表明，雅典公民大会最为关注的两个重要议题：一是以粮食进口为主

① Astrid Möller, *Naukratis: Trade in Archaic Greece*, Oxford University Press, 2000, p. 182.
② ［德］约翰内斯·哈斯布鲁克:《古希腊贸易与政治》，陈思伟译，商务印书馆2019年版，第136页。
③ ［古希腊］修昔底德:《伯罗奔尼撒战争史》，徐松岩、黄贤全译，广西师范大学出版社2004年版，第432页。

的海外贸易问题；二是保卫城邦领土的问题。在议事会下有港口监督 10 人，他们的主要责任是监督港口市场，并责令商人将从海外输入的粮食中的 2/3 运到城内。① 根据公元前 4 世纪中期颁布的一项法令，雅典政府禁止任何居住在雅典的人（公民或外国侨民）贷款给那些从事谷物贸易，并把粮食进口到雅典以外的地方的商船。②

城邦不仅以自足为目标，同时追求优良、完美的生活。因此，城邦所关心的不仅仅是粮食的供应问题，还包括其他的生活用品，也包括一些奢侈品、外国的新奇商品等。尤其是随着殖民运动的兴起，一些人在海外贸易中大发横财，一时间在希腊各城邦中出现了一个富有阶层，并很快在社会上掀起了一种竞奢之风。尽管这是一种不良的社会风气，梭伦也曾下令禁止人们在丧葬活动方面的奢侈浪费现象，但是它在客观上刺激了希腊世界对奢侈品的需求。为了满足上层的生活需要，商人们把东方的大量奢侈品进口到希腊。这些奢侈品主要包括象牙、丝织品、犀牛角等。在希罗多德时代，希腊就有进口犀牛角的记载。③ 在伯利克里时代，雅典从海外进口的商品不仅有粮食、奶酪、咸鱼和椰枣等食品，还有其他日用品，如床具、拖鞋和枕头等。这些日常生活用品有的来自黑海和西西里岛地区，有的来自腓尼基、波斯、米利都、迦太基等地。④

可见，到古典时代，海外贸易已经成为希腊许多城邦经济生活中不可缺少的重要组成部分，古希腊商业经济的繁荣状况突出地表现为海外贸易的发展。这在一定程度上也是城邦重视海外贸易的表现和结果。

(二) 制定财政政策

1. 财政政策的出发点

古希腊城邦制的本质在于，它为整个国家的公民提供了一个参与集体活动的公共空间。在古希腊城邦中，公共活动的范围非常广泛，包括宗教活动、体

---

① ［古希腊］亚里士多德：《雅典政制》，日知、力野译，商务印书馆 1959 年版，第 54 页。

② M. M. Austin and P. Vidal-Naquet，*Economic and Social History of Ancient Greece：An Introduction*，University of California Press，1977，p. 292.

③ ［古希腊］希罗多德：《历史》，王以铸译，商务印书馆 1959 年版，第 512 页。

④ J. B. Bury，*The Cambridge Ancient History*，Vol. Ⅴ，Cambridge University Press，1964，p. 16.

育竞技活动、观看戏剧演出、城邦的选举活动和民主议事会等。有些集体活动不仅公民可以参加，外邦人和奴隶也可以参加，如城邦的宗教节日庆典活动和戏剧演出活动。但有些活动只能由拥有公民权的人参加，如公民大会、五百人议事会和法庭的审判活动。古希腊的城邦主要是一种国家形态，真正体现城邦特征的是其政治体系和政治活动。

为了进行城邦的公共活动，城市中建立了许多公共设施。在古典时代，随着城邦制的完善，雅典城中的公共建筑都修建起来。城市中的公共设施主要有：神庙、祭坛、公民大会议事厅、陪审法庭、体育场、剧场、市场、公共浴室、城市的道路和供水系统等。不仅城邦这些公共设施的修建和维护需要政府来承担，而且与这些设施相适应的公共活动也需要政府承担相关费用。由于参加活动的人比较多，这些费用也往往成为政府的一项较大开支。

宗教在古希腊城邦的形成和发展中曾经起到至关重要的作用。古希腊是一个城邦林立的世界，宗教在古希腊社会成为联结各地区乃至整个民族的一条重要纽带。在各城邦形成的过程中，甚至在殖民城邦建立的过程中，宗教都起到了一种精神纽带的作用。即使在城邦建立以后，宗教的这种纽带作用仍不可忽视。以雅典为例，早在庇西特拉图做雅典僭主时期，政府就大兴宗教建筑，并举行规模盛大的泛雅典娜节。到古典时代，政府主导的宗教节日进一步增多，除了泛雅典娜节，又有了大狄奥尼索斯节，以及提洛节、布洛罗尼亚节、厄柳西尼亚节等。在宗教节日里，政府不仅要把神庙修缮一番，更要准备牺牲等奉献，为饮宴活动准备酒、肉等食品。宗教节庆期间还要举行体育竞赛、戏剧演出以及游行活动。在戏剧演出之前，要召集演员及雇佣合唱团的成员进行训练。体育竞赛活动也需要准备奖品。正是由于这一系列的宗教事务，使得"宗教预算"成为国库的最大开支项目之一。[1] 另据研究表明，在古风时代，雅典城邦用于宗教活动的各项开支占国库总收入的 1/5。[2] 到古典时代，随着宗教节庆的增多，且其规模越来越大，这项开支也必然有所增加。

---

[1]　H. Michell, *The Economics of Ancient Greece*, Cambridge University press, 1940, p. 369.

[2]　A. Snodgrass, *Archaic Greece: An Age of Experiment*, University of California Press, 1980, p. 118.

为了保证城邦政治机器的正常运转，城邦政府需要很大的一笔开支。由于史料缺乏的原因，我们只能主要以雅典为例来说明这一问题。到古典时代，雅典政府建立起了一个较为庞大的机构，主要包括：以九大执政官为首的行政机关；以法庭为主的司法机关；公民大会和议事会等立法监督机构。每一种机关下面还有许多具体的行政机构和人员，根据亚里士多德的《雅典政制》，负责选举和赋税使用的各种委员会就有十多个：神庙缮修官 10 人；城市监督官 10 人；市场监督官 10 人；度量衡监督官 10 人；谷物看守 35 人；港口监督官 10 人；警吏号为"十一"的特殊警察；案件提出 5 人；负责巡回审理小案件的 40 人；街道建筑官 5 人；会计员 10 人及其助手 10 人。①

在古风时代，公民参与城邦的各种公共事务是没有任何薪酬的。公元前 5 世纪之后，雅典城邦开始对公共事务实行付薪制，整个政府机构的各类官员都需要支付薪酬，甚至负责城邦治安的 1000 名西徐亚弓箭手，都是城邦买来的公共奴隶，他们的衣食生活也需要政府来补贴。从伯里克利开始，政府设立看戏津贴、陪审费，以及其他补助和津贴。② 以陪审费为例，伯里克利时代每天给予每位陪审员的津贴为 2 个奥波尔；公元前 425 年，克勒翁将陪审员的津贴提高到 3 个奥波尔。雅典法庭每年开庭 300 天，法庭陪审员的法定人数为 6000 人；如果按每人每天 3 个奥波尔计算，法庭每天的陪审费就是 18000 个奥波尔，合计 3000 德拉克玛，即半个塔兰特。

后来，雅典政府对参加公民大会的人也发放津贴。根据亚里士多德的记载，公民参加公民大会，给予 1 德拉克玛，一次最高会议，给予 9 个奥波尔；参与陪审法庭，给予 3 个奥波尔；参加议事会，给予 5 个奥波尔，担任主席者，另加膳食费 1 个奥波尔。九执政官每人给予 4 个奥波尔的膳食费；萨拉米斯执政官每天给予 1 德拉克玛。③ 根据现代学者的统计，公元前 425 年以后，

---

① ［古希腊］亚里士多德：《雅典政制》，日知、力野译，商务印书馆 1959 年版，第 53—56 页。

② ［古希腊］普鲁塔克：《希腊罗马名人传》（上册），陆永庭、吴彭鹏等译，商务印书馆 1990 年版，第 470 页。

③ ［古希腊］亚里士多德：《雅典政制》，日知、力野译，商务印书馆 1959 年版，第 65 页。

议事会和陪审法庭每年需要支付的薪金总数在100—110塔兰特之间。① 而另据估计，公元前420年，雅典的总支出为700塔兰特左右，其中，维持常备军和海军的费用为300塔兰特，各项内政开支250塔兰特，用于宗教事务方面的开支为150塔兰特。② 可见，军费开支仍是城邦的最大支出事项。

对于战乱频仍的古希腊社会来说，进行战争的准备也是非常必要的。但是，"战争并不是军队的问题，而是一个钱的问题"③。因此，战争的巨大花费也提到了城邦政府的议事日程上来。即使在和平时期，城邦也必须把相当大的一部分开支用在军队的建设上。希波战争后，雅典要维持一支庞大的海军舰队，除了建造和维修船舰，还有维持海军部队的日常费用，在战争期间还要雇用水手和士兵。因此，军事费用是雅典政府的一项重要财政支出。在伯罗奔尼撒战争爆发前，雅典国库中已经拥有6000塔兰特的剩余资金，这些钱最终在战争期间被用作军费。因此，从某种意义上说，这些钱最终成为雅典的战争准备基金。④ 由于战争的长期性，雅典政府花掉这些资金后，要求盟国增加贡金，并一度恢复向富人征收财产税，甚至向神庙借贷。即使在战争期间，雅典政府也不惜冒险派遣海军舰队到各盟国征收贡金。远征西西里的军事行动失败以后，由于贡金的征收越来越困难，雅典政府采用提高关税的办法，将各盟国进出口货物的关税由2%提高到5%，以抵消他们应缴纳的贡金。

为了城邦的稳定，雅典政府还制定一些社会保障措施，如向丧失劳动能力的人提供最基本的生活保障，对于那些在战争中受伤致残的公民给予生活补助，战争中牺牲的烈士子女则由政府抚养成人。庇西特拉图曾制定过这样一条法律，"凡在战时因伤残废者，应受公费给养。"⑤ 根据亚里士多德的记载，希波达莫斯为米利都人制定的法律规定："在战斗中阵亡的人，其子女应当由公

---

① J. B. Bury, *The Cambridge Ancient History*, Vol. Ⅴ, Cambridge University Press, 1964, p. 30.

② H. Michell, *The Economics of Ancient Greece*, Cambridge University Press, 1940, p. 371.

③ J. B. Bury, *The Cambridge Ancient History*, Vol. Ⅴ, Cambridge University Press, 1940, p. 27.

④ A. H. M. Jones, *Athenian Democracy*, The Johns Hopkins University Press, 1957, p. 8.

⑤ [古希腊]普鲁塔克：《希腊罗马名人传》(上册)，陆永庭、吴彭鹏译，商务印书馆1990年版，第202页。

费来赡养。"亚里士多德认为，雅典和其他地方也有过这样的法规①。对于身体衰弱，丧失生产能力的人，雅典政府规定："由议事会从公众开支中供给他粮食津贴，每人每日以两个俄勃尔（obol）为度。"②

显而易见，到古典时代，随着希腊城邦制的日益完善，城邦国家已经建立起一套政治机构，城邦政府的财政开支也不断变大。这就迫使城邦政府干预经济活动，以便增加其财政收入，维持政府机构的正常运转，维护城邦社会的稳定。

2. 财政政策的内容

为了支付这些公共消费，城邦开始制定自己的财政政策。雅典是古典希腊最具代表性的城邦，它的财政政策也最完备。因此，雅典仍是说明这一问题的最典型例子。

首先，来自国家矿藏的收入是城邦财政的主要来源之一。由于阿提卡地区拥有许多银矿，政府将这些银矿出租给承包商，从中得到一笔不菲的收入。在雅典古城的阿格拉（agora）市场发现了几十块铭文，其中记载了雅典公卖官的一些活动。这些铭文中，包括了公元前367年—公元前366年银矿出租的一长串名单。第一段铭文中的租金总数为3310德拉克玛，第二段铭文中的租金总数为60德拉克玛，第三段铭文中的租金总数为50德拉克玛，第四段铭文中的租金总数为60德拉克玛，第五段铭文中的租金总数为20德拉克玛，第七段铭文中的租金总数为40德拉克玛，第九段铭文中的租金总数为150德拉克玛③。这些记录只是其中的一部分，并不能反映雅典政府出租银矿的全貌。但可以肯定的是，由于阿提卡地区拥有丰富的银矿资源，雅典政府也一定从中受益匪浅。雅典政府在古典时代所铸造的银币，绝大多数是用罗立温银矿所提供的银铸造的。最初，雅典政府将从银矿上得来的收入平分给每个公民。后来，在面临波斯入侵的危急时刻，雅典政府根据地米斯托克利的建议，用这些钱建

---

① ［古希腊］亚里士多德：《政治学》，颜一、秦典华译，中国人民大学出版社2003年版，第51页。

② ［古希腊］亚里士多德：《雅典政制》，日知、力野译，商务印书馆1959年版，第53页。

③ M. M. Austin and P. Vidal-Naquet, *Economic and Social History of Ancient Greece: An Introduction*, pp. 311-313.

造了一支由 200 艘战船组成的海军舰队①。除了罗立温地区的银矿外，还有马其顿和色撒利的金矿，它们都为雅典政府带来不少的收入。

其次，关税和商业税也是雅典政府的重要财政收入来源。古典时代的雅典，商业经济出现繁荣局面，尤其是海外贸易非常活跃。再加上政府鼓励外国侨民到雅典从事工商业，国内工商业十分兴旺。雅典政府通过征收税收关税和商业税，大大增加了财政收入。政府对进出口货物征收的关税率为 1%，后来进一步提高到 2%。古典盛期的雅典成为东地中海的一个经济中心，庇雷乌斯港成为亚洲地区与西地中海地区贸易联系的重要枢纽，许多东方的货物要经过这里运往西地中海地区。根据公元前 5 世纪末的演说家安多基德斯（Andocides）所提供的数据，政府每年从庇雷乌斯港的承包商那里获得的税金在 30—36 塔兰特②。为了加强对庇雷乌斯港口的管理，雅典政府在议事会下设港口监十人，负责监视港口市场③。希腊的商业活动突出地表现为海外贸易，科林斯、厄吉那、雅典，以及小亚细亚的米利都、开俄斯等都是以海外贸易而著称的城邦。到古典时代，雅典继科林斯和厄吉那之后成为爱琴海域的海上霸主。庇雷乌斯不仅是雅典的重要港口，而且成为爱琴海域，乃至整个东地中海地区的贸易中心。雅典政府在庇雷乌斯港设立市场监督员、度量衡监督员和谷物看守人等市场管理人员。

在古希腊，城市是整个国家的政治、宗教中心，也是工商业的集中地，尤其是到古典时代，城市作为城邦工商业中心的地位更加明显。在伯罗奔尼撒战争期间，面临斯巴达人的大举入侵，雅典政府曾号召居住在乡村的人们，放弃他们的乡村，到雅典城中居住。但是，他们对城市生活不太适应，正如狄开俄波利斯所言："我厌恶这种城市，思念我的乡村，那儿从来也不叫：'买木炭啊！''买醋啊！''买油啊！'从来不懂得这个'买'字，什么都出产，应有

---

① ［古希腊］希罗多德：《历史》，王以铸译，商务印书馆 1959 年版，第 521 页。

② M. M. Austin and P. Vidal-Naquet, *Economic and Social History of Ancient Greece：An Introduction*, p. 308.

③ ［古希腊］亚里士多德：《雅典政制》，日知、力野译，商务印书馆 1959 年版，第 54 页。

尽有。"① 这从侧面说明，商业已经成为城市生活中必不可少的重要组成部分，人们的许多生活必需品都需要通过商业途径获得。古希腊城市里通常有专门的市场，据考证，城市中的阿格拉（agora）最初是人们集会的公共场所，后来变成了市场②。为了与这些经济活动相适应，雅典城邦设有专门负责市场管理的官员。在雅典的五百人议事会下面，也有市场监督员、度量衡监督员和谷物看守人等，他们负责监督市场的商品质量、衡量以及谷物的价格等事务③。城邦还有许多的特别税收项目，如各种市场捐、交易税、执照税，以及卖奴税、娼妓税等。阿里斯托芬在《马蜂》中曾提到过多种税收项目，包括"税款、各种百一税、讼费、矿税、市场税、港口税、租金、没收品变卖金"，这些税款的总数将近两千塔兰特④。显然，这些税收项目也是雅典城邦政府财政收入的重要事项。

第三，提洛同盟各盟国的贡金是雅典政府最大的一项财政收入。提洛同盟实际上是一个由雅典所控制的"帝国"，雅典从各个同盟国交纳的贡金中得到很大一笔收入。各盟国交纳的贡金最初为460塔兰特，后来在伯罗奔尼撒战争期间增加到600塔兰特。此外雅典政府还有来自"帝国"的其他收入，总数每年达到600塔兰特，如来自海外土地的收益，其中包括没收同盟各国反叛政党或个人的财产。雅典政府还有一些其他的变相收入，如帝国的诉讼给法庭带来更多的收费，演说家和政治家们通过代理盟国的法律案件挣钱，提高了他们的收入⑤。各个盟国的贡金对于雅典来说是非常重要的，科林斯代表在第二次伯罗奔尼撒同盟大会上的演说中这样说："我们还可以用其他方法来进行战争。例如，煽动他们的同盟者反叛，就是剥夺他们的收入的最好办法，因为这些收入是雅典人的力量源泉。"⑥ 雅典将领阿尔基比阿德斯在斯巴达的一次讲

---

① ［古希腊］阿里斯托芬：《阿卡奈人·骑士》，罗念生译，上海人民出版社2006年版，第7—9页。

② G. Glotz, *The Greek City and its Institution*, London and New York, 1929, p. 20.

③ ［古希腊］亚里士多德：《雅典政制》，日知、力野译，商务印书馆1959年版，第54页。

④ ［古希腊］阿里斯托芬：《云·马蜂》，罗念生译，上海人民出版社2006年版，第167页。

⑤ A. H. M. Jones, *Athenian Democracy*, p. 6.

⑥ ［古希腊］修昔底德：《伯罗奔尼撒战争史》，徐松岩、黄贤全译，广西师范大学出版社2004年版，第63页。

演中也曾说过："雅典最重要的收入是其同盟者所缴纳的贡金。"① 显然，他说这话时已经叛逃雅典，是站在雅典的对立面上说的这番话，其目的在于鼓动斯巴达人去进攻雅典。这些说明盟国的贡金对雅典的重要性。

此外，城邦政府还有一些其他收入，如出租土地、房屋的租金，法庭的罚款。除了每个公民拥有一定的土地之外，雅典城邦还有一些公共土地，政府通常把这些土地出租给公民耕种，只负责征收租金。在雅典城中，还有许多的公共房屋，以出租给外邦人或临时寄居雅典的外国人居住，政府向他们收取租金。阿尔基比阿德斯认为，对于雅典的经济收入而言，除各盟国的贡金外，雅典还有从土地和法庭得到的收入。可见，法庭的罚款收入也不可忽视。当时雅典的法庭除了负责审判国内各种案件，还负责审判同盟国提出的诉讼案件，从中收取诉讼费和罚款。根据有关记录，雅典法庭对一般案件的罚款数目为1000德拉克玛，但对特殊案件的罚款就不同了。在希波战争中，雅典将领米尔提亚戴斯（Miltiades）因指挥失误而被处以50塔兰特的罚款，尽管他本人因伤势过重而死，但这些罚款仍由他儿子支付②。根据普鲁塔克记载，地米斯托克利因叛逃波斯而被没收的财产在80—130塔兰特之间；伯里克利因在战争期间指挥失误而被处以15—50塔兰特的罚款，以平息人们对他的不满③。尽管有些数目巨大的罚款无法收缴，但大多数罚款都能得到较好的收缴。法庭的罚款和没收物品所得，成为城邦国家财政收入的一个组成部分。

向公民和奴隶征收的人头税，以及向外邦人征收的特别税等，也是城邦政府的一项收入。色诺芬认为向外国侨民征收特别税是政府最好的收入来源之一，因为"外国人一方面维持他们自己的生活，一方面也给他们所寄居的国家提供很大的利益；他们不向公家领取津贴，却缴纳外国人应该担负的捐税"④。雅典城邦向外国侨民征收的人头税，一般男子每月缴纳一个德拉克玛，

---

① ［古希腊］修昔底德：《伯罗奔尼撒战争史》，徐松岩、黄贤全译，广西师范大学出版社2004年版，第371页。
② ［古希腊］希罗多德：《历史》，王以铸译，商务印书馆1959年版，第459页。
③ ［古希腊］普鲁塔克：《希腊罗马名人传》（上册），陆永庭、吴彭鹏译，商务印书馆1990年版，第261、497页。
④ ［古希腊］色诺芬：《经济论·雅典的收入》，张伯健、陆大年译，商务印书馆1961年版，第67页。

妇女缴纳半个德拉克玛①。

　　遇到战争等重大事情，雅典政府还经过公民大会表决同意，征收特种"财产税"。在庇西特拉图的僭主统治时期，在其财政体系中曾设置了一种对油类生产征收的固定税。雅典民主制建立以后，认为这种直接税是一种应急措施，是对公民自由的侵犯，与民主精神相违背，于是就把它废除了。在伯罗奔尼撒战争期间，由于受到财政的巨大压力，雅典政府重新恢复这种财产税。公元前428年，政府向拥有价值两千德拉克玛以上财产的公民征收财产税。据记载，这次征收的财产税总数达到200塔兰特②。到后来，战争的持续发展，以及雅典军队远征西西里的行动，使雅典的财政状况日益窘迫。为筹集更多的资金来支持战争，雅典政府提高了关税，对其同盟国的所有从海上进、出口的货物征收5%的关税，以取代向他们征收的贡赋③。

　　有时雅典政府也通过摊派的形式，向富人们征集资金，以解决暂时的财政困难。实际上，这种措施是一种社会捐助。例如，为了装备战舰而征收的三层桨座船捐，为了训练和供给戏剧演出的合唱队而征收的合唱队捐等。有时，城邦甚至通过借贷向私人或神庙举借公债。在伯罗奔尼撒战争前夕，伯里克利在公民大会上历数了雅典的财政来源，他还说，"其他神庙所储存的金钱，数目也是很可观的，它们都可以名正言顺地取来使用。甚至到了极其窘迫的时候，就是雅典娜女神像身上的黄金片也可以利用；因为雕像用了40塔兰特的纯金，并且都是可以取下来的"④。到古典时代，希腊世界的许多著名神庙都已经积累起丰富的资金和财产，它们有时也从事借贷活动，以城邦政府为主要借贷对象。在第二次伯罗奔尼撒同盟大会上，科林斯代表就曾建议盟邦，利用奥林匹

---

　　① M. I. Finley, *Economy and Society in Ancient Greece*, p. 262.

　　② ［古希腊］修昔底德：《伯罗奔尼撒战争史》，徐松岩、黄贤全译，广西师范大学出版社2004年版，第146页。

　　③ ［古希腊］修昔底德：《伯罗奔尼撒战争史》，徐松岩、黄贤全译，广西师范大学出版社2004年版，第393页。

　　④ ［古希腊］修昔底德：《伯罗奔尼撒战争史》，徐松岩、黄贤全译，广西师范大学出版社2004年版，第88页。

克神庙和德尔斐神庙的金钱建立自己的海军①。公元前422年，雅典就曾向雅典娜神庙借了一笔巨款。

作为雅典财政的一个重要方面，铸币的作用仍然是不可忽视的。不管古风时代希腊世界引进这种铸币的动机是否是经济方面的，但是它对经济带来的结果和影响却是非常深刻的。到古典时代，铸币的使用越来越广泛，到公元前4世纪的雅典，几乎所有的价值都以铸币的形式表现出来。大多数城邦一般都将自己的铸币限定在国内使用，但是雅典在这方面却是一个例外。早在公元前5世纪，雅典就曾经试图在同盟国中推行自己的度量标准和银币，当然这里面的动机应该主要是政治方面的，而不是经济方面的。雅典政府一直非常重视铸币的质量和纯度，其铸造的"鹰币"一直在希腊世界，甚至地中海地区享有很高的声誉。根据1970年在雅典古城遗址发现的一则铭文，雅典政府中有两名专职人员负责检查雅典和庇雷乌斯港的铸币质量。研究还证实了这两名监督员的身份：他们是雅典的公共奴隶②。雅典政府之所以如此重视货币的质量和纯度，很可能是出于财政方面的考虑，因为雅典的许多税收都是用货币形式来支付的，货币的质量和纯度直接影响到政府的财政收入。

3. 财政政策的影响

早在古风时代，雅典就曾为了财政目标而积极探索经济活动。庇西特拉图作雅典僭主时，就开始向富人征收财产税，一方面维持他的常备军，另一方面向贫穷的公民贷款。到古典时代，雅典虽然废除了财产税，但政府开始征收其他各种捐税，最主要的是关税、商业税以及向外邦人征收的特别税。为了应付伯罗奔尼撒战争，雅典政府曾一度恢复征收财产税。此外，雅典政府还利用它所控制的一些地产和房产，进行出租，以获取租金。

总体而言，古典时代雅典的财政政策带有很大的不稳定性，其中的许多税收政策具有很大的应急性。但毕竟雅典的财政政策是各个希腊城邦中最为完备

① ［古希腊］修昔底德：《伯罗奔尼撒战争史》，徐松岩、黄贤全译，广西师范大学出版社2004年版，第46页。

② M. M. Austin and P. Vidal-Naquet, *Economic and Social History of Ancient Greece: An Introduction*, p. 328.

的一种政策，在古希腊世界具有很大的代表性。雅典政府还在五百人议事会下设立了专门官员，以记载执政官任期内的财政收支情况，这些职位通常是由具有这方面的技术和经验的公共奴隶来担任。即使在古典时代，希腊各城邦的财政政策，无论就其目标而言，还是就其形式来说，都是相当不成熟的。因为城邦既没有财政预算，也没有一个长远的财政计划。有时城邦采取一些应急措施，来缓解其财政危机，这种情况尤其出现在战争等重大灾难期间。比如，有时城邦采取向富人摊派的方法解决财政支出，在宗教活动中这种情况较为普遍。在宗教节日期间，雅典常常要让富人出钱赞助戏剧演出。在战争期间，这种摊派更加频繁，由于战争的开支巨大，城邦有时还向外邦人进行摊派。从另一方面来看，城邦在处理财政盈余的方法上也表现出其财政政策的不成熟。城邦解决这类问题的方式是，或者使用在非经济性的事业上，如修建一些公共设施、宗教建筑或市政广场等；或者在公民中间平分这些钱财。

雅典政府让富裕公民承担某些公共活动费用，这在当初也许是一种自愿的行动。这对于那些富人们来说也许是一种非常荣誉的事情。正如亚里士多德所说："在有些事情上花钱铺张我们认为是荣耀的。这些花费包括同敬神有关的祭物、建筑、牺牲和所有同神事有关的花费，以及同公共荣誉相联系的公益捐助，例如义务地为合唱队提供设备、修建三层舰，或举办体面的公共宴会。"[1]

雅典曾经在希腊世界繁荣强盛一时，成为希腊世界，乃至东地中海的经济文化中心。雅典的这种繁荣昌盛，在一定程度上与它相对完备的财政政策是分不开的。正是由于雅典城邦拥有丰厚的财政收入，才得以支撑起了整个城邦的发达的政治、宗教和文化生活，甚至在一定程度上为支撑雅典"帝国"奠定了基础。

（三）城邦直接控制部分经济活动

古典城邦的税收通常是通过私人承包商来完成的，即国家把税收出租给某个承包商，承包商向城邦政府交纳足额的承包费。也就是说，城邦政府并不直接征收各种税。但对某些经济活动，城邦政府设置相关机构和官吏，由他们直

---

① ［古希腊］亚里士多德：《尼各马可伦理学》，廖申白译注，商务印书馆 2003 年版，第 104—105 页。

接管理经济活动。也就是说，政府通过这些官员直接控制某些经济活动。比如，公元前4世纪的雅典，议事会下面就有许多管理市场、港口和粮食贸易的官员，如市场监督官、度量衡监督官、监督谷物进口的看守官等。通过这些官员，雅典城邦直接控制许多商业活动，尤其是粮食进口贸易。在色萨利，有两种不同功能的阿格拉（agora），一种是专门用于宗教和政治活动的"自由人"的阿格拉；另一种是具有各种经济功能的阿格拉①。在《政治学》中，亚里士多德主张，在一个理想城邦中不仅要像色萨利那样建立一个"自由人广场"，而且"还应另给商旅之人单独修建一个广场，其地址应选在便于货物集运的地方，包括所有从海上或内陆运来的货物"②。

在《雅典的收入》一文中，色诺芬提出了增加雅典经济收入的方法，这些方法包括：开发阿提卡的土地潜力和矿山等自然资源，吸引更多的外国人侨居雅典，向商人提供优惠政策；他甚至还提出了国家蓄养奴隶的政策，即国家从市场上购买奴隶，以出租给需要奴隶劳动的人③。可见，色诺芬的思想中，不仅有了国家干预经济的想法，而且产生了国家直接从事经营活动的思想意识。

总之，城邦通过对市场和港口等的管理，以实现对经济活动的参与和控制。尽管城邦管理经济的初衷大多是出于政治方面的考虑，但这也说明城邦政府对经济问题的关注。城邦政府所代表的或许只是一部分人的利益，但在民主政治体制下，也不排除为民众谋取利益的成分。因此，城邦的经济政策在一定程度上反映了古希腊普通民众对经济因素的重视，这或许是古希腊社会中民众经济思想的一种体现，或者是普通民众的一种经济思想意识。

第三节　"麦提克"现象与古希腊奴隶制的特征

古代希腊是典型的奴隶制社会，奴隶既是当时社会中的主要劳动力，也是

---

① M. M. Austin, *Economic and Social History of Ancient Greece：An Introduction*, p. 124.
② ［古希腊］亚里士多德：《政治学》，颜一、秦典华译，中国人民大学出版社2003年版，第251页。
③ ［古希腊］色诺芬：《经济论·雅典的收入》，张伯健、陆大年译，商务印书馆1961年版，第73页。

奴隶主的一部分财产。也就是说，奴隶们是"会说话的工具"，是能够使用劳动工具的工具。但是，由于古希腊社会的特殊形态，如城邦制国家形态、民主制等多种形式的政体、公民集体身份制等，使得古希腊奴隶制没有得到充分的发展，尤其与后来古罗马时代的奴隶制相比较而言。其突出表现是，古希腊的奴隶大多从事家务劳动，也就是说他们大多是家奴（家仆）。奴隶参与生产劳动的现象并不普遍，他们只在少数生产领域里发挥重要作用。相形之下，古希腊各城邦大都生活着许多外邦人，即"麦提克（metic）"。由于他们的特殊身份和地位，"麦提克"成为古希腊经济生活中的一种重要角色，从而在某种意义上成为古希腊奴隶制的重要补充。

一、古希腊社会普遍存在 "麦提克"

公元前 8 世纪中期，希腊古典文明开始兴起。作为希腊古典文明的重要标志之一，各地纷纷建立起城邦制国家。在这个急剧变革的时期，许多城邦出于不同的目的而采取开放政策，吸引外邦人到本城邦定居。这些长期生活在各城邦中的外邦人被称为"麦提克（metic）"。许多资料表明，古代希腊社会普遍存在"麦提克"。

在古风时代，除斯巴达以外，几乎所有的希腊城邦都欢迎外邦人到本邦定居。梭伦在发布"解负令"的同时，还采取鼓励掌握某种技艺的外邦人来雅典的政策[1]。在僭主时代，雅典僭主庇西特拉图和科林斯僭主佩里安德都曾采取过类似的政策。据说斯巴达的先王们统治时期，曾有过授予外邦人公民权的习惯，尽管其目的是为了保持公民人数[2]。克里斯提尼曾把大量的外邦人编入雅典的各个部族中，甚至其中还包括"奴隶和侨居者"[3]。据统计，古代希腊世界有 70 多个城邦中生活着大量麦提克，其中最突出的就是雅典[4]。

---

[1] ［古希腊］普鲁塔克：《希腊罗马名人传》（上册），陆永庭、吴彭鹏等译，商务印书馆 1990 年版，第 193 页。

[2] ［古希腊］亚里士多德：《政治学》，颜一、秦典华译，中国人民大学出版社 2003 年版，第 58 页。

[3] ［古希腊］亚里士多德：《政治学》，颜一、秦典华译，中国人民大学出版社 2003 年版，第 74 页。

[4] Joint Association of Classical Teachers, *The World of Athens: An Introduction to Classical Athenian Culture*. New York: Cambridge University Press, 1984. p. 156.

由于城邦政府的鼓励政策，大量麦提克来到希腊各城邦中，从事手工业和商业活动，或者充当雇工，以糊口度日。梭伦在《正义》诗中这样描述："有人为了赚大利回家，坐船漂泊在鱼跃的大海上，任凭风暴把他吹来吹去，他丝毫不惜置生死于度外；有的人给人当雇工，操持弯犁，年年开垦那杂草丛生的土地；有的人靠双手做雅典娜和多才多艺的赫菲斯托斯教导的工作去谋生。"① 尽管诗人并没有具体说明这些雇工的身份，但从这些诗词的描述中我们不难看出，这些人常年受雇于别人，自己不可能拥有土地，必然就是外邦的侨居者，即"麦提克"。古风时代，不仅希腊农业生产中有许多雇工，而且手工行业中也会存在大量的雇工现象。例如，公元前600—前550年，雅典陶器制造业在希腊世界已经非常有名，其陶器出口到埃及的诺科拉提（Naucratis）、黑海地区甚至南俄一带。伊奥尼亚和爱琴海许多岛屿上的工匠纷纷来到雅典，因此陶器制造业中的工匠可能大多都是麦提克②。根据考古研究的一项统计，在雅典的一种带有黑色或红色图案的彩色陶器上，一般都带有陶工或画匠的名字。而在已知的这些陶工或画匠中，至少有一半是外邦人的名字③。显然，希腊各城邦的政策确实对许多外邦人产生了吸引力。而按照城邦制的有关规定，外邦人不能拥有土地，不能参与城邦的政治活动。因此，他们只能在手工业和工商业领域里寻找生存、发展的机会，要么自己经营店铺、作坊，要么受雇于店主、作坊主或商人。由于经营店铺、作坊等需要很大资金，大多数麦提克不得不充当雇工，以出卖劳动力为生。

到古典时代，随着工商业活动的日益活跃，希腊世界的经济逐步走向繁荣，对雇工的需求会进一步增加，雇佣劳动力现象更加普遍。不论在私营手工业和商业，还是在政府的公共工程中，都大量使用雇工。随着工商业经济的繁荣发展，再加上雅典因为控制着提洛同盟而成为爱琴海的霸主，雅典与各盟国之间的贸易往来会因政治关系而密切起来；雅典在同盟中的中心地位也会给雅

① 《古希腊抒情诗选》，水建馥译，人民文学出版社1988年版，第77页。

② H. Michell，M. A.，*The Economics of Ancient Greece*，London：Cambridge University press，1940. p. 297.

③ John Boardman and N. G. L. Hammond，*The Cambridge Ancient History*，Vol. Ⅲ，part3. New York：Cambridge University Press，1982. p. 430.

典城带来许多商业机会，因此，"由于雅典帝国的存在，数以千计的雅典日佣级公民得到了薪酬较高的稳定工作"①。柏拉图在《法律篇》中曾提到，"零售业有许多部门，包括许多低贱的雇佣关系在内"②。显然，雇佣制在古典时代有了很大程度的发展，雇工成为古希腊经济中的一个重要因素。因为古希腊的城市建筑或宗教建筑都是由政府承担的，所以建筑行业中存在大量雇工。在伯里克利时代，雅典政府大兴土木，并使用了大量工匠，主要包括："木工、铸工、铜匠、石匠、染匠、金匠、象牙匠、画匠、刺绣工、浮雕工，以及监督押运人员、商人，在海上有水手、舵工；在陆上又要有造大车的、喂牲口的、赶车的。还有编绳子的、织布的、制革的、筑路的、开矿的；各行各业，像将军带兵似的，都把自己召雇来的工匠编成一个个队伍。"③ 根据公元前409年至公元前408年希腊人修建伊瑞克提翁神庙的账目记录，71个已知的专业人员中，有35个麦提克、20个公民、16个奴隶，分别占49%、28%和23%④。

由于特殊的历史背景，雇佣制还曾在古希腊的军事领域里一度盛行。早在古风时代，有些城邦的僭主就使用雇佣兵，而且也有许多希腊人到东方国家做雇佣兵。根据希罗多德的记载，庇西特拉图就曾利用阿尔戈斯雇佣兵第三次夺取雅典政权⑤。埃及军队中有一支由希腊人和卡里亚人组成的雇佣军，尤其是国王阿玛西斯（Amasis）还曾有一支三万人的亲卫军，是由希腊人和卡里亚人组成的雇佣兵⑥。到古典时代，随着公民兵制度的日益衰落，很多城邦使用雇用兵充实军队，曾一度衰弱的雇佣兵制再次盛行起来。根据修昔底德的记载，在伯罗奔尼撒战争前，为了与科基拉人进行战争，科林斯不仅在伯罗奔尼撒地区招募桨手，而且以优厚的待遇招募希腊其他地方的桨手⑦。其他城邦也都大

---

① A. H. M. Jones. *Athenian Democracy*, Baltimore: The Johns Hopkins University Press, 1957, p. 8.
② ［古希腊］柏拉图：《柏拉图全集》（第三卷），王晓朝译，人民出版社2003年版，第686页。
③ ［古希腊］普鲁塔克：《希腊罗马名人传》（上册），陆永庭、吴彭鹏等译，商务印书馆1990年版，第474页。
④ ［法］G. 格洛兹：《古希腊的劳作》，解光云译，格致出版社、上海人民出版社2010年版，第179页。
⑤ ［古希腊］希罗多德：《历史》，王以铸译，商务印书馆1959年版，第29页。
⑥ ［古希腊］希罗多德：《历史》，王以铸译，商务印书馆1959年版，第184页。
⑦ ［古希腊］修昔底德：《伯罗奔尼撒战争史》，徐松岩、黄贤全译，广西师范大学出版社2004年版，第19页。

量使用雇佣兵，如萨摩斯等。雅典要为其他盟国提供海上保护，因此保持着一支庞大的海军力量。科林斯代表认为，雅典的主要军事力量依靠的是雇佣军，要对付雅典，他建议用高薪吸引雅典海军中的外国桨手①。根据色诺芬的描述，在雅典充当雇佣兵的外邦人主要有：里底亚人、叙利亚人、弗利治亚人和其他各国家来的蛮族人②。当希腊雇佣兵制发展到盛期，不仅雇佣兵在希腊战争中的作用越来越大，开始出现用雇佣兵代替公民兵的现象，甚至希腊雇佣兵开始大规模地走向海外，到东方国家专门为外国人打仗。在波斯小居鲁士的军队中，希腊雇佣兵成为基础力量。这些希腊雇佣兵来自希腊的约 30 个城邦，总数为 13000 人③。其中大部分是伯罗奔尼撒半岛上的贫穷国家阿卡狄亚人和亚该亚人，还有来自斯巴达、雅典的亡命徒，西西里和意大利的冒险家。雇佣兵制在希腊世界产生了深刻的影响，直到亚历山大远征时，波斯军队中仍有30000 多的希腊雇佣军④。

在有关古希腊历史的资料中，关于麦提克确切人数的唯一证据就是，法勒隆的德米特里曾在公元前 4 世纪末做过的一项调查。根据这项调查，当时在雅典的麦提克有 10000 人，而当时雅典的公民人数为 21000 人⑤。到古典时代，雅典成为东地中海的一个商业中心，生活在雅典的麦提克也越来越多。现代研究显示，伯罗奔尼撒战争前，雅典城邦的麦提克是其公民的 1/3；战后，麦提克与雅典公民的比例为 1：2⑥。到希腊化时代，雅典城中仍生活着大量的这种外邦人。

总之，古代希腊世界普遍存在大量的麦提克。这些外来人口必然对希腊社会产生极大的影响。尤其是在经济领域里，这些外邦人充当着重要角色。这些外邦人很难获得所在城邦的公民资格，因而只能在经济领域里发挥他们的作用。

---

① ［古希腊］修昔底德：《伯罗奔尼撒战争史》，徐松岩、黄贤全译，广西师范大学出版社 2004 年版，第 63 页。

② ［古希腊］色诺芬：《经济论·雅典的收入》，张伯健、陆大年译，商务印书馆 1961 年版，第 68 页。

③ ［古希腊］色诺芬：《长征记》，崔金戎译，商务印书馆 1985 年版，第 5 页。

④ ［古希腊］阿里安：《亚历山大远征记》，李活译，商务印书馆 1979 年版，第 66 页。

⑤ A. H. M. Jones, *Athenian Democracy*. Baltimore：The Johns Hopkins University Press,1957. p. 10.

⑥ H. Michell, M. A. , *The Economics of Ancient Greece*, London：Cambridge University press,1940. p. 148.

二、麦提克的归化问题

按照古希腊的传统，奴隶获得自由后并不能转化为公民，自然也就成为麦提克①。所以，有一些麦提克来自外邦，有一些则是从奴隶转化而来。当然，在这些麦提克中，有一些是希腊人，有一些是非希腊人，即希腊人所说的"蛮族"。苏格拉底的朋友西亚米就是来自底比斯城邦的麦提克，即有希腊血统的外邦人。就像色诺芬所提到的那样，在伯罗奔尼撒战争中，雅典政府曾让麦提克充当重装步兵，甚至在战舰上充当桨手。

关于麦提克的社会地位，阿里斯托芬有一段形象的比喻：雅典人是麦子，暂时来雅典进贡看戏的外邦人是壳子，侨居雅典的外邦人算是面粉里带的麸子②。也就是说他们没有寄居城邦的公民资格，也因此失去了许多与公民有关的权利。比如在雅典，麦提克不能亲自向法庭提起诉讼，必须在公民中寻找一位保护人，让其代为诉讼。其次，他们不能承担城邦的公职，也不能做神庙的祭司。此外，他们在城邦政府中没有发言权，更没有投票权。在有些城邦中，麦提克不能随便与公民的子女结婚；如果他们与公民的子女结婚，那么他们的孩子也是非法的，不能拥有公民权。可见，麦提克是古希腊社会中的一个特殊阶层，他们的社会地位应该处在公民和奴隶之间。

麦提克的社会地位并非都是一成不变的，因为各城邦在不同的历史时期对待麦提克的政策也有所不同，麦提克有时也可以获得所在城邦的公民权，从而成为城邦的一位公民。在雅典的历史上，政府曾多次采取鼓励外邦人到本城邦居住的政策。梭伦时代还曾就外邦人归化为公民的问题采取一定措施，规定全家迁来雅典从事某种行业的人可以归化为雅典公民。普鲁塔克认为此举的目的在于："以归化为公民的充分保证吸引这些特定的人到雅典来。"③ 麦提克有时通过与公民或公民的子女结婚，使他们的子女获得公民资格。就像雅典这样较

---

① ［英］基托：《希腊人》，徐卫翔、黄韬译，上海人民出版社 2006 年版，第 232 页。
② ［古希腊］阿里斯托芬：《云·马蜂》，罗念生译，上海人民出版社 2006 年版，第 39 页。
③ ［古希腊］普鲁塔克：《希腊罗马名人传》（上册），陆永庭、吴彭鹏等译，商务印书馆 1990 年版，第 193 页。

为开放的城邦，这种现象应该是比较常见的。根据普鲁塔克的记载，希波战争
中的雅典著名将领地米斯托克利的母亲是卡里亚人①；同时，客蒙的母亲有色
雷斯血统②。只是到了伯里克利时代，雅典政府才一度出于特殊需要而对雅典
公民权的获得条件做出严格规定。当时正值伯罗奔尼撒战争期间，雅典出现粮
食危机，埃及国王曾送给雅典四万墨迪姆诺斯粮食。当政府准备将这些粮食分
给其公民时，发现其中有许多人是麦提克与雅典公民的私生子。雅典政府随即
进行审查，发现有近5000人属于这种私生子身份。就这次审查的标准，伯里
克利此前曾颁布过一条法律，规定只有父母双方都是雅典人的那些子嗣才算是
雅典人③。这表明，在此之前有许多麦提克与雅典公民或公民的子女结婚，通
过这种联姻形式使他们的子女获得公民权。而这次追查事件也是在雅典发生粮
食危机的特殊情况下发生的。由此不难推断，雅典城中平时应该生活着大量的
麦提克。根据弗格森先生的估计，伯里克利时代的阿提卡地区有约30万人口，
其中外国人占1/6，即5万人左右④。考虑到伯里克利时代的雅典已经走向繁
荣，成为希腊世界经济最发达的城邦、整个东地中海地区的商业中心，也许这
个数字并没有被过分地夸大⑤。

　　另一方面，由于各个城邦的政治体制不同，对待麦提克归化为公民的问题
也不尽相同。亚里士多德告诉我们："有许多城邦的法律却吸收外邦人为公
民，在平民政体下，只要其母亲是公民，一个人就可以成为公民，还有不少城
邦甚至以同样的方式让私生子也成了公民。这样做法的原因在于人口稀少，城
邦缺乏正宗的公民，便只好以这类人权充公民之数。然而一俟公民人数回增，

---

　　①　[古希腊]普鲁塔克：《希腊罗马名人传》（上册），陆永庭、吴彭鹏等译，商务印书馆1990年版，第
235页。
　　②　[古希腊]普鲁塔克：《希腊罗马名人传》（上册），陆永庭、吴彭鹏等译，商务印书馆1990年版，第
385页。
　　③　[古希腊]普鲁塔克：《希腊罗马名人传》（上册），陆永庭、吴彭鹏等译，商务印书馆1990年版，第
499页。
　　④　[美]威廉·弗格森：《希腊帝国主义》，晏绍祥译，上海三联书店2005年版，第23页。
　　⑤　哈蒙德认为，伯里克利的"黄金时代"，雅典有外邦人近30000人（参见：N. G. L. Hammond and
H. H. Scullard, *The Oxford Classical Dictionary*. Second edition, p. 862）。而新版《剑桥古代史》认为，伯罗奔尼
撒战争爆发前，雅典的外邦人约50000人（参见：D. M. Lewis and John Boardman and J. K. Davis and
M. Ostwald, *The Cambrige Ancient History*, Vol. V, p. 83.）。

父亲或母亲是奴隶者首先就被排除于公民之外，随后排除的是那些只有母亲一方是公民的人；最后，公民的身份仅限于父母双方都是公民的人。"① 显然，希腊各城邦对待外邦人归化问题的政策存在一定差异。即使在同一城邦，在不同时期对待外邦人的政策也有所不同。

尽管麦提克有时也能够获得所在城邦的公民资格，但这种机会毕竟很有限。如果不是在特殊情况下，或者麦提克有功于城邦，城邦政府是不会轻易授予麦提克公民权的。毕竟公民才是古希腊城邦政治的最深厚的基础，"政治至上"的希腊人是不可能轻易扩大公民团体的。

三、麦提克的经济角色

根据亚里士多德的定义，"凡有资格参与城邦的议事和审判事务的人，都可以被称为该城邦的公民"②。显然，拥有公民权是参与城邦政治事务的前提条件，没有公民权的麦提克只能在经济、文化等领域里施展他们的才华。同时又因为只有公民才能拥有和经营土地，所以麦提克的经济活动只能限制在手工业、商业贸易和银行等领域里。

首先，作为一种雇佣劳动力，麦提克在各种手工业领域中占有非常突出的地位。在石头加工业、建筑业、木工行业，在颜料的进口与销售行业，以及装饰行业，麦提克都占有绝对的优势。根据公元前409年前后一份修建神庙的记录，在71个承包商和劳力中，雅典公民只有21个；在14个木匠中，雅典公民只占了5个；在40个石工中，只有10个公民；在14个劳力和2个锯木工中，竟没有任何公民；在8个粗磨雕刻工中，有3个公民；在10个上等雕刻工中，只有一个人是雅典公民；在金匠和画匠中，没有一个人属于公民③。在有些行业，如纺织行业、皮革加工业、制鞋业和陶器制作，麦提克几乎占据垄断地位。以陶器制造业为例，科林斯、雅典和厄吉那等城邦在陶器制造方面都比较突出。到公元前600—前550年，雅典陶器制作工艺就超过科林斯和厄吉

---

① [古希腊]亚里士多德:《政治学》,颜一、秦典华译,中国人民大学出版社2003年版,第81页。
② [古希腊]亚里士多德:《政治学》,颜一、秦典华译,中国人民大学出版社2003年版,第72页。
③ H. Michell, M. A. , *The Economics of Ancient Greece*, Cambridge University press, 1940, p. 126.

那，雅典人制作的陶器出口到地中海各地，尤其是埃及的诺科拉
提（Naucratis）、黑海沿岸地区，甚至远销南俄一带。这时，雅典陶器制造业
的发达，也吸引着伊奥尼亚和爱琴海许多岛屿上的工匠，他们纷纷来到雅典。
其他手工业中也有许多麦提克从事生产活动，在金、铅和铁等金属加工方面，
希腊的公共工程的记录中所提到的工匠都是麦提克。公元前401—前400年，
雅典推翻三十僭主的统治。这次行动中，有许多麦提克参与。事后雅典政府通
过投票通过了一项荣誉法令，以奖励这些参与行动的麦提克。史实表明，这些
麦提克大都从事一些低贱的职业：农民、厨师、木匠、赶骡人、建筑工人、园
丁、赶驴人、商人、卖坚果的人、面包工、漂洗工、被雇佣的仆人、雕刻
匠[①]。由于无权经营土地，城邦政府一般是不允许麦提克从事矿业开采。但我
们在有关资料中发现了这样一个例外，色雷斯人索西亚斯（Sosias）曾被雅典
政府允许参与罗立温银矿的开采工作，后来竟然成为最突出的一个承包商[②]。
在《雅典的收入》中，色诺芬也曾建议让麦提克参与雅典银矿的开采，前提
是他们同公民一样缴纳税款[③]。

　　在商业领域里，麦提克同样占有非常突出的地位。尤其是在海外贸易中，
麦提克几乎完全掌握了希腊世界的进口贸易。经过古风时代的殖民运动，希腊
人逐渐与地中海各地和黑海周围建立起广泛的贸易联系，希腊世界越来越具有
开放性。到古典时代，希腊世界对海外贸易的依赖越来越明显，尤其是粮食进
口贸易显得十分突出。甚至对于有些城邦而言，海外粮食贸易至关重要，如雅
典、厄吉那等。当时雅典粮食进口的来源非常广泛，除黑海周围以外，还有西
西里岛、意大利、埃及、塞浦路斯、色萨利、色雷斯等地。其中，黑海地区是
雅典粮食进口的最主要来源地，同时黑海地区的咸鱼也大量进口到雅典。雅典
的粮食贸易和咸鱼生意几乎被麦提克所垄断，凯罗菲鲁斯（Chaerephilus）和
他的儿子们是从黑海地区进口咸鱼的最大贸易商。由于他们对雅典的贡献，受

---

① ［英］保罗·卡特里奇：《剑桥插图古希腊史》，郭小凌、张俊等译，山东画报出版社2005年版，第117页。

② H. Michell，M. A.，*The Economics of Ancient Greece*，Cambridge University press，1940，p. 146.

③ ［古希腊］色诺芬：《经济论·雅典的收入》，张伯健、陆大年译，商务印书馆1961年版，第70页。

到城邦政府的嘉奖，并特别授予他们公民权①。到伯利克里时代，雅典已经发展成为一个名副其实的"商业帝国"，正如伯里克利所言："我们的城邦如此伟大，它把全世界的产品都带到我们的港口。因此，对雅典人而言，享受其他地方的产品，就如同享受本地的奢侈品一样。"② 可见，对于热衷于选举和诉讼的雅典人来说，如果没有麦提克在商业领域里的努力经营，就不可能有他们的富足生活。

在银行业中，麦提克更是占据了垄断地位。这或许与希腊人对银行业的一种错误认识有一定关系，而这种错误认识在柏拉图和亚里士多德那里得到了集中的体现。柏拉图鄙视商人们唯利是图的行为，更反对高利贷行为，主张禁止放钱取利和抵押放债。亚里士多德则从分析货币的基本功能入手，极力批判有息借贷现象。他认为"高利贷"是各种商业活动中"最为可恶的"，因为"它是用金钱来牟取暴利，而不是通过金钱的自然目的来获利。……这就是在所有的致富方式中高利贷何以最违背自然的原因"③。从另一方面来看，他们对高利贷活动持批判的态度，这说明有些麦提克银行家们确实从银钱借贷中获利匪浅，甚至有些人因此变得相当富有。古希腊最有名的银行家帕辛就是一个靠放高利贷起家的麦提克，到公元前 370 年他去世时，他的家产已达近 40 塔兰特。他曾送给雅典城邦 1000 个盾牌，还曾自己出资装备 5 艘三层桨战舰，他也因此获得了雅典的公民资格。在他的 40 塔兰特家产中，包括约 20 塔兰特的地产④。事实上，一些麦提克都从事多种经营，许多大银行家同时也兼营其他行业。帕辛不仅掌握着好几家汇兑银行，他灵活地支配客户在其银行中的存款，并将其中一部分作为贷款借出，而另一部分则用来投资商业。他还有一个生意兴隆的盾牌厂。后来，帕辛的奴隶福密俄获得自由，从而成为麦提克。帕辛去世以后，福密俄与他的遗孀结了婚，并因此继承了帕辛的银行。同时，福密俄

---

① H. Michell, M. A. ,*The Economics of Ancient Greece*, Cambridge University press, 1940. p. 298.
② [古希腊]修昔底德:《伯罗奔尼撒战争史》,徐松岩、黄贤全译,广西师范大学出版社 2004 年版,第 99 页。
③ [古希腊]亚里士多德:《政治学》,颜一、秦典华译,中国人民大学出版社 2003 年版,第 21 页。
④ [英]纳撒尼尔哈里斯:《古希腊生活》,李广琴译,希望出版社 2006 年版,第 78—79 页。

在拜占庭拥有几艘船只。据推断，这些船只很可能是福密俄从事谷物贸易的运输工具①。

麦提克不仅用自己的辛勤劳动为希腊人提供各种生活必需品以及奢侈品，而且为各城邦的财政收入贡献了力量。麦提克一般要向城邦缴纳一种人头税，在市场上从事商业活动还要缴纳相关的各种商业税。在雅典，人头税是城邦的重要税收项目之一，政府除向一般公民和奴隶征收人头税外，还向外邦人征收特别税。雅典人认为直接税与民主制的精神不相符，就废除了曾使用过的直接税制。但是他们并不反对向外邦人征收直接税，所以雅典政府继续向那些长期居住在雅典城的麦提克征收人头税，其数额一般是男人每月缴纳一个德拉克玛，妇女缴纳半个德拉克玛②。在色诺芬为雅典提出的增加财政收入方法中，鼓励外国人到雅典居住，就是其中的方法之一。在色诺芬看来，这些外邦人为了维持自己的生活而从事各种工作，另一方面还给所在的城邦国家带来好处，他们不向城邦政府领取津贴，却缴纳外国人应缴纳的捐税③。麦提克商人在市场上从事商业活动时，还要向城邦缴纳一种特别的商业税。考虑到雅典城邦中有那么多的麦提克，我们不难想象，麦提克应该向雅典政府缴纳各种税，这也必然给雅典政府带来一笔数目可观的财政收入。

此外，由于麦提克不能拥有自己的房屋，他们只能租住富裕公民的房子，或者租住城邦的公共房屋。雅典政府掌握着许多公共财产，其中包括一些城市中的房屋。这些房屋大多是政府没收罪犯财产得来的。根据雅典的法律规定，对于叛国罪一般处以没收高额罚金，或没收财产。雅典的民主政治活动往往充满了激烈的党派斗争，许多政治犯也往往被判处没收财产的惩处。因此，麦提克每年还要将房屋租金交给雅典政府。

关于麦提克在古代雅典的社会经济中所发挥的作用，或许基托先生的评价更具有代表性："在公元前4世纪阿提卡的产业和贸易方面，雅典公民只扮演了一个小小的角色，而外国定居者则起了很大的作用，其原因并不是因为雅典

---

① H. Michell, M. A. , *The Economics of Ancient Greece*, Cambridge University press, 1940. p. 366.
② H. Michell, M. A. , *The Economics of Ancient Greece*, Cambridge University press, 1940. p. 262.
③ ［古希腊］色诺芬：《经济论·雅典的收入》，张伯健、陆大年译，商务印书馆1961年版，第67页。

人是单靠奴隶生活的，而是因为他们更多的是依靠城邦生活的。"① 在这些外邦人当中，虽然多为普通的劳动者和商人，但其中也不乏能工巧匠，以及哲学家、著作家和艺术家。尤其是在古典时代，希腊世界的繁荣局面产生了很大的吸引力。这时，许多哲学家、作家、学者和艺术家等，都纷纷来到雅典，在一种广阔自由的天地中施展他们的才能。阿那克萨哥那是克拉左门尼人，20 岁即移居雅典，是第一位定居雅典的外邦哲学家。著名哲学家德谟克里特、普罗泰格拉，历史学家希罗多德，著名诗人品达，著名画家阿嘉塔古斯，雕刻家阿里斯提翁、米隆、克利斯拉斯、波里塞图斯和阿尔卡美奈斯，画家波力诺托斯、帕拉哈休斯等都是外邦人②。这些人都来自雅典以外，并都曾到雅典游历，有的工作在雅典，有的甚至久居雅典。亚里士多德就是以麦提克的身份进入柏拉图学园内学习研究的，而且后来他还在雅典创办了吕库姆学园。为了生活的需要，这些麦提克一方面从事工商业活动，一方面进行科学、文学和艺术创作，或从事律师、医生等职业。他们不仅为希腊的经济繁荣做出了贡献，而且还丰富了希腊世界的文化生活，对希腊的文化成就奉献出自己的智慧。

与奴隶相比，麦提克拥有一定的财产，有人身自由，活跃在希腊世界的经济舞台上。但从政治的角度来看，麦提克不能参与城邦的政治活动，甚至没有提起诉讼的权利，在政治上根本没有发言权。他们只是为奴隶制城邦提供各种生活便利，为城邦的政治提供经济基础。在城邦出现危急时，他们还要为城邦承担各种额外的义务。在这个意义上讲，麦提克与奴隶并没有多大的差别。正如亚里士多德所言："满足生活必需的劳役中，奴隶为某一个人效劳，工匠和雇工则效劳于城邦共同体。"③ 因此，虽然麦提克具有一定的人身自由，但他们仍然无法脱离城邦，他们实际上成为整个城邦的"奴仆"。

---

① ［英］基托：《希腊人》，徐卫翔、黄韬译，上海人民出版社 2006 年版，第 135 页。
② 解光云：《古典时期的雅典城市研究》，中国社会科学出版社 2006 年版，第 133 页。
③ ［古希腊］亚里士多德：《政治学》，颜一、秦典华译，中国人民大学出版社 2003 年版，第 81 页。

第四节　经济视角中的古希腊战争观

古希腊人对战争有着特殊的看法，作为古希腊最著名的思想家，亚里士多德关于战争的论述最具有代表性。亚里士多德不仅把掠夺列为五种基本的获取方式之一，而且进一步把战争看作是一种符合"自然法则"的获取技术。如果从历史渊源来分析，这些论述显然受到《荷马史诗》的深刻影响，再加上战争的频繁发生、雇佣兵制的流行，这些都是亚里士多德战争观形成的深刻社会根源。

亚里士多德认为，希腊人维持生计的基本手段有五种：畜牧、农耕、掠夺、捕鱼和狩猎。在此基础上，他进一步指出："战争技术乃是一门关于获取的自然技术，作为包括狩猎在内的有关获取的技术，它是一门这样的技术，即我们应当用它来捕获野兽，并捉拿那些天生就应当由他人来管理而不愿臣服的人；这样的战争自然而公正。"[①] 这也许是对古希腊战争观的一种高度概括，即古希腊人更多的是把战争看作是一种生存手段。在现代人看来，这种观点把战争看作是以获取物质利益为主要目标的经济行为。其实，亚里士多德的战争观与其经济思想密切相连，尤其是与他的财产观联系在一起。在他看来，奴隶是其主人的财产，而且"有些人天生即是自由的，有些人天生就是奴隶，对于后者来说，被奴役不仅有益而且是公正"[②]。亚里士多德的战争观是对古希腊社会现象的一种高度概括，而造成这种思想认识的根本原因，除了科学技术不发达、社会生产力低下等因素之外，更主要的是古代希腊社会的深刻历史背景。

作为古希腊思想的集大成者，亚里士多德的战争观首先是受到《荷马史诗》的深刻影响。《荷马史诗》素有希腊"圣经"之称，在古希腊社会有着广

---

① ［古希腊］亚里士多德：《政治学》，颜一、秦典华译，中国人民大学出版社 2003 年版，第 15 页。
② ［古希腊］亚里士多德：《政治学》，颜一、秦典华译，中国人民大学出版社 2003 年版，第 11 页。

泛而深刻的影响。苏格拉底认为，荷马是"最伟大、最神圣的诗人①。因此，这两部史诗不仅在古希腊社会的民间普遍传诵，而且还是当时学校教育的主要内容。史诗是初级学校学生的必读著作，而治理国家的人更应该学习史诗中那些"最重大最美好的事情——战争和智慧问题、城邦治理问题和人的教育问题"②。可见，战争在古希腊人思想意识中占有重要地位。

对于《荷马史诗》，可谓智者见智，仁者见仁。但是，作为一部以特洛伊战争为背景的著作，其中对战争的描写占据了很大的比例，这些描述也必然会在希腊人的思想意识中留下深刻的烙印。无论从战争的目标，还是从具体的作战过程来看，掠夺财富的本质都非常明显。从大的方面来看，希腊人发动这场战争的目的不仅仅在于夺回被抢走的美女海伦和财产，更重要的是，希腊人可以借此机会大肆掠夺财富。特洛伊城具有非常重要的战略地位，其周围地区是一片广阔的平原，不仅水草丰美，而且土地肥沃，物产丰富。因此，掠夺特洛伊的财富，这才是希腊人发动这场战争的主要目的。根据考古发现，特洛伊古城遗址下面共有九层，这表明特洛伊城在历史上遭到毁灭性打击不止一次。

在古代世界，地中海地区历来海盗活动猖獗。作为地中海文明的重要组成部分之一，古希腊文明也深受影响。根据修昔底德的记载，"在早期时代，不论是居住在沿海或是岛屿上的人们，不论他们是希腊人还是非希腊人，由于海上交往更加普遍，他们在最强有力的人物的领导下热衷于从事海上劫掠"，"他们是以此来谋得大部分的生活资料"。甚至到修昔底德生活的时代，"大陆上某些居民仍以曾是成功的劫掠者而自豪"，"同样的劫掠也在陆地上流行"③。在古代社会中，战争、殖民、劫掠以及贸易往往是交织在一起的，很难把它们截然分开，这种现象在地中海地区表现得尤为突出。在阿伽门农的营帐里，不仅装满了青铜，还有许多妇女，这些都是希腊人的战利品④。当特勒马科斯向

---

① [古希腊]柏拉图:《柏拉图全集》(第一卷)，王晓朝译，人民出版社2003年版，第299页。
② [古希腊]柏拉图:《理想国》，郭斌和、张竹明译，商务印书馆1986年版，第394页。
③ [古希腊]修昔底德:《伯罗奔尼撒战争史》，徐松岩、黄贤全译，广西师范大学出版社2004年版，第5页。
④ [古希腊]荷马:《荷马史诗·伊利亚特》，罗念生、王焕生译，人民文学出版社1994年版，第34页。

涅斯托尔打听父亲的消息时，涅斯托尔这样说，"我们如何乘船在阿基琉斯的率领下，在云雾迷漫的大海上漂泊，追求财富"①。可见，在古希腊早期的战争中，掠夺财富成为最直接的目标之一。

在进攻特洛伊的战争中，希腊人采取一种以战养战的政策，一路不断抢劫，夺取财富，有时甚至掠取妇女。他们把掠夺来的妇女关在军营中，让她们作仆役，或把她们作为礼物送给别人，或赏赐给下属，或作为奖品奖励给体育竞赛中的优胜者。据记载，在希腊军队前往特洛亚的路上，他们在海上劫掠了十二座城市，在陆路抢劫了十一座城市，夺取了大量财物，并全部交给了阿伽门农②。在为亡友帕特罗克洛斯举行葬礼的竞技会上，阿基琉斯为竞赛提供了许多奖品，其中还包括"许多腰带美丽的妇女"③。在战争结束后，希腊将领们将夺取到的大量财富带回希腊大陆。当墨涅拉奥斯回到希腊时，他不仅把貌美的海伦带回家中，而且"带回来无数财宝，装满了各条海船"④。因此，从某种意义上说，特洛伊战争就是希腊人进行的一次大规模掠夺活动。

在荷马所描述的精彩战斗画面中，我们常会看这样的场景：战胜的将领把被杀的敌方将领的盔甲剥下来，作为战利品带走。这样的场景在《伊利亚特》中不下二十余处。希腊人的这种习惯做法使我们把战争与经济目标联系在一起，因为古代希腊人的武器、头盔、铠甲、盾牌等都是非常贵重的物品。根据古希腊的传统，军队在胜利归来后，要将大量战利品作为一种什一税奉献给神庙，甚至到古典时代和希腊化时代，希腊世界仍普遍存在这种现象。因此，武器、头盔、铠甲和盾牌因具有重要经济价值而成为希腊将士在战斗中抢夺的重要目标。同时，希腊人将在战争中捉到的俘虏，或者变卖为奴隶，或者向俘虏的家人索取一定的赎金。当墨涅拉奥斯要杀死阿德瑞斯托时，后者连忙求饶："阿特柔斯的儿子，请把我生擒，好换取等价的金子。我父亲富有，家里储存着大量财宝，有铜有金和精炼的熟铁，要是父亲听说我在阿开奥斯船上，他会

---

① ［古希腊］荷马：《荷马史诗·奥德赛》，王焕生译，人民文学出版社1994年版，第38页。
② ［古希腊］荷马：《荷马史诗·伊利亚特》，罗念生、王焕生译，人民文学出版社1994年版，第200页。
③ ［古希腊］荷马：《荷马史诗·伊利亚特》，罗念生、王焕生译，人民文学出版社1994年版，第528页。
④ ［古希腊］荷马：《荷马史诗·奥德赛》，王焕生译，人民文学出版社1994年版，第46页。

心甘情愿赠送你无数的赎礼。"① 奥德修斯和狄奥墨德斯夜探敌营时，捉住了特洛伊人的探子多隆，他也发出同样哀求："你们活捉我吧，我将为自己赎身，我家里储有铜块、黄金和精炼的灰铁，我父亲会用来向你们献上无数的礼物。"② 为了赎回赫克托尔的尸体，特洛伊人的国王普里阿摩斯亲自给阿基琉斯送去大量的赎金，包括许多袍子、斗篷、毛毯、披衫、衬袍，还有十塔兰同金子，以及色雷斯人送给他的珍宝：两个三脚鼎、四口大锅、一只精美的酒杯③。在史诗中，这样的例子还有许多。当奥德修斯打败众多求婚人时，他这样说道："高傲无耻的求婚人宰杀了许多肥羊，大部分将由我靠劫夺补充，其他的将由阿开奥斯人馈赠，充满所有的羊圈。"④

对于《荷马史诗》在古代希腊社会中的影响，古希腊著名喜剧作家阿里斯托芬曾有过这样的描述："赫西俄德传授农作术、耕种的时令、收获的季节；而神圣的荷马之所以获得光荣，受人尊敬，难道不是因为他给了我们有益的教诲，教我们怎样列阵，怎样鼓励士气，怎样武装我们的军队吗？"⑤ 诗人对这些劫掠行为不仅没有表现出任何指责，好像掠夺活动是获取财富的一种理所当然的正常手段。这种观点也必然直接影响到后来的希腊人，从而在古希腊人的思想意识中留下深刻的烙印。在古希腊经济思想中，特别是古风时代的经济思想中，明显存在歧视手工业和商业的倾向。在斯巴达人的心目中，孜孜于手工技艺，营营于积聚钱财，是非常下贱的事情⑥。热衷于民主政治的雅典人，同样对手工业和商业活动采取鄙视态度。柏拉图虽然也承认各种手工业者和商人对城邦的必要性，但他认为商业活动是不体面的事情，应该让住在雅典的"野蛮人"去干。相比之下，苏格拉底和柏拉图都把军事活动看作是一种技艺。亚里士多德同样贬低商人，对零售商尤其指责，"最为可恶的是高利

---

① [古希腊]荷马:《荷马史诗·伊利亚特》,罗念生、王焕生译,人民文学出版社1994年版,第132页。
② [古希腊]荷马:《荷马史诗·奥德赛》,王焕生译,人民文学出版社1994年版,第228页。
③ [古希腊]荷马:《荷马史诗·伊利亚特》,罗念生、王焕生译,人民文学出版社1994年版,第560页。
④ [古希腊]荷马:《荷马史诗·奥德赛》,王焕生译,人民文学出版社1994年版,第436页。
⑤ [古希腊]阿里斯托芬《地母节妇女·蛙》,罗念生译,上海人民出版社2006年版,第193页。
⑥ [古希腊]普鲁塔克:《希腊罗马名人传》(上册),陆永庭、吴彭鹏等译,商务印书馆1990年版,第116页。

贷"，在他看来高利贷是所有致富方式中"最违背自然"的一种①。而对于战争行为，亚里士多德几乎未有任何指责，反而极力为战争辩护，认为它是合乎奴隶制道德规范的，是一门符合"自然法则"的获取技艺。

古希腊人的生存环境相对来说比较艰难，不仅希腊的土地贫瘠，而且天气等自然环境也是相对较差的，降雨量少，且集中在夏季。艰难的生存环境，再加上当时的社会生产力低下，希腊人常常进行劫掠活动，甚至发动战争，借以弥补生活的不足。战争是残酷的，进行战争的成本和代价也是相当高的。但是，古希腊人通过劳动获得财富的效率非常低。相比之下，通过发动战争可以迅速获得大量财富，包括耕地、奴隶和其他动产。因此，古希腊社会一直充斥着劫掠活动和战争。

古风时代正是希腊世界由氏族制向城邦国家过渡的时期，随着城邦的出现，农业的经济地位不断上升，土地的重要性日益显现，对土地的争夺也迅速加剧。希腊世界出现的城邦国家先后有数百个之多，各城邦之间必然为了争夺边界和边界上的土地而不断发生冲突，甚至有时上升为战争。根据古希腊的传说，古风时代最早的战争发生在公元前720年左右的科林斯和麦加拉之间，起因是双方对边境地区的领土争夺。发生在公元前8世纪末的利兰坦战争，也是由于双方对利兰坦平原的争夺而引起的。斯巴达人多次对美赛尼亚人发动战争，其目的也是为土地扩张。总之，古风早期的战争多与争夺土地有关。正如马克斯·韦伯所言，"在古代，获得肥沃的、能生租养息的土地还是战争的正常目的"②。

掠夺土地成为古风时代战争的重要目标之一，除了传统习惯的思想影响以外，更深层次的原因是，随着城邦的出现而在制度领域发生了一系列变化。古希腊城邦是一种公民俱乐部，公民成为城邦制度中至关重要的因素。由于希腊各城邦都实行公民兵制，拥有公民权是占有土地的前提条件，因此公民的政治、经济权利又与承担兵役义务联系在一起。公元前621年，雅典执政官德拉

---

① ［古希腊］亚里士多德：《政治学》，颜一、秦典华译，中国人民大学出版社2003年版，第21页。

② ［德］马克斯·韦伯：《经济与社会》（下卷），林荣远译，商务印书馆1997年版，第144页。

科制定法典，其中规定："凡能自备武装的人有公民权利，这些人进行选举，九执政官和一些司库官由财产不少于十明那且无负累的人们中选出，其余低级官吏由能够自备武装的人们中选出。"① 这时，希腊世界在军事领域也发生了许多变化，荷马时代相对松散的英雄主义作战方式开始让位于排列密集的步兵方阵。重装步兵正是适应这种新的作战方式而出现的。由于这种作战方阵的安排更加需要士兵之间的密切配合，以便协同作战。因此，这种作战形式更加体现士兵之间的平等关系，与希腊城邦实行的民主制是相适应的。同时，希腊人有在公民之间分配战利品的习惯，也使得战争的目标与公民的经济利益联系在一起。正如马克斯·韦伯的评价，作为希腊公民的政治俱乐部，希腊民主制要把战争果实——贡物、土地等——在其成员中进行重新分配②。

希波战争拉开希腊古典时代的序幕，伯罗奔尼撒战争则成为古希腊历史上的一个具有决定性意义的转折点，"公元前4世纪希腊历史的许多特征都是随着这场战争出现的，甚至部分是由它引起的"，从公元前431—前338年之间的近百年间，大规模的战争几乎从未中断过③。显而易见，战争频繁仍是古典时代希腊历史上的一大特点。不过，与古风时代相比，古典时代的战争有了许多显著的变化，比如战争的规模越来越大，联盟战争越来越多，海军舰队在战争中的作用更加突出，轻装步兵也开始在战争中发挥作用。这些变化使战争具有了很大的征服性，但是古希腊人通过战争掠夺财富的传统仍然保持着，战争仍是希腊人获取财富的一种方式。

但在另一方面，古典时代的战争规模更大，性质也发生了一定的变化。雅典在希波战争中建立起在爱琴海世界的霸权，而伯罗奔尼撒战争爆发的真正原因正是雅典的这种霸权的不断增长，直接威胁到希腊世界另一大国斯巴达的国家利益。正如修昔底德所言："拉栖代梦人之所以认定和约已经被破坏，并且

---

① ［古希腊］亚里士多德：《雅典政制》，日知、力野译，商务印书馆1959年版，第7页。

② M. M. Austin and P. Vidal-Naquet, *Economic and Social History: An Introduction*, California: University of California Press, 1977, p. 6.

③ M. M. Austin and P. Vidal-Naquet, *Economic and Social History: An Introduction*, California: University of California Press, 1977, p. 132.

必须宣战，不是因为他们的同盟者说服了他们，而是因为他们害怕雅典的势力日益增长，而是因为他们看到希腊的大部分地区已经臣属于雅典人了。"[1] 显而易见，到古典时代，希腊世界的战争目标已经发生了一定的变化，显示出征服战争的性质。但是不可否认，这个时期的战争并未完全抛弃传统习惯，如把战俘卖掉，把占领地区的居民变卖为奴隶，抢劫财物等，甚至掠夺土地。可见，希腊人通过战争掠夺财富的性质并未改变。更重要的是，通过战争或战争威慑可以使同盟国称臣纳贡。比如，希波战争后，雅典利用战争中树立起来的威望，通过其控制的提洛同盟每年可以得到 460 塔兰特的贡金，到伯罗奔尼撒战争前夕这个数字增加到 600 塔兰特[2]。此外，雅典每年还可以从帝国得到 600 塔兰特的其他收入，以及来自海外土地的收益，其中主要是没收同盟各国反叛的政党或个人的财产[3]。据统计，到公元前 454 年，同盟的金库由提洛岛转移至雅典时，库存备用资金达 8000 塔兰特。至公元前 446 年 "三十年和约"签订时，库存资金更多达 9700 塔兰特[4]。

那么，我们如何看待这些贡金与战争的关系呢？首先是战争规模的日益扩大，增加了战争的成本，战争的胜败对双方的影响都非常大，甚至关系到国家的生死存亡。因此，各城邦对战争更加慎重，尤其是那些小邦。同时，大国以强大的武力作为威慑，迫使小国纳贡称臣。这样不战而达到自己的战略目标，他们又何乐而不为！雅典以强大的海军力量为后盾，迫使许多城邦纳贡，这些贡金对雅典经济的繁荣起到重要作用。当时的著名演说家德莫斯提尼曾这样说，雅典由于反对波斯人的战争而变得富有和伟大[5]。色诺芬也认为，"许多平民已经靠战争增加了他们的财产；许多王公也是如此"[6]。那些出身高贵的将领们更是在战争中大发横财，像客蒙、地米斯托克利等人。根据普鲁塔克的

---

① ［古希腊］修昔底德：《伯罗奔尼撒战争史》，徐松岩、黄贤全译，广西师范大学出版社 2004 年版，第 46 页。

② ［古希腊］修昔底德：《伯罗奔尼撒战争史》，谢德风译，商务印书馆 1960 年版，第 115 页。

③ A. H. M. Jones，*Athenian Democracy*，Basil Blackwell，1957，p. 8.

④ M. I. Finley，*The Economy and Society in Ancient Greece*，London，1981，p. 51.

⑤ Demosthenes，*Orations*，Leob Classical Library，Harvard University Press，1998，p. 78.

⑥ ［古希腊］色诺芬：《经济论·雅典的收入》，张伯健、陆大年译，商务印书馆 1961 年版，第 4 页。

记载，在地米斯托克利登上政治舞台之前，他的财产不足3塔兰特。通过战争，他不仅立下显赫的战功，而且迅速致富。到公元前471年他被放逐时，其财产被充公的有80—100塔兰特，况且这还不是他的全部财产①。著名政治家伯里克利的观点应该更具有代表性，他认为雅典之所以占有提洛同盟的公款，因为雅典替他们打仗，这笔钱理所当然应该由雅典来支配，这已经属于雅典的财富了②。

伯罗奔尼撒战争实际上是一场争霸战争，但是战争中依然存在掠夺财富的现象。正如有现代学者认为，即使在实行国家付薪制度以后，城邦军队的供养与其说是依靠国家，还不如说是依赖于战利品的掠夺③。在这个时期的战争中，掳夺人口的现象仍很频繁。在伯罗奔尼撒战争前夕，科林斯人曾与科西拉人发生战争，科林斯人曾将八百名科西拉战俘卖掉。在伯罗奔尼撒战争中，劫夺现象更加明显。公元前422年，雅典人进攻卡尔息狄斯，在攻下托伦城后，他们将当地的妇女和儿童都变卖为奴隶④。总之，即使到古典时代的希腊社会，通过战争手段掠夺人口和财富的现象还都是相当普遍的。

无论是希罗多德还是修昔底德，几乎都没有对战争中的掠夺行为表现出任何指责。甚至亚里士多德还强调古希腊社会形成的一条约定俗成的法则，即"在战争中被夺取捕获的东西应当为胜利者所有"⑤。根据这一法则，希腊人可以把战俘卖掉，或当作奴隶，也可以向战俘的家属勒索赎金。亚里士多德对这一思想的深刻阐述，不仅是受到《荷马史诗》的影响，也是对古希腊战争中充满掠夺现象的一种高度概括。他在继承这种思想意识的基础上，加以发展和提炼，并进行理论上的论证，使战争中掠夺人口的行为变得更加合乎奴隶制的道德规范，奴隶制度也更加具有"自然"性和"公正"性。

---

① ［古希腊］普鲁塔克：《希腊罗马名人传》（上册），陆永庭、吴彭鹏等译，商务印书馆1990年版，第261页。

② ［古希腊］普鲁塔克：《希腊罗马名人传》（上册），陆永庭、吴彭鹏等译，商务印书馆1990年版，第474页。

③ Anthony Snodgrass, *The Age of Experiment*, California: University of California Press, 1980, p130.

④ ［古希腊］修昔底德：《伯罗奔尼撒战争史》，徐松岩、黄贤全译，广西师范大学出版社2004年版，第268页。

⑤ ［古希腊］亚里士多德：《政治学》，颜一、秦典华译，中国人民大学出版社2003年版，第10页。

　　就战争与经济的关系而言，如果说战争中的掠夺活动只是暂时的，而把当兵打仗看作一种职业就更具有代表性了，雇佣兵就是这样一种职业。在古风时代和古典时代，雇佣兵制曾在希腊的许多城邦盛行。雅典僭主庇西特拉图就曾建立起一支以雇佣兵为主的武装力量，这支武装力量作为他维持僭主统治的支柱；科林斯僭主佩里安德也曾利用雇佣兵维护自己的统治地位。在古风时代的殖民运动中，大批的希腊人涌向海外。虽然这些人大多是为了寻求土地而走向海外，但其中也不乏在国外做雇佣兵的希腊人。资料表明，早在公元前7世纪中后期，埃及国王萨美提卡斯一世曾建立强大的海军和陆军，其中这支武装力量大部分是希腊雇佣兵。他利用这支武装力量使埃及的疆域不断扩大，因此他留给其后继者的是一个硕大的埃及国家。萨美提卡斯一世还曾向希腊雇佣兵赠予土地，阿普里埃斯及其后继者阿莫西斯都曾招募伊奥尼亚雇佣兵和卡里亚雇佣兵。根据希罗多德的记载，阿普里埃斯的卫队中，有由伊奥尼亚人和卡里亚人所组成的一支三万人的亲卫军①。

　　在古风时代后期，随着希腊早期僭主政治的衰退，雇佣兵在希腊世界一度销声匿迹。但在伯罗奔尼撒战争的影响下，雇佣兵又重新出现在希腊世界。其间，雅典、科林斯和斯巴达等城邦都大量招募雇佣兵，他们作为公民兵的重要辅助力量参与作战。这时，希腊的公民兵制已经开始发生动摇，雇佣兵制越来越流行。在伯罗奔尼撒战争期间，伯里克利不仅在雅典公民中发放各种津贴，而且将原来偶尔向士兵发放薪金的做法固定化；雅典海军中雇用了大量的划桨手和士兵。士兵薪金的制度化是当时希腊社会变革的一种表现，它反映了希腊社会经济与军事上的某种联系越来越密切。伯罗奔尼撒战争结束后，希腊世界并没有出现和平的景象，各城邦国家之间仍在不断进行战争。雇佣兵制因此得到进一步的发展，并逐步达到其发展史上的全盛时期②。

　　当希腊雇佣兵制发展到盛期，不仅雇佣兵在希腊战争中的作用越来越大，开始出现用雇佣兵代替公民兵的现象，而且希腊雇佣兵开始大规模地走向海

---

　　①　［古希腊］希罗多德：《历史》，王以铸译，商务印书馆1959年版，第184页。
　　②　郭小凌：《希腊军制的变革与城邦危机》，《世界历史》1994年第6期，第65—72页。

外，到东方国家专门为外国人打仗。在波斯小居鲁士的军队中，希腊雇佣兵成为基干力量。对此，色诺芬的《长征记》和阿里安的《亚历山大远征记》都有不同程度的记载。

雇佣兵与公民兵有所不同，特别是在与经济的关系方面，二者有着本质的不同。在公民兵制下，士兵把从事战争当作义务，是为城邦打仗。虽然他们可能在战争中进行抢劫活动，但这只能算是战争的一种副产品。而在雇佣兵制下，情况就大不相同了，雇佣兵打仗的目的就是从其雇主那里得到佣金，他们在作战中常常从事抢劫活动。有时这种抢劫活动受到别有用心的雇主的纵容，比如当小居鲁士率领希腊雇佣军来到弗里吉亚境内时，他让军队在吕考尼亚随便抢劫，因为该地是他的敌手的辖区①。获得佣金是雇佣兵的唯一目标，随着雇佣兵制的日益流行，希腊人越来越把战争看作是一种谋生手段。尤其是在生活艰难，无以为计时，许多希腊人选择充当雇佣兵，以获取生活来源。甚至像色诺芬那样出身于富人家庭、受过贵族教育的人，在政治失败的情况下，逃到国外后也以充当雇佣兵为生。可见，在古希腊社会，以充当雇佣兵作为一种职业，已经被人们所认可。

在希波战争中，雅典军队和联军在塞斯托斯和拜占庭抓到很多"蛮人"战俘，在分配这些战利品时，联军把战俘身上的金首饰、项链甚至外袍等拿走了，而雅典得到的是战俘。结果，战俘的家属们很快用高价把战俘赎走，雅典将军客蒙用这笔钱为他的舰队支付了四个月的军饷、粮秣，还把许多黄金交给了雅典城邦②。作为古希腊文明的经济基础，奴隶制得到古希腊人的认可，奴隶被当作主人财产的一个组成部分。这必然与古希腊人的战争观有一定关系，因为古代希腊的许多奴隶来自战俘，或从奴隶市场上买来的战俘奴隶。

在古希腊人的战争观的背后有着深刻的社会根源，它是古希腊特殊社会条件下的产物，深刻反映了当时的社会现实。不仅《荷马史诗》的战争观被思想家们所接受，古风古典时代战争中的掠夺习惯也得到他们的认可。在"理

---

① [古希腊]色诺芬:《长征记》,崔金戎译,商务印书馆1985年版,第7页。
② [古希腊]普鲁塔克:《希腊罗马名人传》(上册),陆永庭、吴彭鹏等译,商务印书馆1990年版,第392页。

想国"的设计方案中，柏拉图把军队打仗看成是一种技艺，一种与农夫种田、鞋匠做鞋一样的技艺①；在《法律篇》中，柏拉图把将军和其他军事专家称为"从事战争的工匠"②。其实，这种思想在苏格拉底那里就有所反映③；作为柏拉图的弟子，亚里士多德的战争观念也必然从其老师那里得到许多启发，甚至比他老师的思想更加具有现实主义色彩，也就更具有代表性。

按照马克思主义的阶级分析法，亚里士多德的战争观在某种程度上是为奴隶主阶级服务的，为奴隶主阶级发动的掠夺战争进行辩护。在另一方面，这也反映了古希腊人对经济学的认识尚处于萌芽阶段，还不能把战争从经济现象中区分出来。从根本上来说，古希腊人对战争有着特殊的看法，这与当时社会生产力低下的现实有着密不可分的联系，当然更与古希腊长期形成的社会历史传统有直接的关系。

第五节 古希腊民众的经济意识及其特点

在古典希腊社会，柏拉图、色诺芬、亚里士多德等人都是站在时代前列的思想家，他们的经济思想代表了一种精英思想。但是，这些并不是希腊经济思想的全部内容，普通民众的经济思想意识也是其中的一个重要部分，同时也是精英经济思想产生的基础。尽管古希腊民众的经济思想意识并不像精英思想那样具体而深刻，但是民众经济思想意识的重要性仍是不可忽视的。与哲学家们富于理想化的经济思想相比，古希腊民众的经济思想更加具有现实主义色彩，更贴近当时的社会现实，也更具有直接性和朴素的特点。民众经济思想意识更多地体现在古希腊的经济生活和社会生活之中，体现在古希腊戏剧家、演说家的作品当中，体现在古希腊人的日常生活之中。在某种意义上讲，柏拉图、色诺芬、亚里士多德等人的经济思想是对古希腊民众经济意识的集中表述和总

---

① ［古希腊］柏拉图：《理想国》，郭斌和、张竹明译，商务印书馆1986年版，第65—66页。
② ［古希腊］柏拉图：《柏拉图全集》（第三卷），王晓朝译，人民出版社2003年版，第688页。
③ ［古希腊］柏拉图：《柏拉图全集》（第一卷），王晓朝译，人民出版社2003年版，第173页。

结。对于古希腊普通民众的经济意识，我们需要通过研究古希腊社会生活的各个方面来加以了解。除了本章所提到的上述诸多方面，我们还可以通过以下几个方面来更多地了解古希腊民众的经济意识。

一、透过宗教看古希腊民众经济意识

宗教在古希腊世界具有突出的社会功能，对于一个由数百个城邦国家组成的希腊世界而言，宗教在某种意义上讲起到了某种纽带作用，把希腊各地的人们联系在一起。在某种意义上可以说，古代希腊是一个宗教文化共同体。因此，包括祭祀、游行和体育竞技比赛在内的宗教活动，以及古希腊人从事宗教活动的神庙，都成为我们了解古希腊社会的重要途径之一。同时，古希腊宗教所具有的世俗化和大众化特征，因而也是我们研究古希腊民众经济思想意识的重要素材。

（一）宗教与古希腊的经济生活

古希腊的宗教与人们的生活紧密地联系在一起，尤其对社会经济产生直接的影响。甚至在某种意义上说，宗教活动本身就是古希腊经济生活的一个组成部分。

为了展示对神祇的虔诚崇拜，古希腊人非常重视祭神活动，他们把大量的时间和财富用在宗教节日庆典和修建豪华神庙、神塔上，从而在一定程度上影响了希腊人的经济生活。据不完全统计，在希腊各地，受人们崇拜的神祇有数百个之多，仅政府管理的公共节日就有 300 多个。在公元前 5—前 4 世纪，雅典人每年有三分之一以上的时间用于宗教节日[1]。这些数字充分表明，宗教祭神活动在希腊人的日常生活中所占有的重要地位。祭神活动还伴随着节日庆典，这种庆典活动要花费大量的钱财。当时人们用于祭祀神祇的祭品主要是牛、羊等牲畜，以及各种食品和水果。对于普通公民甚至奴隶们而言，他们在节日期间最渴望的是祭神仪式后的盛大饮宴活动。在这种盛宴上，他们不仅能吃上平时难以尝到的牛羊肉，还可享用葡萄酒，甚至可以开怀畅饮，一醉方休。因此，宗教节日期间的开支也相当大，有时政府财政也难以承担，就需要

---

① P. E. Easterling and J. V. Muir，*The Greek religion and Society*，Cambridge University Press，1985，p. 99.

富人们进行捐赠。

在古希腊人看来，神庙是神祇的居所，是最神圣的地方。神庙里有神祇的雕像，还有储藏各种供奉的财宝。公民进入神庙不仅有人数和次数的限制，而且还有时间上的限制，不能随便长期居留。人们向神祇献祭的地点不是在神庙，而是在神庙外面的祭坛或神塔附近。因此，希腊各地的神庙周围往往都有祭坛和神塔。古希腊人信仰多种神教，不仅有宙斯、雅典娜、阿波罗等泛希腊神，各城邦还都有自己的城市保护神。由于希腊世界邦国林立，往往出现多个城邦都为同一个神祇修建神庙，抑或同一个城邦分别为几个神祇修建庙宇。比如，阿波罗的神庙不仅出现在希腊大陆上，而且在克里特岛、西西里岛，以及小亚细亚的伊奥尼亚各城邦，到处建有阿波罗神庙。另外，宙斯、雅典娜以及得墨忒尔的神庙也在许多城邦受到崇拜。为了彰显希腊人对神祇的虔诚崇拜，古希腊人不惜花巨资修建豪华的宗教神庙，以至于神庙和圣殿成为最能体现希腊人高超的建筑技艺的建筑物。

宗教活动不仅体现为人们对神祇的崇拜，而且还表现为神对人事的启示作用。这种作用表现为人与神之间的一种重要的"交流"形式，即神谕。通过人与神的这种"交流"，使神的意志在人的各种活动中都起到某种指导作用。有了神意的允准，古希腊人在行动中也就有了一种精神上的支持。在古希腊社会中，事无巨细，人们都要向神祇求问。但其中最多的还是一些事关个人或集体前途命运的重大问题，比如当人们移居他处时，往往要请教神谕[①]。由于古希腊人对宗教的虔诚信仰，求问神谕在古希腊社会中也非常流行，并因此出现了许多以神谕而出名的神庙，如德尔斐的阿波罗神庙，多多那（Dodone）的宙斯圣殿，埃匹多尔（Epidaure）的阿斯克勒庇俄斯（Asclepios）圣殿。其中最著名的就是德尔斐的阿波罗神庙，这不仅是因为德尔斐有"大地之肚脐"的称号，更在于它悠久的宗教传统和在希腊世界享有的"预言者"之声誉。在《荷马史诗》中，诗人不止一次地提到德尔斐神庙，那时的德尔斐神示所

---

① ［法］克琳娜·库蕾：《古希腊的交流》，邓丽丹译，广西师范大学出版社2005年版，第47页。

就已经非常有名①；到公元前 6 世纪，德尔斐神庙已经成为希腊世界没有争议的宗教中心。研究表明，到德尔斐的阿波罗神庙求问神谕的人非常之多，他们所要询问的内容很多，小到个人问题，如婚姻问题、农耕问题、外出旅行的相关问题等，大到宗教问题、政治问题、战争和殖民活动等②。斯巴达王子多里欧司曾到德尔斐神庙去请示"神谕"，询问他即将前去开辟殖民地的地点③。在面临波斯军队大规模入侵的危急情况下，雅典人派遣使者去德尔斐请求神托。之后，他们根据对神托的理解，建造了两百艘战船，为以后取得萨拉米海战的胜利奠定了基础④。在引发伯罗奔尼撒战争的伊庇丹努争端发生后，伊庇丹努人因得不到科西拉的援助而派人到德尔斐去请示"神谕"⑤。在伯罗奔尼撒战争期间，为了有利于对雅典的作战，斯巴达决定派人到赫拉克利亚殖民，于是他们到德尔斐神庙去请示"神谕"。斯巴达人在得到"神意"的答复之后，根据神谕建立了殖民城市⑥。总之，每当城邦遇到重大事情，尤其是事关国家安危的大事，都要到神庙中请求"神谕"。

在古希腊人看来，要得到神祇保佑，必须首先取悦于神。为此，他们要经常向神祇敬献各种祭品。久而久之，向神庙奉献祭品成为古希腊人的一种惯常行为。这种祭献物也往往因进献者的身份和地位的不同而有很大的差别，贵族富人们的进献往往比较丰富。除了私人进献以外，还有政府部门的祭献。向神祭献贡品多种多样，有各种农产品，各种手工产品，陶器、铜器以及金、银等贵重物品。德尔斐神庙作为古代希腊世界的宗教中心，不仅享有很高的声誉，而且享受了来自希腊各地的大量祭献。由于希腊各地城邦的敬献，古典时代的德尔斐神庙变得富丽堂皇。神庙周围不仅有体育场馆和剧场，还有用来储放各城邦贡物的"宝库"，这些特殊的建筑成为神庙的一个重要组成部分。到公元

---

① [古希腊]荷马:《伊利亚特》,Ⅸ,404—405;《奥德赛》,Ⅷ,79—82。

② P. E. Easterling and J. V. Muir,*The Greek religion and Society*,pp. 141—156.

③ [古希腊]希罗多德:《历史》,王以铸译,商务印书馆 1959 年版,第 362 页。

④ [古希腊]希罗多德:《历史》,王以铸译,商务印书馆 1959 年版,第 518—521 页。

⑤ [古希腊]修昔底德:《伯罗奔尼撒战争史》,徐松岩、黄贤全译,广西师范大学出版社 2004 年版,第 16 页。

⑥ [古希腊]修昔底德:《伯罗奔尼撒战争史》,徐松岩、黄贤全译,广西师范大学出版社 2004 年版,第 184 页。

前5世纪末，德尔斐神庙周围的这种"宝库"达到27个之多，其中还包括吕底亚国王克洛伊索斯的一座"宝库"。根据希罗多德的记载，克洛伊索斯献给德尔斐神庙的有三千头牲畜，一百七十根金条（其中四根为纯金制成，重两个半塔兰特；其余的是金银合金，重两个塔兰特），一座重十塔兰特的纯金狮像，金、银大混酒钵各一个，金、银净水瓶各一只，一些银制圆盘，一座高三佩巨斯的金制妇女像等①。而克洛伊索斯献给希腊神庙的远不止这些，在德尔斐，除了阿波罗神庙外，他还献给普罗奈阿神殿一只巨大的黄金盾。在彼奥提亚的底比斯，他献给伊兹美尼亚的阿波罗神庙一座黄金制成的三脚架；在以弗所，他献给神庙一尊金牛，还有神殿的大部分柱子。此外，他还献给米利都人的布朗奇达伊大量的礼物，其数量与献给德尔斐的不相上下②。

古希腊人不仅要在重大祭神节日里向神庙进献祭品，而且在向神庙求得"神谕"时要进行祭献活动。德尔斐神庙在古希腊世界享有显赫的名声，前来请求"神谕"的有来自希腊大陆以及伊奥尼亚各城邦，还有希腊殖民地各城邦的人们，如南意大利、西西里岛、北非等希腊殖民城邦，甚至还包括非希腊的国家，如小亚细亚的吕底亚王国。古希腊人通常要在发生灾难时向神祇许愿，而且在灾难过后还要向神庙进献还愿祭品，甚至比开始许愿时进献得更多。

由于古希腊历史上充满战争，而战争行动往往事关国家兴衰命运。所以，每当城邦政府要决定对外用兵，都要到神庙中请求"神谕"，在得到神的指示以后才决定是否采取行动。在军队出征之前，都要进行盛大的祭神仪式，以期得到神灵的保佑。"对古希腊人来说，人的各种功绩也很清楚地确定了人与神、人与人的界限。"③因此，古希腊人认为在战争中取得胜利，是得到了神的保护。凯旋而来的军队要把大批战利品献给神庙，进献品主要是盔甲、战俘，以及各种掠夺物，甚至包括在战争中夺来的土地。这种习俗在荷马时代就

①　[古希腊]希罗多德：《历史》，王以铸译，商务印书馆1959年版，第22—24页。
②　[古希腊]希罗多德：《历史》，王以铸译，商务印书馆1959年版，第48页。
③　[英]保罗·卡特里奇(Paul Cartledge)：《剑桥插图古希腊史》，郭小凌等译，山东画报出版社2005年版，第214页。

已经出现，在古风时期和古典时期都非常流行。公元前479年，斯巴达军队取得了普拉塔伊阿战役的胜利，他们把大批的战利品分别献给了德尔斐神庙、奥林匹亚神庙和科林斯地峡的波赛冬神庙①。到希腊化时期，这种习俗仍在亚历山大的军队中流行。在亚历山大东征波斯时，他曾把从波斯军队缴获来的三百套盔甲送到雅典，献给雅典娜②。古希腊军队向神庙敬献最多的是铠甲，古希腊神庙中所保存的盔甲，其数量之多令现在的研究者们惊叹不已。据估计，在公元前700—前500年间，奥林匹亚神庙收到的铠甲多达25000副，头盔100000多个③。根据希罗多德记载，波奇斯军队斩杀了大批敌军后，将2000个盾牌敬献给了德尔斐神庙，并用这次胜利中十分之一的战利品制造了一些巨像，立在德尔斐神庙的圣殿前面④。因此，英国古希腊史学家斯诺德格拉斯把古希腊的众多神庙比喻为战争博物馆⑤。

除了一般的进献外，古希腊宗教中还有一种非常特别的初获奉献（First Fruit Offerings）。按照古希腊人的宗教习俗，他们要将第一批收获物敬献给起神祇。这种敬献习俗所涉及的范围非常广泛，包括农业、手工业、商业活动，甚至战争。在古代希腊，农业生产的各个环节都与宗教活动联系在一起，农人们要过各种农节。在阿提卡，各种农节与农业生产的整个过程相伴随。秋天，人们要过"犁前节"（Proerosia）；冬季里，人们要过"打谷节"（Threshing-floor Festival，"Haloa"）；春天到来时，他们又要过"发芽节"（Chloaia）、"抽枝节"（Kalamaia）和"开花节"（Antheia）。在伊奥尼亚和雅典，人们还要过"收前节"（Thargelia）。节日期间，人们要将刚打下来的粮食向神献祭，还要举行庆祝饮宴，甚至在田间的打谷场上举行文体活动⑥。葡萄酒是古希腊人日常生活中必需的饮品，酿制葡萄酒成为农民在农闲时间里的一件大事。古希腊人通常在秋天收获葡萄后，要把它晾晒起来。等秋收结束后，他们又将晒

---

① ［古希腊］希罗多德：《历史》，王以铸译，商务印书馆1959年版，第659页。
② ［古希腊］阿里安：《亚历山大远征记》，李活译，商务印书馆1979年版，第38页。
③ Anthony Snodgrass, *Archaic Greece : The Age of Experiment*, p. 131.
④ ［古希腊］希罗多德：《历史》，王以铸译，商务印书馆1959年版，第571页。
⑤ Anthony Snodgrass, *Archaic Greece : The Age of Experiment*, p. 64.
⑥ Walter Burkert, Translated by John Raffan, *Greek Religion*, Oxford, 1985, p. 265.

制好的葡萄酿制成葡萄酒。做好的葡萄酒还要在坛中储存一段时间，让它们在坛中进行发酵。等到酒酿制好后，人们盼望着打开酒坛，品尝新酒。也就在这个时间，古希腊人要把他们新酿制出来的美酒首先敬献给酒神狄奥尼索斯，于是就有了古希腊最盛大的节日之一——狄奥尼索斯酒神节。

根据公元前 5 世纪后期的一位佚名作者的小册子记载，雅典人每年举行的祭神节日庆典活动比任何其他城邦都要多①。大酒神节，即狄奥尼索斯节，就是主要在雅典举行的季节性节日。节日期间要安排各种活动，除祭神仪式外，还有游行活动、举行宴会、演出戏剧等。狄奥尼索斯节的盛况是其他节日难以比肩的，除男性公民外，妇女、外邦人，甚至奴隶都被允许参加。宴会的场面尤其盛大，所有参加者都可以尽情吃喝，开怀畅饮。城市的大酒神节与乡村的酒神节不但在时间上不同，而且在内容上也有细微的差别。在乡村举行的酒神节中，人们还要抬着一个大型的生殖器模型进行游行活动。

总之，在古希腊社会，向神祭献成为人们的一种惯常行为；祭献活动是古希腊社会生活的一个重要组成部分；古希腊城邦是一个献祭的社会。

从某种意义上说，宗教庆典活动本身就包括一定的经济活动。由于古希腊的宗教活动与古希腊人的各种活动密切联系在一起，不仅宗教对经济产生影响，而且宗教活动本身具有经济意义。在一定意义上，宗教活动就是经济活动。在古希腊社会，宗教活动包括许多内容，除祭神仪式以外，还有体育竞赛、演出戏剧、举行游行活动，还包括市场里的商品交易活动。众多的神庙建筑，以及在宗教节日来临之际对神庙的修缮，这些都会带动手工业一定程度的发展。斯诺德格拉斯认为，就经济意义而言，宗教是仅次于农业和战争之后的第三大领域②。

宗教节日庆典被认为是相当神圣的场合，在举行这些节日之前，政府要对神庙进行修缮，这本身就增加了一些建筑工匠和建筑艺术师们的工作机会。特

---

① P. E. Easterling and J. V. Muir, *The Greek religion and Society*, p. 116.

② Anthony Snodgrass, *Archaic Greece: the Age of Experiment*, p. 130.

别是一些城邦保护神的庆典活动，如德尔斐神庙祭祀阿波罗神的庆典节日、科林斯的海神节、雅典的泛雅典娜节、奥林匹亚祭祀宙斯的节日等更是受到城邦政府的高度重视。宗教节日是一种群众性的集会活动，节庆期间还要举行体育竞技比赛，有些比赛几乎吸引了希腊所有城邦的运动员，形成了泛希腊运动会。其中最著名的有奥林匹亚运动会、德尔斐运动会、地峡运动会和涅墨亚运动会等，都与宗教庆典活动密不可分。其间，各地的人们来到神庙附近。这些人的突然到来给当地的居住和饮食都带来了压力，同时也给一部分人带来了赚钱的机会，他们通过开小饭馆、小旅馆，会得到不小的收益。这时各种各样的生意人也会来到神庙附近，其中包括房屋出租者、小棚店主、小商贩、厨师、魔术师、杂技演员、音乐家，甚至娼妓。还有各种手艺人，专门制作一些用于向宙斯等神祇敬献的祭品，他们也会在节日期间大获其利。在古代希腊，城邦公共活动的中心是神庙和祭坛，在神庙附近通常都有市场。因此节日期间的贸易活动也必定是相当繁荣的。总之，宗教活动本身就进行着各种形式的物质交流。古希腊人已经认识到宗教活动的重要经济意义，当时有人把提洛岛上的重要宗教节庆称之为一种"商业活动"①。

可见，宗教深刻影响了古代希腊的经济活动，甚至在某种程度上影响了希腊的社会经济结构，古希腊农业、畜牧业的结构，以及手工业的特点。

（二）从宗教看古代希腊人的经济意识

对于古代社会而言，宗教是一面镜子，它以其特有的方式再现了当时的社会状况，正如英国古希腊史研究专家赫丽生所言"各种宗教信仰只不过是社会意识、社会习俗的再现和投射"②。因此，我们透过古希腊的宗教活动，不仅可以再现古希腊人的经济生活，而且还能在一定程度上发现他们的经济意识，分析他们的经济思想。

1. 重农思想在宗教中的表现

首先，在众多的宗教节日中，各种农节显得格外突出。即使在古典时

---

① P. E. Easterling and J. V. Muir, *The Greek religion and society*, p. 110.
② ［英］简·艾伦·赫丽生:《古希腊宗教的社会起源》，谢世坚译，广西师范大学出版社 2004 年版，第 530 页。

代，在许多城邦，如商业贸易比较发达的雅典，大多数人仍住在乡村中，农业节日普遍受到人们的重视。在希腊各地比较盛行的酒神节，城市和农村都要举行，有时农村的酒神节还格外引人注目。古希腊农民对宗教节日的关注，反映了他们对农业丰收的期盼，重农思想在这里得到直观的体现。由于生产力低下，科技水平比较落后，古希腊人对大自然的认识几乎完全凭借直觉。他们认为自然界的一切都是由神灵来支配的，人在自然面前往往是无能为力的。为了生存和生活，他们只能祈求神的恩赐，希望他们的庄稼、果园都能丰收。

其次，妇女在古希腊宗教活动中的特殊作用，显示了古希腊人对农业生产的高度重视。在古希腊社会中，妇女在城邦的政治生活中几乎不起任何作用，但是她们在宗教生活中却扮演非常重要的角色。希腊神话中有许多女性神祇，赫拉、雅典娜、阿芙罗狄忒、得墨忒耳等。在现实生活中，妇女不仅被允许参加宗教节庆活动，而且还有一些节日是专门为妇女设定的，如立法女神节（Thesmophoria）、哈罗阿节（Haloa）等。由于妇女在生育中扮演着重要的角色，古希腊人在一定程度上把她们与农业的丰产丰收联系在一起，希望通过让妇女负责参与宗教活动、以妇女为中介进行祭神奉献，实施多产魔法仪式。这也从一定程度上表现了希腊人对来年能够风调雨顺，农业丰产丰收的期盼，也是重农思想的一种直观而朴素的表现。

在古代希腊的农村，对得墨忒耳的崇拜也非常盛行。立法女神节就是古希腊人纪念大地女神得墨忒耳和她的女儿佩尔塞福涅的宗教节日。因为在古希腊的传说中，这两位女神都与农业生产有关，得墨忒耳是丰产和农业女神，司谷物的成熟；她女儿佩尔塞福涅则是地狱的女统治者，司谷物生长和土地的丰收。

古希腊的农业经济并不是单一的粮食种植，还包括果树的栽培、家畜的饲养等。由于希腊的土地资源较少，山地较多，山间大多长有各种杂草和树丛，因此在有些地区的农业中，园艺种植和家畜饲养占有非常突出的地位。这种经济方式与宗教活动存在一定的联系，祭神仪式是古希腊人敬奉神祇的一种最常见的方式。在他们看来，宗教行为的本质就是一种直接而简单的过程——为了神而屠杀并消费掉一些家畜①。因此在祭祀活动中，古希腊人最常用的动物是牛、山羊、绵羊等。用来献祭的最好的家畜是牛，尤其是公牛；最普通的是绵羊、山羊和猪，最便宜的是小猪崽。因此，家畜饲养在古希腊社会相当普遍，甚至有时城邦还要专门饲养一定数量的牛羊等牲畜，以备祭祀之用。城邦政府的做法势必也会对广大民众起到很好的带动作用。

2. 献祭仪式在一定程度上代表着经济意义

古希腊人对宗教崇拜的执着，既是为了信仰，也是为了生活。希腊人既是信仰的人，同时在宗教信仰上又有其现实主义的一面；他们向神献祭的目的，在很大程度上是为了求得神对人的事业的佑护。所以，能够表现古希腊人崇拜宗教的地方，并不是说他们有多么虔诚地诵经，而是他们的献祭仪式。古希腊城邦是一个献祭的社会，"向众神供奉动植物祭品构成古希腊宗教仪式的核心"②。可见，献祭活动在古希腊社会中有着非常重要的展示作用，表现希腊人对宗教的虔诚。

古希腊人的献祭活动总要伴随着一些宗教仪式，关于古希腊人的献祭活动，有的是公开的祭神仪式，还有的是秘密仪式；有的是个人行为，有的是集体性的游行活动。这些宗教仪式大都代表着某种含义，希腊人试图通过献祭和祭神仪式与神祇建立某种联系，以便得到诸神对人的佑护，使人的事业获得成功。在厄琉西斯，为地母之神得墨忒耳举行的宗教仪式中，不仅要表现出这位女神失去女儿的悲痛心情，接着还要表现佩尔塞福涅从地狱复活场面。因此，厄琉西斯的这种仪式反映了人类最基本的一种需求：为了生存而对食物的需求。"就像佩尔塞福涅一样，谷物在整个冬季里必须埋在地下，一旦春天到来，它就成为对人类而言是一种不朽的生命的象征。"③ 可见，在厄琉西斯为得墨忒耳举行的仪式，反映了古希腊人以一种具有本民族宗教特征的方式表达了他们对农业丰产丰收的期望，这也从侧面反映了古希腊人对农业的重视态度。

---

① Walter Burkert, Translated by John Raffan, *Greek religion*, Basil Blackwell Ltd, p. 55.
② ［英］保罗卡特里奇（Paul Cartledge）：《剑桥插图古希腊史》，郭小凌等译，山东画报出版社 2005 年版，第 103 页。
③ P. E. Easterling and J. V. Muir, *Greek Religion and Society*, p. 88.

在古希腊社会，牛不仅是最主要的畜力，被用来耕田，而且在宗教上也有着特殊的作用。在克里特文明中，传说中有米诺斯神牛；在古希腊的重大祭祀活动中，牛、羊等家畜，尤其是公牛，是向神祇敬献的必不可少的主要祭品。而向神敬献牛有着特殊的含义，《扛小牛的青年》是古希腊雕塑中的一件著名作品，其中的希腊青年人肩扛一头小牛犊，这头小牛正是人们向神敬献的祭品。

图一　扛小牛的青年

根据古希腊的传统，在每年的赫赖恩月举行的一年一度的集市上，负责城市事务的官员从市场上买下一头最好的牛；到开始播种的季节，即在克洛尼恩月新月出现的日子，人们要把准备好的那头牛"献给"宙斯。由于这个献祭仪式是在每年农业生产开始的时节举行的，因此，"牛被神圣化后，它的新生命……便和每一年新的生命同时开始"。这一用牛作祭牲的献祭仪式，是在一种相当正式而隆重的气氛中进行的，那头牛被人们牵着参加隆重的游行活动，献祭的官员和人们边走边祈祷，"以城市安全的名义、以土地的名义、以市民和妇女儿童的名义祈祷，祈求和平与财富，祈求五谷丰登、牛羊成群"[1]。

在一枚马格涅西亚硬币的正面图案上，常常是一头"用角顶撞东西的牛"。这头牛的后面两条腿站立着，前面两条腿跪在一个"曼德尔"图案上，在牛的身后是一个经常可以看到的标志——一串麦穗。而这串意义深刻的麦穗清楚地表明："这头牛是一个代表丰产的半神。"[2] 这其中寓含了人们对农业丰收的一种期盼，表现了古希腊人重视农业生产的思想意识。

---

① ［英］简·艾伦·赫丽生：《古希腊宗教的社会起源》，谢世坚译，广西师范大学出版社2004年版，第147页。

② ［英］简·艾伦·赫丽生：《古希腊宗教的社会起源》，谢世坚译，广西师范大学出版社2004年版，第148页。

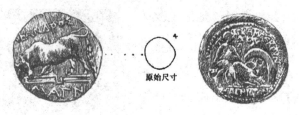

原始尺寸

图二　马格涅西亚硬币的正、反面

3. 神庙在某种意义上也是一种金融机构

古希腊的神庙不仅是一种宗教机构，供人们进行宗教活动的场所，而且还表现出一定的经济功能。比如，神庙有时也进行金融放贷活动。神庙的财产大多是由个人、政府或军队捐赠的，包括各种物品、金钱、土地、铠甲，甚至战俘。神庙利用自身的特殊地位，积累了大量的财富。有时祭司们就利用这些资金进行借贷活动，甚至把资金借给城邦政府。在伯罗奔尼撒战争爆发前夕，科林斯代表建议利用一切资源应对战争，为了组建海军舰队，城邦可以从奥林匹亚神庙和德尔斐神庙借贷金钱[①]。在遇到饥荒、战争等重大灾难时，城邦也可以向神庙借贷。伯里克利也向雅典政府提出过类似的建议，以便应付战争的庞大开支。城邦不仅可以理所当然地把神庙储存的金钱拿来使用，而且在危急时刻还可以把帕特农神庙中雅典娜女神雕像身上的金片取下来，以充作军费[②]。

与中世纪的基督教相比，古代希腊的宗教朝着一个不同的方向发展。特别是就神庙的经济地位而言，它是走上了一条越来越受制于政治的发展道路，宗教始终未能实现与政府的分离。相反，城市贵族掌握着神职人员的职位，民主制又把它彻底地国家化了，正如韦伯先生所言，"在德尔斐的阿波罗大神庙和在雅典的雅典娜大神庙，是希腊国家的大国库，奴隶的储蓄银行，而一部分神庙依旧是大地主"[③]。

宗教活动是古希腊人社会生活的重要组成部分，是我们了解古代希腊社会

---

① ［古希腊］修昔底德：《伯罗奔尼撒战争史》，徐松岩、黄贤全译，广西师范大学出版社2004年版，第62页。

② ［古希腊］修昔底德：《伯罗奔尼撒战争史》，徐松岩、黄贤全译，广西师范大学出版社2004年版，第88页。

③ ［德］马克斯·韦伯：《经济与社会》下，林荣远译，商务印书馆1998年版，第686页。

及其思想的重要方面。但是，因为宗教作为一种意识形态，以一种扭曲的方式反映社会存在，所以在我们通过宗教活动研究古希腊人的经济思想时，必须以辩证唯物主义的历史观为指导，全面掌握古代希腊社会生活的方方面面，如政治体制、经济制度、社会生活、宗教艺术等。这样才能对古希腊社会有一个更加清楚的认识和深刻的了解，才能从深层次理解古希腊经济思想的丰富内涵。

二、戏剧家、演说家的著作所体现的经济意识

（一）奴隶是财产

在古希腊社会中，奴隶被看作是主人的一份财产，可以被占有，被继承，被买卖，甚至被出租。在古代希腊，占有奴隶的现象非常普遍，奴隶被用在各种生产和生活领域，如家庭奴仆、店员、商业代理和银行代理。所有殷实富户都有几个奴仆。演说家吕西亚斯曾直率地说过，每个人都拥有奴隶[1]。根据公元前4世纪雅典演说家埃斯辛所提供的材料，在基玛尔赫继承其父亲的财产中，不仅有土地、现金、房屋、作坊和庄园，而且还包括十几个奴隶，其中有9个或10个皮匠，1名制衣女工和1名男绣花匠[2]。

根据色诺芬的记载，尼西阿斯、希波尼可斯和菲列摩尼都蓄养了大批的奴隶，从事奴隶出租业务。他们把奴隶出租给矿场，以获取利益。色诺芬关于雅典政府蓄养奴隶的建议，在一定程度上更直接表明了奴隶的广泛存在。奴隶贸易现象在古希腊也很盛行，黑海地区成为古典时代希腊奴隶的主要来源地，以弗所和萨摩斯岛上都有奴隶贸易市场。在希腊各地也有奴隶贸易的市场，阿里斯托芬的戏剧《骑士》中的帕佛拉工，就是德谟斯买来的一个奴隶[3]；此外，德谟斯还拥有其他奴隶，如尼喀阿斯河和得摩斯忒涅斯等。因此，无论是奴隶主贵族统治的斯巴达，还是民主政治的雅典，在对待奴隶的态度上基本是一致的，即奴隶是一种财产，也是一种会说话的劳动工具。

---

[1] A. H. M. Jones, *Athenian Democracy*, p. 12.

[2] 厉以平、郭小凌：《古代希腊、罗马经济思想资料选辑》，商务印书馆1990年版，第125页。

[3] ［古希腊］阿里斯托芬：《阿卡奈人·骑士》，罗念生译，上海人民出版社2006年版，第111页。

（二）追求物质利益，主张勤劳致富，反对不劳而获

如果说古希腊人对政治非常执着，那也应该主要是上层贵族们的追求。普通民众并不是特别关心政治，他们追求的是实实在在的物质利益。亚里士多德认为，政治家追求荣誉，商人追求金钱。"民众喜爱切实的收益甚于荣誉或地位。"因为他们没有多少财产，也就没有多少空闲时间，不能经常参与公民大会，只能为了获取生活必需品而终日操劳①。苏格拉底在论友谊的价值时说，"绝大多数人都……勤勤恳恳地想方设法购买房屋、田地、奴隶、牛羊和家具"②。因为普通公民往往都直接参与生产活动，他们深知劳动成果来之不易，所以他们珍惜自己的劳动所获，崇尚勤劳俭朴的生活，鄙视不劳而获，反对铺张浪费现象。

这种思想在阿里斯托芬的戏剧中也得到充分体现。在《鸟》中，阿里斯托芬谴责雅典人好讼、欺骗、敲诈、淫乱，讽刺城市的各种寄生虫，如讼师、预言者、卖法令的人。他赞美鸟的王国，因为鸟类用自己的辛勤劳动建立起国家，劳动是在鸟王国中生存的唯一条件。在《云·马蜂》中，阿里斯托芬认为人类像马蜂，其中也有一些不劳而获的寄生虫，"他们没有刺，坐着不动，专等吃我们弄来的贡款，自己一点不劳动。看见别人不服兵役，不为国家扳桨、拿枪、长水疱，反而侵吞了我们的津贴，叫我们好不痛心"③。梭伦在《正义》诗中也曾指出财富不均的现象，谴责不劳而获、投机取巧的行为，"我愿意有钱，但我决不想要不义之财，日后报应总会来。……凭横行霸道获得的财产来得不正，是被不正义的事情迷住心窍，昧着良心为非作歹，随即身败名裂"④。这或许在一定程度上能够说明阿里斯托芬为何一贯歌颂农村、批评城市生活。

（三）经济平均主义思想

在古希腊人的经济意识中，平均主义思想根深蒂固。古风时代，经济的迅

---

① ［古希腊］亚里士多德：《政治学》，颜一、秦典华译，中国人民大学出版社2003年版，第213—214页。

② ［古希腊］色诺芬：《回忆苏格拉底》，吴永泉译，商务印书馆1984年版，第60页。

③ ［古希腊］阿里斯托芬：《云·马蜂》，罗念生译，上海人民出版社2006年版，第195—197页。

④ 《古希腊抒情诗选》，水建馥译，人民文学出版社1988年版，第75—76页。

速发展，贫富悬殊的日益加大，致使许多贫穷公民沦为债务奴隶。在古代社会，土地是最主要的财富。之所以有许多希腊公民沦为奴隶，主要是因为他们丧失了土地，失去了生活依靠。同时，土地不仅是希腊人赖以生存的主要方式，而且也是他们拥有公民权的前提条件。因此，土地对于古希腊人有着双重的意义。公民不仅在参与政治活动方面有平等的权利，而且在占有土地方面也是平等的。

在尖锐的社会矛盾面前，广大普通公民不仅要求拥有公民权，而且要求获得土地，甚至要求重新分配土地。无论是在斯巴达历史上，还是在雅典历史上，都曾多次出现这种呼声。根据普鲁塔克的记载，在莱库古改革之前，斯巴达在土地方面存在着极不平等的现象，城邦因充满了贫穷的、无依无靠的人而负担沉重，财富却全部集中在少数人手里。为了消除这种不平等，莱库古将拉科尼亚的土地分为三万份，分给了当地的自由民；将属于斯巴达城邦的土地分成九千份，分给了斯巴达人。莱库古甚至还要平分动产，最后由于阻力较大而被迫终止了[①]。从莱库古改革的内容和背景来看，广大贫穷的斯巴达人要求平分土地，甚至其他财产。这反映了他们的思想意识中具有明显的平均主义倾向。

同时，雅典城邦也出现了类似的现象，甚至梭伦改革前雅典的情况比斯巴达更严重。根据普鲁塔克的记载，"富人和贫民间的不平，似乎已经达到了顶点。整个城邦陷入了十分危险的境地，……所有的平民都负了富人的债"[②]。为了解决严重的社会危机，梭伦采取措施，颁布"解负令"，释放奴隶，并由政府出钱为那些被卖到国外的人赎身。但是，更重要的是，雅典的平民要求重新分配土地。由于困难重重，梭伦最终没有能够解决土地不均的问题。梭伦由于剥夺了富人的债权抵押而招致反对，同时由于没能重分土地而激怒了穷人[③]。可见，雅典的普通公民要求平均分配土地的愿望是非常强烈的，这种平

---

① ［古希腊］普鲁塔克：《希腊罗马名人传》（上册），陆永庭、吴彭鹏等译，商务印书馆1990年版，第95页。

② ［古希腊］普鲁塔克：《希腊罗马名人传》（上册），陆永庭、吴彭鹏等译，商务印书馆1990年版，第178页。

③ ［古希腊］普鲁塔克：《希腊罗马名人传》（上册），陆永庭、吴彭鹏等译，商务印书馆1990年版，第183页。

均主义思想可能与雅典的民主制有关。雅典的民主制后来走向一种极端，造成雅典社会政治斗争的激烈。在这种极端政治的背后是雅典人追求的政治绝对平等。由于古希腊城邦政治与经济要素土地密切联系在一起，政治上平等意识也必然会影响到希腊人的经济思想，导致他们在经济上的平均主义思想。

古希腊城邦是一种由公民组成的政治"俱乐部"，它要定期在公民之间分配掠夺来的战利品，其中也包括掠夺的土地。在伯罗奔尼撒战争期间，雅典曾多次将从敌方手中夺取的土地在公民之间进行分配。雅典政府还把经常把财政多的盈余在公民中间分配，这种行为在一定程度上培育了公民的平均主义思想。在阿里斯托芬的剧作《云·马蜂》中，当门徒一提到测量土地，斯瑞西阿得斯就以为又要分配土地①。可见，城邦的民主政治对古希腊人的平均主义思想产生了深刻的影响。

三、民众经济意识的主要内容及其特点

通过对古希腊经济与社会历史的分析，我们能够深刻体会到古希腊民众的经济意识，尽管这些意识在表达方式上比较直接而朴素，但却反映了古希腊社会的历史事实。从辩证的观点来看，普通民众的经济意识为后来思想家和哲学家们思考社会问题和经济问题提供了基本素材和基础，其丰富的内容也包含着许多深刻的理论因素。在社会生产力低下的古代社会，古希腊人的经济活动仅限于几个领域。相应地，他们的经济意识也主要涉及以下几个方面：重农思想、工商业思想、社会劳动分工思想、奴隶作为一种财产的问题等。

(一) 重视农业生产

农业是古代社会最主要的经济部门，古希腊社会也不例外。但是，希腊独特的地理环境以及气候条件，使古希腊的农业经济具有非常突出的特点，从而使古希腊人的重农思想以其特有的方式表达出来。希腊土地贫瘠，土壤中含有大量砂石，况且雨量较少，气候干燥，这种自然环境不适合种植粮食作物。但是勇于探索的希腊人努力开发土地潜力，积极从事多种经营。他们在许多不适

---

① [古希腊]阿里斯托芬：《云·马蜂》，罗念生译，上海人民出版社 2006 年版，第 19 页。

合种植粮食的土地上改种橄榄树、葡萄和无花果树等经济作物，开辟园艺种植业。同时，由于希腊的地形以山地为主，山间有许多森林和草原，适合牧放牛、马、羊等家畜。因此，饲养家畜成为农民的一项主要副业，以至于饲养业在农业经济中占有非常重要的地位。斯瑞西阿得斯这样描述雅典的乡村生活，"我原享受着一种很快乐的乡下生活，虽是肮脏简陋，却也自由自在，我养着成群的蜜蜂与绵羊，还堆着许多橄榄渣饼子，后来我娶了……一个很骄奢的城市姑娘，……她时常都在织布"①。这是一幅典型的多种经营的农耕经济的图画，农民除了种植庄稼、橄榄、葡萄等，还牧放着一群群绵羊，放养着成群的蜜蜂；他们还要利用农闲轧制橄榄油，酿制葡萄酒；农民的妻子还要纺线织布，制作衣服。古希腊社会的现实生活也许比这个场面还要丰富多彩，根据亚里士多德的描述，古希腊的农业经济主要包括："农耕和种植，还有养蜂，养鱼以及家畜和其他对人们有用的动物。"②

在古希腊历史上，城邦的兴起与农业经济开始占有主导地位在时间上是相吻合的。在迈锡尼时代，希腊大陆上曾出现过众多的城堡。但是到公元前 12 世纪末，由于来自北方的以多里斯人为主的游牧民族的入侵，这些城堡先后被摧毁。多里斯人的游牧生活被带到希腊大陆上，希腊世界出现了历史性的倒退。根据《荷马史诗》的记载，畜牧业在荷马社会占有非常重要的地位，游牧生活还非常盛行，畜群是当时社会的主要财富。在荷马时代，人们把金属铁储藏在家里，当作财宝；到赫西俄德时代，人们已经掌握了锻铁技术，铁斧被用来砍伐树木，也可能被用来制作其他生产工具。随着生产力的提高，一些荒山野谷也被开垦出来，农业的经济地位日益上升。城邦出现的原因也许不止一个方面，如政治、军事等，但是由于城邦以城市为中心，并在城市四周建立卫城，因此它必然建立在农耕定居生活的基础上。无论如何，农耕种植业必然是城邦出现的主要经济基础。

随着城邦制的兴起，农业在希腊世界的重要性越来越显著。根据赫西俄德

---

① ［古希腊］阿里斯托芬：《云·马蜂》，罗念生译，上海人民出版社 2006 年版，第 9 页。
② ［古希腊］亚里士多德：《政治学》，颜一、秦典华译，中国人民大学出版社 2003 年版，第 21 页。

的记载，古风时代早期的阿提卡地区，几乎是完全建立在小农经济基础之上。农耕种植是当地人的主要经济来源，除非万不得已，人们一般不会去海上冒风险的。到梭伦改革时，他用来划分公民等级的标准主要是农产品，如粮食、橄榄油和葡萄酒等。虽然梭伦颁布了"解负令"，取消了公私债务，释放奴隶，但当改革触及土地等涉及社会矛盾的深层次问题时，梭伦却举步维艰，不得不停止改革。最终他没能满足广大平民要求平分土地的愿望，并因此激起了穷人们的愤怒①。可见，在古风时代，土地仍是希腊人最主要、最普遍的社会财富形式。

在斯巴达，斯巴达人把对希洛人和庇里阿西人的控制作为他们最主要的政治任务，因此，他们把军事训练看成是至高无上的事业。斯巴达男子从七岁开始就被国家收养，得到一种以军事训练为主的教育，以便将来把他们培养成能征善战的战士。军事训练占据了斯巴达男子的大部分时间，正如普鲁塔克所言，"斯巴达人是世界上唯一的、只有战争才使其从备战的训练中得到喘息机会的人"②。即便如此，斯巴达人还是非常关心土地问题，因为他们只有牢牢掌握对土地的所有权，才能控制整个城邦，从而使其政治、军事制度正常运行。为了使斯巴达人专注于军事训练，莱库古采取措施，打击奢侈风尚，并极力限制人们追求财富。他一方面制定法律，限制商业的发展，如取消金银货币，改铸没有多大价值的铁币；另一方面，他还规定了公餐制，设置公共食堂。每个战士都必须向公共食堂交纳一部分生活所需的，如大麦、干奶酪、酒、无花果，以及鱼肉和少量的钱③。

斯巴达战士向公共食堂交纳的这些东西，大都产自他们自己的土地上，因此占有一定的土地成为斯巴达军事制度存在的牢固基础。因此，在莱库古的改革措施中，平分土地是其中至关重要的一项内容。根据亚里士多德的记载，斯

---

① [古希腊]普鲁塔克:《希腊罗马名人传》(上册)，陆永庭、吴彭鹏等译，商务印书馆1990年版，第183页。

② [古希腊]普鲁塔克:《希腊罗马名人传》(上册)，陆永庭、吴彭鹏等译，商务印书馆1990年版，第114页。

③ [古希腊]普鲁塔克:《希腊罗马名人传》(上册)，陆永庭、吴彭鹏等译，商务印书馆1990年版，第99页。

巴达法律规定，斯巴达战士如果无力向公共食堂交纳费用时，法律就会中止他的公民权利①。同样是为了解决由于严重的贫富悬殊而造成的尖锐社会矛盾，莱库古也为斯巴达制定了法律，并彻底解决了引起社会矛盾的最根本问题，重新分配了土地。他甚至准备平分动产，但由于阻力太大，不得以采取其他办法，来制止人们对财富的过度追求。

古典时代，希腊人已经明确地表达出重农思想。柏拉图在设计"理想"国家时认为："首先，最重要的是粮食，有了它才能生存。"② 在古希腊的众多想家中，色诺芬最早明确提出重农思想。他认为："农业是其他技艺的母亲和保姆，因为农业繁荣的时候，其他一切技艺也都兴旺。"色诺芬不仅从整个社会的高度强调农业的重要性，他还指出了农业对城邦国家的重要性，农业既可以培养人勇敢刚强的性格，还能使他们具有忠于国家的坚定决心。因此，"靠农业谋生乃是最光荣、最好和最愉快的事情"③。对于一个古代城邦国家来说，农业不仅有重要的经济意义，而且还是使社会保持稳定的一个重要因素。

在其他许多城邦，农业生产也同样受到重视，虽然我们没有具体的详细资料，但从亚里士多德提供的资料中可以发现一些线索。据记载，帕罗斯岛上的嘉里斯和利姆诺斯人阿波罗多洛都曾写出有关农耕和种植的论述④。这些应该是当时人们生产经验的总结，这也从侧面反映出人们对农业生产的高度重视。

（二）注重社会劳动分工，重视劳动效率

与同时代的古埃及文明相比，古希腊的手工业算不上发达。但是，古希腊的手工行业繁多，制革业、制陶冶、采矿业、建筑业、造船业、纺织业、酒油和食品加工业等，各行业都有比较精细的劳动分工，其专业化的趋向比较明显。

在古希腊历史上，战争频繁发生，也在一定程度上带动了兵器制造业的发展。武器、盔甲以及盾牌等产品不仅需求量大，而且质量要求较高。这也带动

---

① [古希腊]亚里士多德:《政治学》,颜一、秦典华译,中国人民大学出版社2003年版,第62页。
② [古希腊]柏拉图:《理想国》,郭斌和、张竹明译,商务印书馆1986年版,第59页。
③ [古希腊]色诺芬:《经济论·雅典的收入》,张伯健、陆大年译,商务印书馆1961年版,第20页。
④ [古希腊]亚里士多德:《政治学》,颜一、秦典华译,中国人民大学出版社2003年版,第22页。

了制革业的发展，因为皮革是制作铠甲和盾牌的主要原料，尤其是在盾牌的制作过程中，需要多层皮革叠加在一起。荷马这样描写萨尔佩冬的盾牌："用青铜锻造，由技艺高超的工匠精心制作，内侧衬着多层牛皮，四周用金钉严严密密地铆钉结实。"[①] 除制作盾牌以外，皮革在其他地方用途也很广泛。比如，在制鞋、制作马鞍和马具、制作皮袋等方面，皮革都是重要的材料。

研究表明，制革技术自古至今并没有太大的变化[②]。古希腊的制革工艺相当复杂，制作过程主要包括去毛、硝皮、整皮、制作等工序。其中，最重要的是硝皮，其方法也有很多种：第一种方法是，使用桤木、橡木疙瘩或栎瘿刮磨；第二种方法是，使用明矾或盐；第三种方法是，使用油或脂肪。荷马在《伊利亚特》中曾提到使用油脂鞣制皮革的方法，"一个制革人把一张浸透油脂的宽大牛皮交给自己的帮工们拉伸，帮工们围成圆圈抓住牛皮拉拽，直到水分挤出、油脂全部吸入，牛皮完全伸开，每部分完全拉紧。"[③] 鞣制好的皮革还要经过整理，然后交给各种皮匠去制作鞋子、马具、盾牌等。在阿里斯托芬的戏剧著作中曾多次提到各种制皮相关的工匠，有靴匠（《财神》，162，514）；熟皮工（《妇女公民大会》，420；《骑士》，765）；皮匠（《鸟》，490；《骑士》，765，870；《财神》514）；鞣革匠（《财神》，167）[④]。随着古典经济的繁荣，许多土地所有者也开始兼营手工业，其中包括制革业。克里昂（Cleon）的父亲有一个硝皮厂；演说家吕西亚斯（Lysias）有一个盾牌厂；公元前 4 世纪的银行家帕辛（Pasion）也兼营一个盾牌厂；提马科斯（Timarchus）所继承的财产中，除土地、房屋外，还有十个鞋匠[⑤]。

古希腊的陶器制造业历史悠久，而且制作工艺在当时就已经非常先进。早在迈锡尼时代，希腊的陶器就以雅致、率真和富于创意而闻名一时。黑暗时代，尽管希腊世界在经济和技术上都处于相对停滞的状态，但希腊人的制陶技

① ［古希腊］荷马：《伊利亚特》，Ⅻ，295—297。
② H. Michell，M. A. *The Economics of Ancient Greece*，p. 170.
③ ［古希腊］荷马：《伊利亚特》，ⅩⅦ，389—393。
④ 参见科谢连科《城邦与城市》，王阁森译，见中国世界古代史学会编《古代世界城邦问题译文集》，时事出版 1985 年版，第 20—21 页。
⑤ A. H. M. Jones，*Athenian Democracy*，pp. 14-15.

术一直处在缓慢发展之中，几何陶文化非常有名。到公元前9世纪，雅典人制造出了有名的"狄浦隆"陶罐。古风时代，希腊的陶器制作工艺有了很大改进，人们开始使用彩釉技术，不仅提高了陶器的质量，产品也更加丰富。当时，希腊世界只有雅典等几个少数城邦能够烧制这种上等的陶器。即使在这些城邦的陶器制造业中，优质陶器所占的比例也很小。因此，这种优质陶器在当时基本上就是一种奢侈品[①]。同时希腊陶器的艺术风格发生了根本性的转变，几何陶被彩陶所代替，呆滞的几何图形换成了富有生活气息的彩色画面。希腊的陶器产品开始行销地中海各地，并随着殖民地的开辟而远销黑海地区。科林斯、厄吉那和雅典的陶器生产和销售先后占据优势地位，到古典时代，雅典成为希腊世界的手工业中心，其陶器生产居希腊世界的首位，它向整个希腊世界和南意大利供应优质陶器。

随着制陶技术的提高，制陶工艺也越来越复杂。制作陶胚是第一道工序，古希腊人是用手动飞轮制作陶胚的。荷马曾这样记载："青年们舞蹈着，……有如一个坐着的陶工用手把轮子试推。"[②] 根据有关记载，直到公元2世纪埃克勒西雅斯克斯（Ecclesiasticus）在他的书中才第一次提到脚踏飞轮[③]。由此我们可以推断，古风时代的希腊世界，陶工们制作陶胚所使用的很可能仍是手动飞轮。在制作好的陶胚上绘制图画，这是制作陶器的第二道主要工序。因此，画匠也成为制陶业中的成员。古希腊制陶业还有一种习惯，即在优质陶器上写上画匠的名字，有时还写上陶工的名字。可见，绘画是制陶过程中的重要环节。接下来的第三道工序是一个相当复杂的烧制过程，由于缺乏文字记载，我们无法详细了解到烧制的整个过程。这是制陶成品的最后一道工序，也是最为关键的，因为能否烧制成品，以及成品的质量，都取决于这道工序。烧制出的陶器要达到黑红色的对比效果，以便突出绘画的效果。因此，烧陶工可能也是掌握烧制技术的专业人员。在古希腊的一个陶瓶上，曾给我们留下了制作陶

---

① Anthony Snodggrass, *Archaic Greece: An Age of Experiment*, p. 127.

② 《伊利亚特》, XVIII, 599—601。

③ H. Michell, M. A., *The Economics of Ancient Greece*, p. 175.

器的整个过程①。

纺织业也是古希腊社会的主要手工业之一，其重要性也是不可忽视的。但是，由于这一行业的许多劳动大都是由妇女来完成的，在男人占统治地位的古希腊社会中，她们只能生活在家庭的狭小圈子里，所以她们的许多活动在一定程度上可能被忽略了。根据荷马的记载，海伦在特洛亚王城中也曾织布②；奥德修斯的妻子佩涅洛佩曾用织布的办法拖延时间，欺骗求婚人③。荷马对织布有具体的描述："神样的奥德修斯紧随其后，近得有如织布女子胸前的织架，当她熟练地用手把纱管穿过经线，把织架拉向自己的胸前。"④ 赫西俄德关于生活禁忌的提示中曾指出：每月的十一日和十二日都是好日子，"无论用于剪羊毛，还是用来收获喜人的果实；但十二日比十一日更好，因为这一天，在空中荡秋千的蜘蛛整天编织自己的网络，蚂蚁聚成堆，这一天妇女应搭起织机，开始自己的工作"⑤。色诺芬认为，"神从一开始就使女人的性情适宜于室内的工作"，因此，富人的妻子不仅要自己纺织，还要"教初来时不会纺织的女仆学会纺织"⑥。在阿里斯托芬的喜剧《云》中，主人公斯瑞西阿得斯娶了一个骄奢的城市姑娘，她也经常织布⑦。根据上述这些资料，以及古希腊社会生产力的现实状况可以看出，当时的纺织业必然采取家庭劳动的形式，这属于分散的家庭手工业。

古希腊社会基本上是一种男耕女织的家庭经济生活模式，贫穷公民的妻子通常都是自己纺织，富人的家庭可能雇几个女仆纺织。希腊人用于纺织的原料主要有羊毛、亚麻，制成品有麻布、毡等。到古典时代，随着社会经济的发展，纺织业也出现专门化的趋势，纺织工出现在希腊社会中。阿里斯托芬的戏剧中多处提到纺织工人，如擀呢工（《财神》，166；《妇女公民大会》，415）；

① ［英］保罗卡特里奇（Paul Cartledge）：《剑桥插图古希腊史》，郭小凌等译，山东画报出版社2005年版，第103页。

② ［古希腊］荷马：《伊利亚特》，Ⅲ，125。

③ ［古希腊］荷马：《奥德赛》，Ⅱ，93—95。

④ ［古希腊］荷马：《伊利亚特》，ⅩⅩⅢ，759—762。

⑤ ［古希腊］赫西俄德：《工作与时日·神谱》，张竹明、蒋平译，商务印书馆1991年版，第23页。

⑥ ［古希腊］赫西俄德：《工作与时日·神谱》，张竹明、蒋平译，商务印书馆1991年版，第26页。

⑦ ［古希腊］阿里斯托芬：《云·马蜂》，罗念生译，上海人民出版社2006年版，第9页。

梳毛工（《财神》，165）；织工（《鸟》，490）；织地毯工（《财神》，528）①。在柏拉图所设计的"理想国"中，纺织工是必不可少的一种工匠②；在《法律篇》中，柏拉图也曾提到了"织匠"③。从这些证据中我们可以推断，古典时代希腊社会中可能已经出现了专门从事纺织的工人。

在建筑业领域里，专业分工也越来越明显。古希腊建筑业的发展主要体现在城市建设上，包括城墙和市内的公共建筑，如神庙、祭坛、体育竞技场和剧场等，其中宗教建筑占有比较突出的地位。古希腊的建筑和艺术成就较高，这在很大程度上是通过神庙建筑遗址体现出来的。古风时代，希腊世界开始普遍建立城邦。由于宗教在古希腊城邦建立与发展的过程中都发挥了重要作用，独立神庙也在这个时期出现在希腊世界。考古研究表明，到公元前7世纪末，希腊的神庙建筑主要使用泥砖建墙体，石材只用于庙基，柱子仍是木质的。到公元前6世纪初，神庙建筑开始全部使用石材④。随着古典时代的到来，希腊世界的经济繁荣发达，建筑技术也有了一定的进步，建筑艺术风格也发生了很大的变化，神庙及雕像也更加绚丽多彩。雅典在伯里克利时代修建了许多城市工程，如比较有名的帕特农神庙，仅雅典娜神像就用去了40塔兰特的黄金。根据普鲁塔克的记载，这个时期的建筑材料主要有：石头、黄铜、象牙、黄金、紫檀、柏木；用到的手工工匠有：木工、铸工、铜匠、石匠、染匠、象牙匠、画匠、刺绣工、浮雕工等⑤。

另外，在冶铁业、制鞋业内，以及其他一些专门制造某种生活用具的行业，如专门制造车、船、马鞍、马具等的行业，专业分工的现象都非常明显。这些史实也充分说明，古希腊人在生产劳动中非常注意分工，以提高生产效率。重视社会劳动分工，是古希腊经济思想的一项重要内容。柏拉图、色诺芬对分工问题都

---

① 参见科谢连科《城邦与城市》，王阁森译，见中国世界古代史学会编《古代世界城邦问题译文集》，第21页。

② ［古希腊］柏拉图：《理想国》，郭斌和、张竹明译，商务印书馆1986年版，第60页。

③ ［古希腊］柏拉图：《法篇》，《柏拉图全集》（第三卷），王晓朝译，人民出版社2003年版，第431页。

④ P. E. Easterling and J. V. Muir, *The Greek Religion and Society*, p. 73.

⑤ ［古希腊］普鲁塔克：《希腊罗马名人传》（上册），陆永庭、吴彭鹏等译，商务印书馆1990年版，第474页。

有独到的见解，这正是对希腊人注重社会劳动分工思想的很好表达。

（三）积极发展工商业，开拓海外贸易

在古希腊文明发展的过程中，希腊人赖以生存的自然环境对希腊经济的发展起到了双重作用。一方面，自然环境为经济发展提供了有利条件和资源基础；另一方面，自然环境也在一定程度上制约着希腊经济的发展。希腊以山地为主，土地贫瘠，耕地资源相当匮乏，但希腊世界拥有丰富的矿产资源，如制造陶器用的红陶土，用于建筑和雕塑的大理石，银矿等。丰富的矿产资源为希腊手工业的发展创造了良好的条件。许多城邦都积极鼓励发展手工业和商业，特别是一些沿海城邦，如科林斯、雅典、厄吉那、米利都和萨摩斯等。其中，雅典是比较突出的。早在梭伦任执政官时，他就采取了鼓励发展手工业的措施。雅典僭主庇西特拉图曾派他的儿子赫格西斯特拉图去占领赫勒斯滂南口上的西吉昂（Sigeium）①，以确保黑海殖民地与希腊世界的贸易畅通。在科林斯，工商业活动普遍受到尊重，正如希罗多德所言，"在科林斯人那里，手艺是最不受蔑视的"②。古风时代，科林斯的陶器就已经在希腊世界非常有名，产品出口到地中海周围的许多地方。那时，雅典的陶器质量和出口量都无法与科林斯相比。科林斯的一些僭主还注重开发海外贸易，库普塞洛斯和佩里安德曾在西北方建立了几处殖民地，如莱夫卡斯岛、阿那克托里奥姆、阿波罗尼亚、埃皮达姆诺斯等地。这对科林斯城邦产生了积极的经济效果："不仅保障了通往意大利和西方的路线，更为重要的是打开了同内地的商业贸易。"③

海洋曾是制约古希腊人向外发展的不利因素，但古风时代的殖民运动正是利用了海洋，使希腊世界与地中海各地建立起广泛的贸易联系。希腊大陆上多是崇山峻岭，道路崎岖不平。交通闭塞的状况严重制约了希腊内部的经济交流，使希腊内部的商业活动发展缓慢。根据修昔底德的记载，"大多数的雅典

① John Boardman and N. G. L. Hammond, *The Cambridge Ancient History*, vol. Ⅲ, part3, p. 119.
② ［古希腊］希罗多德：《历史》，王以铸译，商务印书馆1959年版，第185页。
③ ［英］A. 安德鲁斯：《希腊僭主》，钟嵩译，商务印书馆1997年版，第49页。

人，从早期时代直到这场战争前，都和家人一起生活在乡村里"①。这种乡村生活在经济上几乎就是自给自足的，很少进行商业交换。伯罗奔尼撒战争期间，狄开俄波利斯被迫寄居在雅典城中，他对城市生活的描述也许真实地反映了雅典商业经济的发展状况："我厌恶这种城市，思念我的乡村，那儿从来也不叫：'买木炭啊！''买醋啊！''买油啊！'从来不懂得这个'买'字，什么都出产，应有尽有。"② 可见，到古典时代，尽管雅典城中的商业活动已十分活跃，但是广大的农村却正好相反，城乡之间形成了一个鲜明的对照和反差。

也许正是内部商品交流的困难，迫使希腊人积极向海外发展。古希腊商业的特征也主要体现为海外贸易。由于城邦所需要的粮食主要从海外进口，政府非常关注海外贸易，尤其是粮食进口贸易。城邦政府的积极支持，则为古希腊发展海外贸易助推了动力。公元前5世纪，科林斯、厄吉那和雅典都积极发展海外贸易，它们之间还为了争夺海上霸权而展开长期激烈的争夺。最后，雅典不仅战败了科林斯，而且把厄吉那人赶出了他们长期居住的小岛。后来，厄吉那人来到伯罗奔尼撒半岛，被斯巴达人安置到泰里亚镇居住③。雅典控制爱琴海地区以后，庇里乌斯港成为东、西地中海贸易往来的一个交通枢纽，商业贸易非常繁荣。在伯利克里时代，雅典经济的繁荣在很大程度上得益于海外贸易的发达。威尔·杜兰评价说："雅典经济的灵魂是贸易。"④ 这应该主要是对古典时代的雅典经济而言。

除了粮食的大量进口以外，木材的进口贸易也占有非常重要的地位。古风时代，长期大规模的殖民运动，在很大程度上推动了造船业的发展。到古典时代，战争的日益频繁和海战的日益增多，更是极大地刺激了造船业技术的提高和造船业的发展，因为古人深知，战争就是技术的磨削器，即使到现在仍是这样。像雅典这样的城邦，也只是在希波战争后才开始建立起庞大的舰队。在伯

---

① ［古希腊］修昔底德：《伯罗奔尼撒战争史》，徐松岩、黄贤全译，广西师范大学出版社2004年版，第89页。

② ［古希腊］阿里斯托芬：《阿卡奈人·骑士》，罗念生译，上海人民出版社2006年版，第7—9页。

③ ［古希腊］修昔底德：《伯罗奔尼撒战争史》，徐松岩、黄贤全译，广西师范大学出版社2004年版，第94页。

④ ［美］威尔·杜兰：《世界文明史·希腊的生活》，中译本，东方出版社1999年版，第357页。

罗奔尼撒战争中，海军舰队进一步显示了其重要性。由于希腊缺乏优质木材，造船用的木材主要从海外进口。希腊进口的最好的木材来自马其顿、黑海地区、普罗彭提斯海东岸的林达库斯地区（Rhyndakos），以及埃托里亚的奥塔山一带。此外，西西里岛和南意大利地区的丰富森林资源对希腊人也有很大的吸引力。公元前422年，当安菲波里斯被敌人占领的消息传到雅典时，这引起雅典人很大的恐慌。这个地方位于马其顿东部，"不仅可以提供建造舰船所用的木材，还可以从这里得到金钱收入，这些对于雅典是很有用的"①。后来，雅典人远征西西里，在很大程度上也是为了获得那里丰富的木材资源，正如阿尔基比阿德斯所言，雅典远征西西里的目标之一就是接近南意大利的森林②。事实也确实证明了这一点，公元前415年，叙拉古的军队在考伦尼亚境内把大量准备给雅典人造船用的木材付之一炬③。即使在伯罗奔尼撒战争结束后，马其顿木材对希腊世界仍然非常重要。公元前389年，卡尔息狄西的一些城市与马其顿国王阿明塔斯（Amyntas）签订了一个条约，以便获得出口沥青和木材的许可，因为木材和沥青都是造船所必需的重要材料。公元前373年，雅典将军提摩透斯（Timotheus）也从阿明塔斯那里获得出口木材的特许④。这种事实表明，即使在伯罗奔尼撒战争后，雅典仍要从海外大量进口木材，造船业对雅典的政治霸权和经济发展都有着至关重要的作用。

进口贸易的发展也带动了希腊产品的出口，其中橄榄油、葡萄酒以及陶器等成为主要出口产品。古风时代，雅典政府就曾鼓励橄榄油出口⑤。阿提卡地区的土壤贫瘠，不适宜种植粮食，却适合橄榄树、葡萄等的生长。因此，榨制橄榄油，制造盛油的陶瓶，都是当地的主要手工业。根据亚里士多德的记载，

① ［古希腊］修昔底德：《伯罗奔尼撒战争史》，徐松岩、黄贤全译，广西师范大学出版社2004年版，第249页。
② ［古希腊］修昔底德：《伯罗奔尼撒战争史》，徐松岩、黄贤全译，广西师范大学出版社2004年版，第370页。
③ ［古希腊］修昔底德：《伯罗奔尼撒战争史》，徐松岩、黄贤全译，广西师范大学出版社2004年版，第391页。
④ H. Michell, *The economics of ancient Greece*, p. 282.
⑤ ［古希腊］普鲁塔克：《希腊罗马名人传》（上册），陆永庭、吴彭鹏等译，商务印书馆1990年版，第22—23页。

米利都哲学家泰勒斯曾经利用所掌握的天文知识从事过橄榄油生意，并因此大获其利①。这表明，当时米利都人广泛种植橄榄树，橄榄油的出口可能是米利都人对外贸易的一项重要内容。尽管我们没能掌握古希腊橄榄油、葡萄酒出口贸易的具体数字，但是有些资料还是能给我们提供一些间接的证据。

据希罗多德记载，从希腊各地以及腓尼基每年两次用土瓮把酒运入埃及，而这些土瓮都被各地的官员收集起来，送到孟斐斯。然后埃及人又用这些土瓮装满了水，带到叙利亚缺水的地区去②。考古资料显示，在地中海周围和黑海地区，甚至更远的西班牙沿岸、马赛等地，都发现了古希腊的尖底陶瓶（amphorae）。这些都是用作容器的普通陶瓶。考古学家还同时发现了一些优质陶器，可能是摆放在房间里的装饰品。雅典法庭记录了公元前340年前发生的一起案件，其中提到两位雅典人阿尔特蒙和阿波罗多洛斯。他们乘船去曼德（Mende）或塞翁尼（Scione），以抵押借款的形式筹集30明那资金，准备在那里购买3000坛酒，然后继续前行到色雷斯的博斯普鲁斯，甚至远至第聂伯河河口，在那里把酒卖掉③。公元前3世纪的一份资料表明，在托勒密王朝统治下的希腊化时期，米利都的橄榄油出口到埃及。这份材料中具体记载了在埃及卸下的橄榄油数量：在一艘大船上卸下米利都橄榄油255罐和101小罐，另一艘船上卸下米利都和萨摩斯橄榄油122罐和134小罐，还在一只小船上卸下米利都橄榄油134罐和34小罐④。随着橄榄油和葡萄酒的大量出口，希腊的陶器也一同被出口到海外。在古希代腊社会中，陶罐、陶瓶通常作为盛装液体的容器，也常常用来盛橄榄油和葡萄酒。根据考古挖掘及其研究资料，我们发现黑海周围地区曾出土过大量的希腊陶罐、陶瓶；从古风殖民运动的情况来看，黑海地区成为希腊人开辟殖民地最多的地区之一。

古希腊银行借贷业务非常活跃，这也在一定程度上与海外贸易的繁荣有直接关系。古风时代，三层桨船主要用作战舰，很少在海外贸易中使用。到古典

---

① ［古希腊］亚里士多德：《政治学》，颜一、秦典华译，中国人民大学出版社2003年版，第120页。
② ［古希腊］希罗多德：《历史》，王以铸译，商务印书馆1959年版，第194—195页。
③ H. Michell, *The Economics of Ancient Greece*, p. 347.
④ H. Michell, *The Economics of Ancient Greece*, p. 285.

时代，一些三层桨船开始在海外贸易中发挥作用。修昔底德记载，雅典为远征西西里的军队运送物资时，曾使用一艘载重量 1 万塔兰特的大船①。按照现在的标准，这艘船能装载约 260 吨货物。阿德金斯认为，公元前 5 世纪希腊商船的载重量可达 100—150 吨，有的甚至达 350—500 吨②。如果没有大量的资金支持，如此规模巨大的海外贸易是很难经营的。因此，商人们必须向银行或富人借贷。由于海外贸易存在许多危险，如暴风雨天气、沉船事故以及海盗抢劫等，尽管银行贷款给船主或商人可以得到丰厚的利润，但这种贷款具有相当大的风险性。为了确保得到高额回报，有时借款人还要亲自陪同货船前往目的地，直到安全返回。也许正是因为这项借贷具有巨大风险，所以其利率也相当高。根据公元前 4 世纪中后期的两起法律案件，这种商船贷款的利率分别为22.5％ 和 30％③。海外贸易的巨大利润吸引了许多的希腊人去从事这项事业，这在一定程度上也带动了借贷业务的发展。柏拉图、亚里士多德都极力谴责高利贷行为，但这也恰恰从侧面反映了高利贷业务在当时的盛行程度，否则不会引起哲学家们的道德思考。

雅典政府还采取保护市场环境的政策，积极鼓励发展工商业经济。在议事会下面设有专门负责市场管理的官员，包括负责商品质量检查的市场法监，管理市场度量衡的量衡法监，平衡粮食价格的谷物护持等④。无论从雅典的政府机构的设置，还是从雅典城邦的政策方面，我们都不难看出，雅典政府非常重视工商业的发展，尤其重视商业贸易。由于雅典曾是提洛同盟的霸主，雅典的政治制度和体制也对其同盟国产生了影响，重商思想也必然在这些城邦国家中有所体现。

在爱琴海的岛屿上，许多城邦都积极发展海外贸易，重视工商业，如米利都、厄吉那、开俄斯等。在公元前 8—公元前 7 世纪，米利都、以弗所就已经

---

① ［古希腊］修昔底德：《伯罗奔尼撒战争史》，徐松岩、黄贤全译，广西师范大学出版社 2004 年版，第 391 页。

② L. Adkins and R. A. Adkins, Handbook to life in ancient Greece, New York, 1997, p. 199.

③ H. Michell, *The Economics of Ancient Greece*, p. 349.

④ ［古希腊］亚里士多德：《雅典政制》，日知、力野译，商务印书馆 1978 年版，第 54 页。

成为希腊人的工商业中心，纺织业、染色业、冶金业和造船业都相当发达。米利都还以羊毛、亚麻制品、陶器、葡萄酒和橄榄油而闻名。公元前7世纪，米利都、波凯亚和以弗所普遍用金、银或琥珀金铸造钱币①。金融业的发展也充分说明，在小亚细亚地区，希腊的商业活动是相当繁荣发达的。

　　上述诸多史实告诉我们，商业活动在古希腊社会受到广泛的重视。尽管柏拉图、亚里士多德等哲学家对商人持鄙视态度，但他们也不得不承认商业活动在整个社会经济中的重要作用。同时，他们对商人的这种态度并不是由于商业活动本身，而是针对商业活动中的欺诈行为提出的。但从另一方面来看，哲学家和思想家们对社会问题的思考，有时反映了古希腊社会存在的社会现实。哲学家们可以去思考，也可以去幻想，但普通民众必须为了生计而劳作和奔波。他们对商人的鄙视态度，或许正反映了商业活动的广泛性和普遍性。而广大普通民众不得不面对现实生活，他们的思想中可能存在一定的重商主义思想。

　　（四）把奴隶看作是一种财产

　　奴隶制是古代经济的一个内在成分，古代希腊社会也是如此。在古希腊经济思想中，对奴隶制最典型、最明确的观点、最具有代表性的观点，就是由亚里士多德提出的。他在《政治学》中明确指出，奴隶是财产的一部分，"在家庭排列上，奴隶就是一种有生命的所有物。财富由许多这类工具组成；帮手自身就是使用工具的工具"。"奴隶不仅是主人的奴隶，而且整个属于他。"亚里士多德还进一步区分了两种奴隶，一种是"自然奴隶"，即那些天生就是奴隶的人；另一种根据人们约定俗成的法规，在战争中捕获的俘虏。战争依据的法则是一种强权理论，即"人们认为在战争中被夺取捕获的东西应当为胜利者所有"。即使是在古希腊社会，战胜者的这种权利也遭到过质疑和谴责。正是出于对这种战争法则"公正"性的质疑，人们不愿意称自己为奴隶，"而宁愿把这个词给外邦人"②。在这里，亚里士多德不仅认为奴隶制是必然的，而且肯定了奴隶制的合理性和"公正"性。

---

① 李天祜：《古代希腊史》，兰州大学出版社1991年版，第12页。
② ［古希腊］亚里士多德：《政治学》，颜一、秦典华译，中国人民大学出版社2003年版，第11页。

亚里士多德把奴隶看成是其主人的一种财产，并进一步分析了希腊世界的奴隶来源问题，尤其对通过战争手段掠取奴隶进行了论证，认为"战争技术乃是一门关于获取的自然技术，……即我们应该用它来捉拿那些天生就应当由他人来管理而不愿臣服的人；这样的战争自然而公正"。在这里，亚里士多德显然在为奴隶制辩护。在古代希腊，奴隶的来源有多种渠道。首先是那些世代相传的奴隶，对于那些忠于主人而又勤劳能干的奴隶，不仅往往会受到主人物质上的奖励，有的还被允许结婚，就像奥德修斯的牧主奴欧迈奥斯。柏拉图认为，忠诚的奴隶即使在获得自由以后，也要尽力为其原来的主人提供一些服务，"甚至在他结婚的时候也要得到他原先主人的批准"①；实际上，奴隶们很难获得释放，他们世世代代都只能做别人的奴隶。"如果一名女奴与奴隶、自由民或获得自由的奴隶生育，那么所生的后代全部属于女奴的主人；如果身为自由民的妇女与男奴隶生育，那么所生的后代属于男奴隶的主人。"② 其次，战俘也是奴隶的重要来源之一，尤其是在古典时代。由于古希腊历史上战争频繁，许多战俘被当作奴隶卖掉。在伯罗奔尼撒战争爆发前的冲突中，科林斯人把800名科西拉俘虏卖掉③。有时胜利者也直接把被征服地区的居民变为奴隶，如雅典征服爱昂和西罗爱斯岛后，把这两个地方的居民都变成奴隶④。美赛尼亚战争后，斯巴达人把占领地区的美赛尼亚人全部变成具有奴隶身份的"希洛人"。第三，海盗和绑架等活动，也为奴隶贸易提供了一定的来源。奴隶贸易在希腊世界相当普遍，开俄斯是最有名的奴隶贸易市场。此外，奴隶贸易市场还有塞浦路斯、萨摩斯、以弗所、雅典和后来的提洛岛⑤。第四，因债务被卖为奴隶，这种现象在古风时代的前期尤其普遍。但是许多城邦先后采取措施，制止了内部奴隶制的发展。因此，到古典时代，希腊世界主要通过奴隶

---

① ［古希腊］柏拉图：《法篇》，《柏拉图全集》（第三卷），王晓朝译，人民出版社2003年版，第681页。

② ［古希腊］柏拉图：《法篇》，《柏拉图全集》（第三卷），王晓朝译，人民出版社2003年版，第697页。

③ ［古希腊］修昔底德：《伯罗奔尼撒战争史》，徐松岩、黄贤全译，广西师范大学出版社2004年版，第29页。

④ ［古希腊］修昔底德：《伯罗奔尼撒战争史》，徐松岩、黄贤全译，广西师范大学出版社2004年版，第51页。

⑤ H. Michell, *The Economics of Ancient Greece*, p. 153.

贸易从海外市场上购买奴隶，以巩固城邦奴隶制的基础。

古希腊社会中的奴隶的地位还是有一定差别的，由于古代希腊是一个以小农经济为主的社会，农业生产的性质使一般公民很难常年养活一个奴隶。因此，古希腊农业中很少存在大规模的奴隶劳动。当然，斯巴达在当时应该是一个例外。相比之下，使用较多的是各种家庭奴隶，他们实际上是一种奴仆（serf）。家奴的数量通常都比较少，一般富裕家庭拥有几个奴隶，只有那些非常富裕的家庭才拥有大量奴隶。

城邦政府有时也使用奴隶，让他们从事修路、清洁道路等劳动，甚至有些奴隶在政府机构中充当低级小吏。在古代希腊，使用奴隶最多的是工矿业。尤其是在矿场劳动的奴隶，他们不仅劳动强度大，而且生活条件较差。由于这些奴隶都是矿场承包商向畜养奴隶的人租用来的，奴隶在这里受到非人的待遇，他们的生活条件和生活环境都十分差。

奴隶不仅可以买卖，也可以继承。因此，在希腊人的思想意识中，奴隶就是一种财产。尽管在古风时代，把奴隶当作财产的现象还不普遍，但是这一思想已经开始在人们的头脑中扎根。到古典时代，随着希腊世界的战争日益频繁，战争规模也越来越大，出现的战俘越来越多，把战俘变成奴隶的现象已经司空见惯。希腊人逐渐形成一条约定俗成的法规，即在战争中被夺去捕获的东西应当为胜利者所有。

随着古典经济的繁荣，奴隶得到更广泛的使用，希腊的奴隶贸易也越来越活跃。畜养奴隶成为有利可图的事情，许多人开始从事这种营生，他们靠出租奴隶赚钱。甚至色诺芬建议雅典城邦畜养奴隶，用以增加城邦政府的经济收入。作为古希腊思想的集大成者，亚里士多德对奴隶的看法具有典型的代表性：奴隶是一种财产，也是一种劳动工具。这种观点在很大程度上是古代希腊社会对奴隶问题的高度概括，具有明显的时代特征和代表性。

当然，与后来罗马帝国的奴隶制相比，希腊世界的奴隶制显得有些"温和"。有西方学者根据《荷马史诗》的描述，认为那时奴隶主对待他们的奴隶仍然是非常"温和"、非常"仁慈的，"这在根本上是基于这一时期典型的家庭组织所表现出的家庭的团结"。而这种自荷马时代确立起来的在农业及家庭生活中温和使用奴隶的状态一直持续到公元前 2 世纪①。

（五）多种经济方式和雇佣制的流行

由于生存环境的恶劣，古希腊人以其特有的勇敢精神在许多领域中进行大胆探索。他们在大自然所赐予的环境中，通过一切可能的手段来获取生活资料。根据亚里士多德的描述和总结，古代希腊人的基本谋生手段有五种，即畜牧业、农耕种植业、掠夺活动、捕鱼和狩猎活动。这五种谋生方式各有其不同的特点，畜牧业具有很大的流动性，牧民从所驯养的动物得到其生活资料，这种生活不是太辛苦。但是，牧民必须为寻找牧场而奔波，不得不跟随畜群生活，他们仿佛耕耘着一块"活动的农庄"。同时，生活类型与地理环境有很大的关系，以捕鱼为生的人大多居住在江河湖泊周围，或沿海一带。亚里士多德认为，从事农耕业的人占有人口的绝大多数，但并非所有的人都只从事一种职业。有些人依靠两种职业获取生活必需品，把其中一种作为主要职业，把另一种作为补充。

除了上述一类手段获取生活资料外，还有一类通过交换获取财富的致富术。与第一类相比，后面一类主要是商业活动。前面一类的特点是，这些生存手段本身都能够产生自己的"产品"；而后面这一类则不同，它主要通过交换的形式获取财富，它本身并不能制造出任何"产品"。亚里士多德把商业分为三种：首先是"船舶供应、商品运输，以及商品展示"；其次是高利贷；第三是雇佣业务。在这里，亚里士多德进一步把雇佣业务细分为两种，即"有一类人受雇于机械行业，有些人则只提供非技术性的体力劳动"②。也就是说，在雇佣关系中，不仅仅是单纯的劳动力雇佣，有的被雇佣者还是拥有一技之长的技术性雇工。可见，雇佣劳动在古希腊社会中还是相当普遍的。

古代希腊社会的政治环境是相对宽松的，城邦政府对人身的束缚还不是十分严重。希腊民主政治下的许多公民都是下层贫民，他们除了经营自己的土地之外，还有可能在闲暇时间里到城市中找些临时性的工作，以贴补生活之不足。古代希腊社会中存在大量的无业游民，他们无以为生，有时可能受雇于

---

① ［美］威廉·威斯特曼：《古希腊罗马奴隶制》，邢颖译，大象出版社 2011 年版，第 4—5 页。
② ［古希腊］亚里士多德：《政治学》，颜一、秦典华译，中国人民大学出版社 2003 年版，第 21 页。

人。古希腊的许多城邦，尤其是那些工商业比较发达的城邦，大都允许甚至鼓励外邦人定居本国。由于外邦人不能拥有土地，也不能经营土地，他们或从事工商业，或成为雇佣劳动者，以出卖劳动力为生。

从当时社会生产力的发展水平来看，雇佣关系中最多的应该是雇佣劳动力。在赫西俄德时代，希腊社会中就已经存在明显的雇佣关系了。许多人在农忙季节都可能要雇佣几个劳动力，农忙一结束就把他们解雇。受雇者有外邦人，也有希腊的下等公民。根据梭伦改革中划分公民等级的方案，第四等公民叫作泰特，"他们不能担任任何公职，只有作为公民大会的成员或作为陪审员来参与国政"①。而梭伦划分公民等级的标准主要是依据他们拥有财产的多少，可见泰特是一个经济上比较贫困的阶层。亚里士多德称他们为"日佣级"，而日佣的原意就是雇工②。因此，古希腊的低等公民很有可能就是佣工，或者在农闲季节去做佣工。梭伦诗中就曾提到农业雇工："有的人给人当雇工，操持弯犁，年年开垦那杂树丛生的土地。"③ 阿里斯托芬在《云·马蜂》中曾提到采橄榄的佣工④，这些应该是农业中存在雇佣劳动的可靠证据。到古典时代，由于许多城邦采取鼓励外国人定居的政策，希腊社会中可能存在许多非公民的雇工，他们以出卖劳动力为生。少数拥有一技之长的人也可能发挥自己的特长，靠自己的技艺获得生活来源。显然，古希腊整个城邦普遍存在雇工，雇佣劳动在社会上比较流行。

到古典时代，随着古希腊经济的日益发展，尤其是商业经济的日渐繁荣，对雇工的需求进一步增加。再加上雅典因为控制着提洛同盟而成为爱琴海的霸主，雅典与盟国之间的贸易往来也会因政治关系而密切起来。雅典在同盟中的中心地位也会给雅典城带来许多商业机会，因此，"由于雅典帝国的存在，数以千计的雅典日佣级公民得到了薪酬较高的稳定工作"⑤。柏拉图曾提到，"零

---

① ［古希腊］普鲁塔克：《希腊罗马名人传》（上册），陆永庭、吴彭鹏等译，商务印书馆1990年版，第185页。

② ［古希腊］亚里士多德：《雅典政制》，日知、力野译，商务印书馆1959年版，第10页。

③ 《古希腊抒情诗选》，水建馥译，人民文学出版社1988年版，第77页。

④ ［古希腊］阿里斯托芬：《云·马蜂》，罗念生译，上海人民出版社2006年版，第171页。

⑤ A. H. M. Jones, *Athenian Democracy*, p. 8.

售业有许多部门，包括许多低贱的雇佣关系在内"①。亚里士多德在分析古代希腊的各种政体时认为，无论何种政体的城邦，其居民都是由多种成分组成的，雇佣工是其中的一个组成部分②；他还认为："民众最主要地可以分成四个部分：农民、工匠、商贩和雇工。"③ 可见，雇工成为古希腊社会经济生活中不可忽视的一个因素，雇佣制在当时的经济生活中应该是有一定程度的发展。

　　由于特殊的历史背景，雇佣劳动还曾在当时希腊的军事领域里一度盛行。早在古风时代，不仅许多僭主都使用雇佣兵，而且有许多希腊人到东方国家做雇佣兵。根据希罗多德的记载，不仅埃及军队中有一支由希腊人和卡里亚人组成的雇佣军，而且埃及国王阿玛西斯（Amasis）还曾有一支三万人的亲卫军，也是由希腊人和卡里亚人组成的④。到古典时代，随着公民兵制度的日益衰落，很多城邦使用雇佣兵充实军队。所以，一度衰弱的雇佣兵制再次盛行起来，雅典在这一方面仍然非常突出。由于控制着偌大一个"帝国"，雅典还要为其他盟国提供海上保护，以免受波斯人的侵扰。因此，雅典保持着一支庞大的海军力量。同时也有许多希腊人到东方当雇佣兵，最著名的应该就是波斯王子小居鲁士军队中的那一支希腊雇佣军。后来，这支一万多人的队伍在色诺芬的率领下，长途跋涉，辗转万里，最终回到希腊本土。甚至到亚历山大东征时，仍有许多希腊人在波斯军队中当雇佣兵。

　　雇佣制的流行还表现在奴隶劳动方面。古典时代，由于经济的迅速发展，尤其是采矿业的不断扩大，对劳动力的需求也急剧增加。历史记载告诉我们，在古希腊的采矿业中是使用奴隶劳动最多的一个部门，而这些奴隶大多数是矿主们雇来的。因此，古典时代，希腊城邦蓄养奴隶的现象越来越多。据记载，公元前 5 世纪的一位富人尼西阿斯（Nicias）就曾经大量蓄养奴隶，最多时拥有 1000 个奴隶。他把这些奴隶以每天 1 个奥波尔的价格出租给一个矿产承包

① ［古希腊］柏拉图：《法篇》，《柏拉图全集》（第三卷），王晓朝译，人民出版社 2003 年版，第 686 页。
② ［古希腊］亚里士多德：《政治学》，颜一、秦典华译，中国人民大学出版社 2003 年版，第 123 页。
③ ［古希腊］亚里士多德：《政治学》，颜一、秦典华译，中国人民大学出版社 2003 年版，第 220 页。
④ ［古希腊］希罗多德：《历史》，王以铸译，商务印书馆 1959 年版，第 184 页。

商，承包商负责这些奴隶们的衣食，并要负责包赔损失。同时代的两位富人希波尼可斯和非列摩尼，也通过出租奴隶劳动的方式获取利益①。

总之，雇佣劳动在古希腊社会普遍存在，它以各种形式渗透到经济领域和社会生活的各个方面。雇佣制是古希腊奴隶制的一种重要补充，它适应了当时社会经济发展的需要。古希腊奴隶制有其"温和"的一面，特别是与后来的罗马奴隶制相比较。这也许正是古希腊奴隶制发展水平较低，制度尚不完善的原因，从而为雇佣制留下了一定的发展空间。

---

① ［古希腊］色诺芬：《经济论·雅典的收入》,张伯健、陆大年译,商务印书馆1961年版,第72页。

第五章　古希腊经济思想的成熟

——古典时代（下）

　　古典时代的经济繁荣，也推动了城邦各项事业的发展。作为希腊古典时代的标志，雅典人在继续对抗波斯帝国的同时，继续推进民主政治。伯里克利的改革把雅典民主政治推向鼎盛时期。雅典民主政治也因此成为希腊世界的经典，至今仍被许多西方国家视为民主政治的源头和典范。在经济与社会发展的基础上，希腊世界的教育事业也得到长足的发展，以至于教育成为希腊影响西方文明的重要领域①。有证据表明，小亚细亚的爱奥尼亚城市和早期雅典都有学校教育。在公元前 6 世纪，梭伦制定了学校规章制度②。教育事业的发展也为希腊世界培养了一批知识型人才，从而推动了古典时代希腊文化丰硕成果的取得。公元前 5 世纪，出现在意大利南部城市的爱利亚学派，造就了巴门尼德、麦里索和芝诺三位著名哲学家。而继米利都学派之后，德谟克利特为代表的原子论学派，推动了唯物主义理论的进一步发展。尤其是苏格拉底和柏拉图，因其哲学成就成为希腊哲学发展史上的重要里程碑式的人物。"公元前425 年—公元前 350 年之间，希腊思想的主要渠道是由苏格拉底（前 469 年—前 399 年）和柏拉图（前 427 年—前 348 年）塑造的。"③ 亚里士多德则是继

---

① ［英］M. I. 芬利：《希腊的遗产》，张强等译，上海人民出版社 2016 年版，第 248 页。

② ［英］M. J. 卡里，T. J. 哈阿霍夫：《希腊罗马世界的生活与思想》，郭子林、曹彩霞译，大象出版社2012 年版，第 238 页。

③ ［英］M. J. 卡里，T. J. 哈阿霍夫：《希腊罗马世界的生活与思想》，郭子林、曹彩霞译，大象出版社2012 年版，第 165 页。

苏格拉底和柏拉图之后的著名哲学家，也是古希腊思想的集大成者。同时，文学和历史学也有了突出的发展，继希罗多德的《历史》之后，又出现了修昔底德的《伯罗奔尼撒战争史》，对后世影响都很大。此外，还有色诺芬的《希腊史》《回忆苏格拉底》和《长征记》等，都具有重要的历史价值。

　　但古典时代经济繁荣的背后也蕴含着许多社会问题。雅典民主政治的极端发展也带了一些负面影响。雅典利用反对波斯人的战争组建起了提洛同盟，从而建立起自己的霸权。但这同时也激化了与斯巴达的矛盾，迫使斯巴达建立了伯罗奔尼撒同盟。两个同盟之间的长期对抗最终导致了希腊世界的一场内部战争。伯罗奔尼撒战争不仅耗尽了雅典长期积累的财富，而且战争的失败造成了内部激烈的政治斗争，引发了社会动乱。更严重的是，民主政治走向了极端，民主也成为党争的工具，导致雅典社会动荡不安。这种社会动乱引起了思想家们的思考和忧虑。柏拉图、亚里士多德以及色诺芬等人就是其中的代表。他们从不同的角度分析了雅典社会动乱的原因，亚里士多德甚至考察了希腊世界众多城邦的政治体制，详细评价了其特点和优劣。他们都不同程度地意识到经济因素在社会发展中的重要作用，试图探索解决社会矛盾的有效途径和方法。他们因此在经济思想方面取得了重大成就，这些思想成就是古希腊文化中的璀璨明珠。

第一节　柏拉图的主要经济思想成就

　　柏拉图是古希腊著名的哲学家和思想家，尽管他没有专门的经济学著作，但他在一些著作中已经明显表现出对经济问题的高度关注，尤其是在他的《理想国》和《法律篇》中，从经济角度对社会问题进行思考。他还积极探索解决社会问题的方案，并为此进行过相关的社会实践活动。他为解决社会问题提出了方案，试图从经济方面入手，解决日益尖锐的社会矛盾，以期实现社会的和谐稳定。因此，在柏拉图丰富的思想宝库中，经济思想也占有一席之地。

第一，财富观。

柏拉图的财富观包含着广泛的内容，一方面，他承认奴隶、妇女和孩子是男人的财富；另一方面，他又认为财富不仅包括物质财富，还包括精神财富。

在《法律篇》中，柏拉图探讨了对奴隶的所有权问题，显然把奴隶当作一种财产来对待①；并且"任何人，只要心智健全，都有权以自己喜欢的合法方式对自己的奴隶动武，同样也有权抓获任何同胞或朋友的逃亡奴隶，为的是保障他的财产安全"②。奴隶很难获得自由，甚至其子女也要终身为奴。柏拉图对此也做了明确解释："如果一名女奴隶与奴隶、自由民或获得自由的奴隶生育，那么所生的后代全部属于女奴的主人；如果身为自由民的妇女与男奴隶生育，那么所生的后代属于男奴隶的主人。"③ 即使奴隶获得自由后，也要对其原来的主人忠心耿耿，甚至奴隶的子女们都要忠于其父母的主人，定期给他们干活："要灶神月三次为给予他自由的主人修补炉灶，并尽力为他原来的主人尽可能提供这样的服务，甚至在他结婚的时候也要得到他原先主人的批准。"④ 在《理想国》中，柏拉图极力主张实行财产公有，甚至把妇女和儿童都看作是男人的财产。因此，在他的财产公有思想中，不仅土地、金银等贵重金属是公有的，妇女和孩子也是公有的。这种观点明显带有奴隶主阶级的思想烙印，反映了奴隶主阶级的基本立场。

当然，柏拉图也认识到物质财富的重要性，但是他反对人们过分追求物质财富。在他看来，过分追求物质财富是人们贪婪的表现，财产私有是造成社会动乱的原因。在《理想国》中，柏拉图反对人们追求金银财富，"世俗的金银是罪恶之源，心灵深处的金银是纯洁无瑕的至宝"⑤。他尤其强调国家的护卫者不能拥有私人财产，不能追求财富。"因为人们之间的纠纷，都是由于财

---

① ［古希腊］柏拉图:《法篇》,《柏拉图全集》(第三卷),王晓朝译,人民出版社2003年版,第532—533页。
② ［古希腊］柏拉图:《法篇》,《柏拉图全集》(第三卷),王晓朝译,人民出版社2003年版,第681页。
③ ［古希腊］柏拉图:《法篇》,《柏拉图全集》(第三卷),王晓朝译,人民出版社2003年版,第697页。
④ ［古希腊］柏拉图:《法篇》,《柏拉图全集》(第三卷),王晓朝译,人民出版社2003年版,第681页。
⑤ ［古希腊］柏拉图:《理想国》,郭斌和、张竹明译,商务印书馆1986年版,第130—131页。

产、儿女与亲属的私有造成的。"① 柏拉图从经济方面分析社会动乱的原因，意识到经济与政治的密切关系，这种观点在当时具有很大的进步意义。更难能可贵的是，柏拉图认识到精神财富的重要性。在《法篇》中，柏拉图将财富分为三等，即物质财富、身体的健康、精神财富。他认为这三种财富中最重要的是精神财富，物质财富是服从于精神财富的："财富不是'盲目的'……因为财富是智慧的仆从。"② 柏拉图关于精神财富和健康财富的分析具有时代的进步性，其精神难能可贵，值得我们从中吸取精华。

第二，社会分工。

柏拉图勾勒出的"理想国"，是一个在哲学家国王的治理下井井有条的城邦国家。这个国家存在的自然基础就是由于人的不同"质"而自然形成的社会分工。整个社会被分成泾渭分明的三个等级，他们执行不同的社会职能：富有知识的哲学家属于第一等级，他们负责治理国家、制定法律和教育人民；武士属于第二等级，他们的职责是保卫国家、准备打仗、执行法律；农民、手工业者和商人属于第三等级，他们负责供应整个社会的物质需要，为上面两个等级提供必需的生活资料。柏拉图认为落实社会劳动分工理论是建立"理想"国家的前提和基础。恩格斯在《反杜林论》中曾对此给予高度的评价："柏拉图把分工描述为城市的（在希腊人看来，城市等于国家）自然基础，这种在当时说来是天才的描述。"③ 可见，社会劳动分工理论是柏拉图经济思想的重要方面，对后世也产生了影响。

第三，商业思想。

从柏拉图有关商业的论述来看，他的商业观点存在一些矛盾之处。首先，从经济的观点来看，柏拉图认识到了商业在社会经济生活中的重要性。"当我们考虑到零售的基本功能时，国内的零售不是一件坏事，而是有益的。如果有人能使原先天然分布不平衡、不合比例的各种物品平衡而又合乎比例地分布到各地，供人们使用，那他岂不是大恩人吗？……这就是商人的功能。"因此，

---

①　[古希腊]柏拉图：《理想国》，郭斌和、张竹明译，商务印书馆1986年版，第201页。

②　[古希腊]柏拉图：《法篇》，《柏拉图全集》（第三卷），王晓朝译，人民出版社2003年版，第374页。

③　《马克思恩格斯全集》（第20卷），人民出版社1971年版，第251页。

他对商业的评价是，"如果能够按照严格的原则办事，那么我们应当敬重这些职业，因为它们起到类似母亲和保姆的作用"①。但是，柏拉图并不主张大力发展商业经济，因为"我们的社会一定不要金银，也不要用手工技艺谋利，不能有高利贷，也不能容忍利欲熏心的小人，而只允许有限度的农耕"②。这不仅表现出柏拉图的重农思想，同时也反映了他对商业的基本态度，即认识到商业的重要性，但要抑制商业的发展。柏拉图的"理想国"是一个以自给自足的自然经济为特征的社会。

与上述观点相联系，柏拉图的商业思想表现出对商人的鄙视态度。这其中的原因或许是多方面的，首先，柏拉图以一个哲学家的观点，站在奴隶主阶级的立场上，鄙视体力劳动，尤其贬低工商业者。在柏拉图设计的"理想国"中，最高贵的阶层是统治者，第二阶层是军人，最低阶层是农民及其他技工。在分析造成这种差别的原因时，柏拉图认为这是自然原因造成的，上天在铸造人类时分别加入了不同的金属，在统治者身上加入了黄金，在军人身上加入了白银，在农民和其他技工等身上加入了铁和铜。因此，在柏拉图看来，劳动阶级天生低劣。其次，柏拉图主要是针对商业中的欺诈行为提出这种观点的。"一有机会赢利，他们就会设法牟取暴利。这就是各种商人和小贩名声不好，被社会轻视的原因。"柏拉图从人性的本质出发，分析商人追逐物质利益的本质及原因。他认为："在我们有机会发财的时候，我们中能保持清醒头脑的人并不多，或者说宁愿节制财富的人并不多。大多数人的性情完全相反，在追求欲望的满足时，他们完全超过了限度。"③ 因此，柏拉图鄙视的是商人过度追求经济利益的行为。另外，还有一种因素值得注意，那就是雅典的商业大多是由外邦人来经营的。在希腊人看来，希腊民族是一个高贵的民族，是文明的象征，而其他外邦人是低等的野蛮人。外邦人在雅典不能拥有和经营土地，除非得到特别允许，否则是不能拥有公民权的。而事实上这种特许的情况很少发

---

① ［古希腊］柏拉图：《法篇》，《柏拉图全集》（第三卷），王晓朝译，人民出版社2003年版，第684—685页。

② ［古希腊］柏拉图：《法篇》，《柏拉图全集》（第三卷），王晓朝译，人民出版社2003年版，第502页。

③ ［古希腊］柏拉图：《法篇》，《柏拉图全集》（第三卷），王晓朝译，人民出版社2003年版，第685页。

生，因此，外邦人的地位非常低下。柏拉图对商人的贬低在一定程度上也反映了希腊社会存在歧视外邦人的现象。

与他的商业观点相联系，在货币问题上，柏拉图反对公民持有金银，但允许他们持有货币。他还反对公民以足值货币的形式去积累财富。他鄙视商人们唯利是图的行为，更反对高利贷，主张禁止放钱取利和抵押放债。

第四，奴隶制问题

在古希腊人看来，奴隶制是一种不幸而又必不可缺少的制度[①]。在古希腊哲学家的经济思想中，奴隶制也是不可回避的一项重要内容。阿里斯提普斯与苏格拉底对话中曾经有这样的话，"我并不是一个拥护奴隶制的人"，"但我认为有一条我愿意走在其中的中庸大道，这条道路既不通过统治，也不通过奴役，而是通过自由，这乃是一条通向幸福的光明大道"。而苏格拉底的回答是："如果你所说的既不通过统治也不通过奴役的道路，也不是通过人间的道路的话，那么，你所说的也许就值得考虑了。但是，你既然是生活在人间，而你竟认为统治人和被统治都不适当，而且还不甘心尊敬掌权的人，我想你一定会看到，强有力的人是有办法把弱者当着奴隶来对待，叫他们无论在公共生活或私人生活中都自叹命苦的。难道你能够不知道，有些人把别人所栽种和培植起来的庄稼和树木砍伐下来，用各式各样的方法扰害那些不肯向他们屈服的弱者，直到他们为了避免和强者的战争而不得不接受他们的奴役？就是在私人生活中，难道你也没有看到，勇而强者总是奴役那些怯而弱者并享受他们劳动的果实吗？"[②] 可见，在古希腊人看来，奴隶制虽然并不是最好的制度，但又是不可避免的。柏拉图认为"奴隶作为一种财产是不容易掌控的"，对他们要有一定的管理方法："不要让那些安分守己的、驯服的奴隶聚在一起，也尽可能不要让他们全都讲一种语言；二是恰当地对待他们，为他们多做些考虑。"[③] 在这里，柏拉图显然把奴隶看作一种财产，如同牲畜一样的财产。同时，他也认识到，奴隶们对于自己的被奴役地位并不是心甘情愿的，如果主人处理不好

---

①　B. B. Price, *Ancient Economic Thought*, London, p. 100.

②　[古希腊]色诺芬：《回忆苏格拉底》，吴永泉译，商务印书馆 1984 年版，第 44—45 页。

③　[古希腊]柏拉图：《法篇》，《柏拉图全集》（第三卷），王晓朝译，人民出版社 2003 年版，第 533 页。

与奴隶的关系，就有可能引起奴隶的反抗。

第二节　亚里士多德的经济思想

亚里士多德是古希腊最著名的哲学家和思想家，吸收了其前之思想家们的学术成就，是古希腊思想的集大成者。与他的老师柏拉图相比，他具备更敏锐的分析能力，对许多经济问题的论述和分析更加深刻、更加透彻且更加具有现实主义色彩。因此，亚里士多德的经济思想更加丰富，尤其是他对价值问题的深刻分析，在西方经济学术史上占有非常重要的地位。

一、关于获取财富的手段与财产观

在《政治学》中，亚里士多德从经济的视角分析了古希腊社会存在的几种基本生活方式。他认为，希腊人最基本的维持生计的方式有五种，即畜牧业、农耕种植业、掠夺活动、捕鱼与狩猎活动等。这五种谋生方式各有不同的特点。畜牧业具有很大的流动性，牧民从所驯养的动物得到其生活资料，这种生活不是太辛苦。但是，牧民必须为寻找牧场而奔波，不得不跟随畜群生活，他们仿佛耕耘着一块"活动的农庄"。同时，生活类型与地理环境有很大的关系，以捕鱼为生的人大多居住在江河湖泊周围以及海洋的沿岸一带。亚里士多德一方面认为从事农耕种植业的人占绝大多数，另一方面又指出并非所有的人都只从事一种职业，有些人依靠两种职业获取生活必需品，把其中一种作为主要职业，把另一种作为补充形式。上述五种谋生手段也有共同特点，即"其产品出于自身，其食物并不靠交换与零售贸易而获取"。

亚里士多德在把掠夺列为生存手段的基础上，还进一步将这种思想扩大到战争，认为战争是一种符合"自然"法则的生存手段，就如同狩猎活动一样，"用它来捕获野兽，并捉拿那些天生就应当由他人来管理而不愿臣服的人"[①]。亚里士多

---

① ［古希腊］亚里士多德:《政治学》,颜一、秦典华译,中国人民大学出版社2003年版,第14—15页。

德的这种思想是建立在其财富观基础上的，他在这里所说的"不愿臣服的人"指奴隶。他认为"奴隶就是一种有生命的所有物"，"奴隶不仅是主人的奴隶，而且整个属于他"，"那种在本性上不属于自己而属于他人的人，就是天生的奴隶"①。在《尼各马可伦理学》中，亚里士多德同样认为"奴隶是有生命的工具，工具是无生命的奴隶"②。可见，这种观点也是建立在奴隶制的"公正性"基础上的。

上述获取财富的方式有一个共同特点，即它们本身都能生产出产品，因而是自然的获取方式。与此相反，亚里士多德还列举了几种本身不能生产出产品的获取方式，即那些通过交换而获得财富的方式。他把这类获取方式依次分为三种：第一种（最基本的、最重要的）是商业，第二种是高利贷，第三种是雇佣业务③。

亚里士多德关于获取手段的论述，整个地与他的财产观密切联系在一起的。在亚氏看来，土地、牲畜甚至奴隶都是财产的重要形式，是自然的财产，是无条件的。同时，金、银和货币作为财产是有条件的，不是自然的财产。货币作为财富是有局限性的，货币之所以被有些人看成是财富，原因在于货币的本质，即它是一种约定俗成，而不是自然形成的。与这种财产观相联系，亚里士多德肯定了战争作为一种获取手段的合理性，却把商业活动看作是不符合"自然"法则的获取方式。

二、对价值形式、交换以及货币等的精辟分析

亚里士多德作为一位具有思辨精神的哲学家，对经济领域里的许多现象进行过细心的观察和思考，并得出了许多有价值的结论，有一些思想观点至今仍受到学术界的重视，可见其影响之深。

首先是对商品价值问题的初步思考。从现代意义上讲，亚里士多德曾经从纯经济学的角度，对一些经济现象进行微观分析，比如对商品价值问题的分析。亚里士多德认为，"我们所拥有的一切事物都有两种用途，两者都属于事

---

① ［古希腊］亚里士多德：《政治学》，颜一、秦典华译，中国人民大学出版社 2003 年版，第 7 页。
② ［古希腊］亚里士多德：《尼各马可伦理学》，廖申白译注，商务印书馆 2003 年版，第 250 页。
③ ［古希腊］亚里士多德：《政治学》，颜一、秦典华译，中国人民大学出版社 2003 年版，第 21 页。

物自身，但方式不同，因为一种用途是正当的，另一种是不正当的。例如，鞋子就既可用来穿，也可用来交换物品"①。这实际上是指出了商品价值的二因素，即使用价值和交换价值。亚里士多德对价值形式的精辟分析曾得到马克思的高度评价："这位研究家……也最早分析了价值形式。他就是亚里士多德。"② 我们从马克思的高度评价中可以看出，亚里士多德对价值问题的分析之深刻。

其次是对货币社会功能的考察。在《政治学》中，亚里士多德考察了货币的起源，分析了货币的功能。他认为，最初的物物交换是一种自然的交换方式，"人们一旦发现了铸币的用途，就会从必需商品的物物交换中发展出其他的致富术，即零售贸易"③。亚里士多德还进一步比较了物物交换与零售贸易的不同之处，认为二者的最大差别在于，前者符合"自然"法则，因为这种交换是有限度的；而后者是违背了"自然"法则的交换方式，因为它对财富的追求是无止境的。他进一步提出了两种有关货币的观点，一方面，"许多人认为财富不过是一定数量的钱币而已，因为致富术和零售贸易与钱币有着密切关系"；而"另一些人认为钱币不过是一种赝品，并非自然之物，只是约定俗成使然。一旦使用者用某种替代物替换了它，它就毫无价值了"④。显然，亚里士多德实际上已经认识到了货币的价值尺度、流通手段和储藏手段等功能。在《伦理学》中，他对货币问题也有论述，认为货币是需求的一种代表，"使一切商品联系起来"。亚里士多德也认识到货币的另一基本功能，即储藏功能，也就是说钱币可以当作财富储藏起来。他说："致富术起源于钱币的使用"，"致富术主要在于钱币使用，并作为产生金钱的技术"，"财富不过是一定数量的钱币而已"⑤。

更为难能可贵的是，亚里士多德还认识到，货币作为一种财富，其功用也

---

① ［古希腊］亚里士多德：《政治学》，颜一、秦典华译，中国人民大学出版社 2003 年版，第 16 页。
② 李守庸：《马克思恩格斯论重商主义以前的经济思想》，文物出版社 1990 年版，第 49 页。
③ ［古希腊］亚里士多德：《政治学》，颜一、秦典华译，中国人民大学出版社 2003 年版，第 17 页。
④ ［古希腊］亚里士多德：《政治学》，颜一、秦典华译，中国人民大学出版社 2003 年版，第 18 页。
⑤ ［古希腊］亚里士多德：《政治学》，颜一、秦典华译，中国人民大学出版社 2003 年版，第 18 页。

不是万能的，而是有条件的。因为货币并不能满足人们生活的一切需要，富有货币的人也可能缺乏食物。他以古希腊神话中的国王迈达斯为例说明这一观点。迈达斯因贪婪的祈祷而使他接触到的一切都变成了金子，他本人也因此被饿死。在这里，亚里士多德似乎在向我们表明，金银货币作为财富是社会经济发展的结果，同时也必须以经济一定程度的繁荣为基础。在《伦理学》中，亚里士多德对货币的功能做了进一步分析。货币作为一种流通媒介是约定俗成的，即"不是由于自然而是由于习惯而存在的"①。他还指出，"货币是使得所有物品可以衡量和可以平等化的唯一尺度"②。货币可以使一切物品可以公约，也就是一切商品都是以货币为价值尺度的。他再次强调了货币作为一种价值尺度的功能。

三、对经济活动的伦理思考

亚里士多德是一位哲学家和思想家，崇尚哲学，热衷于政治学研究。他认为政治活动是最高尚的职业，政治学是最高的一门学问。他的观点体现了统治阶级的基本思想倾向，他轻视体力劳动，反对人们过分追求物质利益。他对商业活动有着自己独特的看法和深刻的分析，并进行了道德上的评价。

亚里士多德在分析事物的两种价值时指出，使用价值是事物"正当的"用途，交换价值是它的"不正当的"用途。这实际上开辟了分析商品价值二因素的先河，为后来的微观经济分析奠定了基础。在论及物品的交换问题时，亚里士多德把物物交换和以货币为媒介的简单商品交换看作是小商业，认为它属于经济，只有大商业才属于货殖。他反对那些以赚钱为目的的交易活动，尤其谴责高利贷活动，因为它违背了城邦的"自然"法则，因而是不"公正"的交换方式。

亚里士多德进一步分析认为有两种致富方法，"一种为家务管理的一个部分，另一种是零售贸易；前者是必须的、体面的，而由交换构成的后者则应受

① ［古希腊］亚里士多德：《尼各马可伦理学》，廖申白译注，商务印书馆2003年版，第144页。
② ［古希腊］亚里士多德：《尼各马可伦理学》，廖申白译注，商务印书馆2003年版，第145页。

到指责，因为它不是自然的，而且它采取一种从他人处获利的方式"。他认为，希腊人极其讨厌高利贷业务，因为"它是用金钱来牟取暴利，而不是通过金钱的自然目的来获利。因为金钱本来是用来交换的而不是用来增加利息。利息这一词意味着以钱生钱，它可以被用来指钱的繁殖，因为子钱类似于母钱。这就是在所有的致富方式中高利贷何以最违背自然的原因"①。可见，亚里士多德的商业观点是建立在自然经济基础上的，以经济自足为主要目标。只有同自足经济相适应的商品交换才是"自然"的交换关系。因此，商品货币关系违背了"自然"法则，也就是不"公正"的，理应受到谴责。

第三节　色诺芬的经济与管理思想

色诺芬是古希腊著名的历史学家和思想家，具有丰富的阅历和社会经验，留下了大量著作。他对社会经济问题进行观察和思考，写下了《雅典的收入》和《经济论》等专门讨论经济问题的著作。《雅典的收入》是讨论国家财政问题的一部著作，其中包含了色诺芬关于货币的深刻论述；《经济论》② 是古希腊流传下来的第一部专门的经济学著作。它以文学形式论述了奴隶主经济理论，可能是色诺芬管理自己庄园的经验总结。因此，色诺芬是古希腊真正意义上的经济学家。他的经济思想主要表现在《雅典的收入》《经济论》《苏格拉底回忆录》《居鲁士的教育》等著作中，其丰富的内涵主要包括以下几个方面。

一、重视农业生产，鄙视手工业

在色诺芬的经济分析中，重农思想占有非常突出的地位。在《经济论》

---

① ［古希腊］亚里士多德：《政治学》，颜一、秦典华译，中国人民大学出版社 2003 年版，第 20—21 页。

② 书名希腊文为《οἰκονομικός》。希腊文 οἶκος 作家解释，νομος 是法律或支配的意思，οἰκονομία 就是由这两个字组成的。该字原意是"家庭管理"的意思。所以，有人把色诺芬的这本著作称为"家政学"。现在英文 Economy 一词就是由这个希腊文演变而来的。古希腊奴隶制是建立在奴隶主对生产资料和奴隶的私有制基础上的，生产是以家庭为单位进行的，由奴隶们去直接从事劳动。因此，奴隶主阶级把组织和管理经济的各种问题都列入家庭管理的范围内。

中，色诺芬反复论证了农业的重要性及其优点。他认为，"农业是其他技艺的母亲和保姆，因为农业繁荣的时候，其他一切技艺也都兴旺"①。在另一处，他高度评价农业对整个国家的重要性，认为农业不仅可以培养人的"勇敢刚强"的性格，而且还能使他们具有忠于国家的坚定决心。因此，"靠农业谋生乃是最光荣、最好和最愉快的事情"②。可见，色诺芬的宏观管理思想，同样把农业看成是整个国家经济的基础，因此主张大力提倡发展农业生产。

在重视农业生产的同时，色诺芬极为鄙视手工业，他把手工业看作是"粗俗的技艺"，对人体和精神有所损害，主张应该由外邦人和奴隶们去做。

二、提倡社会劳动分工，重视工作平率

尽管色诺芬对手工业者采取鄙视的态度，但他另一方面也认识到手工业和矿业是社会经济生活必不可少的部分。在《雅典的收入》中，色诺芬认为雅典不仅土地资源丰富，土地肥沃，而且有丰富的石材资源，地下还有银矿，这些都是增加雅典经济收入的有效途径。色诺芬主张充分利用雅典的资源优势，积极发展工、矿业，并主张这些劳动应该由奴隶或外邦人来承担。色诺芬还进一步提出了关于劳动分工的理论，他举例说，在制鞋工厂中，一个人只以缝鞋底为业，另一个人进行剪裁，还有一个人制造鞋帮，再由一个人专门把各种部件组装起来。这里所遵循的原则是：一个从事高度专业化工作的人一定能工作得最好。色诺芬的专业分工思想体现了以经济效益为中心的管理特征，这种思想在当时是很具有超前性的，而且对后世影响很大。"这是毫不奇怪的，因为如同其他手艺在大城市里特别完善一样，国王的食物也是特别精美的。在小城市里，同一个人要制造床、门、犁、桌子，有时还要造房子，如果他能找到使他足以维持生活的主顾，他就很满意了。一个从事这么多种工作的人，是绝不可能把一切都做好的。但在大城市里，每一

---

① ［古希腊］色诺芬：《经济论·雅典的收入》，张伯健、陆大年译，商务印书馆1961年版，第18页。
② ［古希腊］色诺芬：《经济论·雅典的收入》，张伯健、陆大年译，商务印书馆1961年版，第20页。

个人都能找到许多买者，只从事一种手艺就足以维持生活。有时甚至不必从事整个手艺，一个人做男鞋，另一个人做女鞋。有时，一个人只靠缝皮鞋为生，另一个人靠切皮鞋的皮为生；有的人只裁衣，有的人只缝纫。从事最简单工作的人，无疑能最出色地完成这项工作，这是必然的。烹调的手艺也是这样。"① 这段叙述表明色诺芬已经认识到社会劳动分工的必要性和可能性，体现了以效率为中心的劳动分工理念。

马克思曾经对色诺芬的社会劳动分工思想给予很高的评价，认为色诺芬的观点比柏拉图的社会劳动分工思想更进步，一是色诺芬强调把劳动简化为尽可能简单的活动；二是他认为实现分工的水平取决于市场的扩大②。甚至到后来，色诺芬的劳动分工思想对近代管理思想的创始人泰勒都曾产生了深刻影响。

三、对 "财富" 的深层次分析

色诺芬通过对经济问题的深层次分析，提出了他的财富观。他认为，"凡是有利的东西都是财富，而有害的东西就不是财富"。同时，他还进一步认为，财富的有用性不是绝对的，而是具有相对性的。也就是说，"同一种东西是不是财富，要看人会不会使用它"。他还举例指出，"一支笛子对于会吹它的人是财富，对于不会吹它的人，则无异于毫无用处的石头"③。在这里，色诺芬不仅指出了财富的客观属性，也表明人们对财富的主观认识也在一定程度上规定着财富的范围。换言之，财富具有主观性的一面。

在上述分析的基础上，色诺芬还认识到了交换也是财富存在的形式之一。也就是说，"对于不会使用笛子的人们来说，一支笛子只有在他们卖掉它时是财富，而在保存着不卖时就不是财富"。显然，色诺芬在这里所指的是商品的交换价值，只是他还不能把商品的价值和交换价值区分开来。可见，早在亚里士多德之前，色诺芬就已经意识到商品的交换价值。

---

① 厉以平、郭小凌：《古代希腊、罗马经济思想资料选辑》，商务印书馆 1990 年版，第 77 页。
② 李守庸：《马克思恩格斯论重商主义以前的经济思想》，文物出版社 1990 年版，第 261 页。
③ [古希腊]色诺芬：《经济论·雅典的收入》，张伯健、陆大年译，商务印书馆 1961 年版，第 3 页。

四、现代经济管理思想的萌芽

色诺芬的经济思想中，已经萌发了政府干预经济甚至参与经济活动的思想。他在《雅典的收入》中提出了一些关于增加雅典城邦收入的具体办法，其中包括鼓励外国人侨居雅典，授予商人特权，加强对银矿的管理，以及国家购买奴隶，以出租给私人使用等①。

在《经济论》中，色诺芬还从微观的角度分析了经济管理的具体方法。他首先把管理的内容分为两个方面，即对物的管理和对人的管理。他还进一步确定了管理的具体目标，以及为实现目标而采用的手段。尤其对人员的管理方面，使色诺芬的经济思想中闪耀着现代经济管理思想的光芒。

从宏观管理方面来看，他提出了增加国家经济收入的方法。

首先，开发自然资源的潜力，通过多种渠道增加城邦国家的财政收入。在《雅典的收入》一文中，色诺芬认为：阿提卡地区拥有许多得天独厚的自然条件，不仅土地肥沃，气候适宜农作物的生长，而且拥有其他可以增加收入的矿产资源，如石材、银矿等。在古典时代，雅典的采石业也得到迅速发展。雅典城北潘提里库姆山（Pentelicum）的采石业得到大规模的开发，它所提供的大理石，质地坚硬，纹理格外细密。由于潘提里库姆山靠近雅典城，采石场的大理石成为日后雅典修建卫城的主要建筑材料。雅典卫城上的帕特农神庙，堪称古希腊建筑史上的一件杰作，它主要用潘提里库姆山上的大理石修建而成。同时，由于希腊世界宗教活动的普遍性和广泛性，雅典的大理石显然对其他城邦也有很大的吸引力，也就是说，雅典的大理石可以出口到希腊世界的许多地方。色诺芬也曾这样评价："这些石料可以用来建筑最宏伟的庙宇、最华丽的祭坛，以及雕刻最优美的神像；而且这些石料也是很多希腊人和很多蛮族都希望享有的。"② 雅典罗立温地区富有银矿，并因此给雅典带来很大的一笔财政

---

① ［古希腊］色诺芬:《经济论·雅典的收入》,张伯健、陆大年译,商务印书馆 1961 年版,第 67—74 页。

② ［古希腊］色诺芬:《经济论·雅典的收入》,张伯健、陆大年译,商务印书馆 1961 年版,第 66—67 页。

收入。根据希罗多德的记载，雅典公民每人每年可以从银矿的收入中分得 10 德拉克玛。雅典政府曾用这笔钱建立了一支庞大的海军舰队，修建了 200 艘战船。可见，对于雅典城邦来说，罗立温的银矿确实给政府带来一笔丰厚的收益。

第二，吸引外邦人到雅典定居。在古希腊社会，许多城邦都曾采取过这种政策，如雅典、科林斯等。外邦人无法获得侨居国的公民权，不仅不能参加城邦的政治活动和法律诉讼，而且也不能经营土地和占有土地。因此，他们只能从事工商业活动。同时他们必须向寄居的城邦缴纳各种捐税，而又不能像公民那样向城邦领取津贴。他们要租赁公共房屋，向城邦政府交纳租金；他们从事工商业活动，还要缴纳市场税等。此外，城邦还向外邦人征收特别税。色诺芬认为，向外国侨民征收特别税，是政府最好的收入来源之一。因为"外国人一方面维持他们自己的生活，一方面也给他们所寄居的国家提供很大的利益；他们不向公家领取津贴，却缴纳外国人应该担负的捐税。"[1] 雅典城邦向外国侨民征收的人头税规定，一般男人每月缴纳一个德拉克玛，妇女缴纳半个德拉克玛[2]。古典时代，雅典政府曾采取鼓励外国人到雅典定居的政策，所以雅典生活着大量的外邦人。伯罗奔尼撒战争前，雅典的外邦人是其公民的1/3，战后外邦人与雅典公民的比例为 1∶2[3]。

第三，创造一个良好的社会环境，促进商业经济的发展。色诺芬建议给予商人们种种特权和尊重，如"在公共庆祝典礼上把那些开来船只并带来大批值钱商品因而有利于国家的商人和船主尊为上宾，并时常邀请他们参加宴会"。同时，色诺芬还建议政府努力创造一种有利于商业繁荣的政治环境，如"对于商事法院的法官给予奖赏，奖励那些能最公正和最迅速裁决争端的法官，从而使愿意出航的人不致受阻"[4]。色诺芬甚至还建议城邦政府在沿海港

---

① ［古希腊］色诺芬:《经济论·雅典的收入》,张伯健、陆大年译,商务印书馆 1961 年版,第 67 页。

② M. I. Finley, *Economy and Society in Ancient Greece*, London: Chatto and Windus Ltd. ,1981. p. 262.

③ H. Michell, M. A. , *The Economics of Ancient Greece*, New York: Cambridge University press, 1940. p. 148.

④ ［古希腊］色诺芬:《经济论·雅典的收入》,张伯健、陆大年译,商务印书馆 1961 年版,第 69 页。

口为商人和船员修建房舍，并为其他来到雅典的人建造一些公共招待所等。此外，色诺芬还提出了一些有关国家经营经济事业的思想，认为国家可以建造一些公共船只，就像出租银矿那样出租给私人使用①。他甚至建议国家购买奴隶，以出租给私人使用等②。

他还从宏观的角度分析了农业、手工业、矿业以及商业的关系。

在色诺芬的经济思想中，重农思想非常突出。在《经济论》中，色诺芬反复论证了农业的重要性及其优点，认为："农业是其他技艺的母亲和保姆，因为农业繁荣的时候，其他一切技艺也都兴旺。"③ 在另一处，他高度评价农业对整个国家的重要性，认为农业不仅可以培养人的"勇敢刚强"的性格，而且还能使他们具有忠于国家的坚定决心。因此，"靠农业谋生乃是最光荣、最好和最愉快的事情"④。可见，在色诺芬的宏观管理思想中，农业是整个国家经济的基础。他认为从事农业是最高尚的事业，大力提倡人们从事农业生产。

在大力发展农业生产的同时，他主张适当发展手工业。尽管色诺芬极其贬低手工业，把它看作是"粗俗的技艺"，对人体和精神有所损害，但在宏观上，他并不否认手工业和矿业在城邦经济生活中的重要地位，只是他主张由外邦人和奴隶们去从事手工业生产。色诺芬还以小城市的工匠与大城市的工匠做比较，认为小城市的工匠几乎需要各种工作，独自完成各道工序；而在大城市里，由于某种产品的社会需求较大，专业分工显得很有必要，各道工序要不同的人去做。色诺芬的分工思想正是作为其管理思想的一个组成部分提出来的，提高经济效益是其社会劳动分工思想的出发点和目标。色诺芬尤其意识到社会劳动分工与市场规模的密切联系，这种思想意识受到后人的高度评价。

对于商业活动，色诺芬的态度是非常明确的。由于他认识到商业在增加城

---

① [古希腊]色诺芬：《经济论·雅典的收入》，张伯健、陆大年译，商务印书馆 1961 年版，第 70 页。
② [古希腊]色诺芬：《经济论·雅典的收入》，张伯健、陆大年译，商务印书馆 1961 年版，第 73 页。
③ [古希腊]色诺芬：《经济论·雅典的收入》，张伯健、陆大年译，商务印书馆 1961 年版，第 18 页。
④ [古希腊]色诺芬：《经济论·雅典的收入》，张伯健、陆大年译，商务印书馆 1961 年版，第 20 页。

邦经济收入中的重要作用，所以积极提倡发展商业经济，主张给商人各种优惠条件，以吸引他们到雅典城来做生意。同时，色诺芬还提出挖掘国家矿藏资源，适当发展各种矿业，如银矿、大理石矿等。

此外，色诺芬还清楚地认识到，社会的政治稳定与经济繁荣发展之间的内在联系性，和平的社会环境是经济发展的前提条件。色诺芬出生于伯罗奔尼撒战争爆发前后，是随着战争长大的一代人。战争不仅使商业活动受到挫折，而且许多财富被损耗，正如色诺芬所言："在和平时期里，我们城市积累下大量金钱，而在战争时它们都被花光了。"[1]

总之，色诺芬的宏观管理思想是一种多业并举、农工商各业全面发展的战略思想。然而，色诺芬的管理思想中的闪光点更多地是他的微观管理思想。从微观的视角来分析，色诺芬的经济思想中已经含有现代管理思想的萌芽。他主张管理者应该从微观的角度把对人员的管理与财物管理统筹兼顾。在对人员的管理方面，他不仅强调奖励的重要性，而且要把奖励与惩罚相结合，而且坚持物质奖励与精神奖励相结合的管理方法。

在《经济论》中，色诺芬首先指出了管理的重要价值，并从家庭经济管理出发的观点给"管理"下定义。他认为管理是一门技艺，对财产的管理也是一门学问。掌握了这门技艺的人，即使他自己没有任何财产，也可以凭借这种技艺谋生度日，可以"靠给别人管理财产来挣钱"[2]，而且会得到非常优厚的薪酬。

随后，色诺芬又具体分析了经济管理的方法和内容。他把管理的内容分为两个方面，即对物的管理和对人的管理。他还确定了管理的具体目标，以及为实现目标而采用的手段。尤其对人员的管理思想方面，使色诺芬的经济思想中闪耀着现代经济管理思想的光芒。

在对财产的管理中，首先是对钱的管理。色诺芬认为，对钱的有效管理就是对钱的合理使用。"如果一个人不懂得怎样用钱，对于钱就要敬而远之，也

---

① ［古希腊］色诺芬:《经济论·雅典的收入》,张伯健、陆大年译,商务印书馆1961年版,第79页。
② ［古希腊］色诺芬:《经济论·雅典的收入》,张伯健、陆大年译,商务印书馆1961年版,第1页。

不能把它列入财富之内了。"① 可见，在对财产的管理中，对钱的管理和使用是其中的一个重要方面。管理得当与否，是钱作为财富的关键条件。财务管理的另一方面是对物品的管理，色诺芬认为，"把一切东西都井井有条地放在一定的地方"，"这也是财产管理的一部分"②。色诺芬还以家庭用具的安排和使用为例，说明了财产管理的重要性。他认为，把所管理的物品摆放得井井有条，这不仅会给人一种美感，而且在使用这些物品时很容易找到，可以减少对时间的浪费，提高工作效率。

色诺芬微观管理的另一方面是对人的管理。在管理方法上，强调奖励与惩罚是管理制度的两个相辅相成的重要方面。色诺芬认为，奖励和惩罚是达到有效管理的两个重要手段。一个好的农场主必须设法使他的劳工勤奋和忠顺，要达到这个目的，农场主必须常常鼓励他的劳工，就像一位带兵打仗的将领，必须设法奖励那些英勇奋战的士兵，惩罚那些不忠顺的人③。对于物质奖励的重要性，色诺芬认为"每当神赐予我们某种充足的好东西的时候，当然要奖赏他们（奴仆）"，"这是最好的使人产生忠心的办法"④。可见，物质奖励常常是达到管理目的最为直接的一种手段。

但是，色诺芬并不单方面强调物质奖励的作用，他还注意到精神鼓励的重要作用。色诺芬认为，物质奖励与精神鼓励的结合是比较有效的管理方法，重视精神鼓舞在人员管理中的作用。色诺芬认为，在对人的管理中，精神鼓舞不仅是必要的，而且要因人而异，区别对待，充分体现出一种人性化的管理方式。他认为，使奴隶忠顺的方法首先要用物质奖励手段，"只要用他们所渴望的食物填满他们的肚子，就能收很大效果"。而对于那些"有志气的人"，褒扬也是一种有效的鼓励方法，原因是有些人生性渴望褒扬。这实际上是从心理学的角度对管理做了深入的分析，体现了这位著作家的细致的观察力和高度的分析能力。

① ［古希腊］色诺芬：《经济论·雅典的收入》，张伯健、陆大年译，商务印书馆1961年版，第3页。
② ［古希腊］色诺芬：《经济论·雅典的收入》，张伯健、陆大年译，商务印书馆1961年版，第9页。
③ ［古希腊］色诺芬：《经济论·雅典的收入》，张伯健、陆大年译，商务印书馆1961年版，第18页。
④ ［古希腊］色诺芬：《经济论·雅典的收入》，张伯健、陆大年译，商务印书馆1961年版，第41页。

　　色诺芬还从人的生理学的角度分析了管理的特点。色诺芬的管理思想中，还强调因人而异，根据不同人的不同性格特点来分派工作。他认为："神从一开始就使女人的性情适宜于室内的工作，而使男人的性情适宜于室外的工作。""神使男人的身心更能耐寒耐热，能够忍受旅途和远征的跋涉，所以让他们从事做事外的工作。而女人呢？由于他使她们的身体对于这种事情的忍耐力较差，所以，我认为，他就让她们做室内的工作。"①

　　在对管理者的要求方面，色诺芬认为，管理者的素质对管理会产生直接后果。一个优秀的管理者，不仅要有一定的处置事务的权力，而且还要有自己的威望，这也是达到管理目标的重要条件。色诺芬说，一个农场主在雇工面前应该像国王一样有威望，当他来到田间的时候，雇工们立刻就振作起来，"每个人心中都激起坚决的意志和争强赌胜的精神"②。在这里，色诺芬强调了管理者的威望在管理中的作用。

　　色诺芬最早使用"经济"一词，被现代人认为是最早的经济学家之一。在管理家庭经济或庄园经济的过程中，色诺芬积累了管理方面的经验。他对管理的论述不仅有经济上的分析，还注意从生理学和心理学的角度，提出了相应的管理方法，包含了人性化管理的理念。因此，色诺芬的管理思想与现代企业管理有许多相通之处，他的劳动分工思想与19世纪末科学管理的创始人泰勒的某些思想非常接近，尽管两人生活的时间相差了2200多年。因此，色诺芬的《经济论》和《雅典的收入》这两篇文章，闪耀着现代经济管理思想的光芒。

---

① ［古希腊］色诺芬:《经济论·雅典的收入》,张伯健、陆大年译,商务印书馆1961年版,第24页。
② ［古希腊］色诺芬:《经济论·雅典的收入》,张伯健、陆大年译,商务印书馆1961年版,第65页。

第六章　古希腊经济思想的政治内涵

　　古希腊是一个崇尚政治的社会，因为希腊人不仅创造了政治，而且还创造了政治学。在这个过程中，希腊人不仅使政治哲学成为一门独立的新学科，而且还辅之以恰当的词汇、概念和主题，通过辩论、教育以及系统性的著述，来从事这方面的研究。古希腊人所创作的大量专题著作中，至少有两部被当作经典著作，这就是柏拉图的《理想国》和亚里士多德的《政治学》。除此以外，亚里士多德的《尼各马可伦理学》中也包含了大量有关政治学的论述。

第一节　柏拉图"理想国"的政治哲学

　　"正义"一直都是西方政治哲学最重要的概念之一，而西方的这种传统最早起源于古希腊，柏拉图的《理想国》又堪称是古代"正义论"中最杰出的代表作之一。从《理想国》的基本框架来看，前两卷主要是探讨"正义"概念，第三至五卷则勾勒出一个井然有序的"正义"国家的架构，第六、七两卷主要讨论哲学家的培养和教育问题；第八、九卷是把这种国家与现实社会进行比较，从而实现对现实社会政制的批判；第十卷则把这个无法实现的理想国家理念引向一种神秘主义。在《理想国》中，柏拉图把政治构建与伦理分析有机地结合在一起，正如美国著名伦理学家麦金泰尔所言，"柏拉图的道德学说和政治学说紧密地相互依存着，如果缺少一方，另一方就没有逻辑上的完整性"①。也就是会说，柏拉图所设计的"理想国"是以道德说教作为政治原则的。

一、"正义"——柏拉图构建"理想"国家的根本政治原则

在柏拉图看来，建立城邦的目的在于过一种自足的生活。为此，每个城邦需要由一定数量、从事不同职业的人组成。也就是说，个人是城邦的组成部分，是城邦赖以形成的基础。因此，柏拉图构建"理想"国家的开端首先是讨论具体的正义现象，即个人层面上的正义。在《理想国》的开始，柏拉图就提出了几种"正义"概念，主要包括：正义就是欠债还钱；正义就是强者的利益；正义就是守法践约。但是，柏拉图的目的绝不仅限于个人层面的讨论，他更强调城邦层面上的"正义"。他认为，正义就是一种善的德行，正义的城邦就是一个善的城邦，善的城邦必然是智慧的、勇敢的、节制的和正义的。也就是说，善的城邦必须同时具有智慧、勇敢、节制和正义四重规定性。

在讨论"正义"概念的过程中，谈话不知不觉转向了构建"正义"城邦。正如赫费先生所言，在描述城邦形成过程时，柏拉图直接说到了问题的实质："正向我所觉得的那样，因为无人能够自给自足，而是需要他人帮助，于是就产生了城邦。"② 在柏拉图构建的这个"理想"国家中，按照所从事职业的不同把人们划分为三个阶层，即统治者、军人和体力劳动者。这三个阶层从事的职业不同，所追求的目标不同，各自所具有的内在品质也就各不相同。统治者负责管理整个国家，他们要把城邦引向健康的方向上来，他们应该具有无比的智慧。因此，统治者的内在品质就是智慧。军人阶层负责维持城邦内的社会秩序，并抵御外来入侵。所以，他们的内在品质是勇敢。农夫、手工业者和商人被称为"爱利者"，他们以追求物质利益为主要目标，不仅要从事各种体力劳动，还要为其他两个阶层提供生活必需品。"爱利者"的内在品质是节制。对

---

① ［美］阿拉斯代尔·麦金太尔:《伦理学简史》,龚群译,商务印书馆 2003 年版,第 51 页。
② ［德］奥特弗利德·赫费:《政治的正义性:法和国家的批判哲学之基础》,庞学铨、李张林译,上海译文出版社 2005 年版,第 163 页。

于整个城邦而言，"正义"才是最高的德性。正义的外在表现就是，上述三个阶层"各干各的事"。也就是说，统治者、军人和体力劳动者之间各司其职，互不干预。因此，正义就是对智慧、勇敢和节制三种品质做出规定的德性。

从社会关系来看，"理想"国家是一个井然有序的和谐社会。在这个社会中，统治者负责治理国家，军人们专司保卫国家之责，农夫、手工业者及商人专门从事各种体力劳动。这三种职业之间的界限分明，互不干扰和僭越。从政治关系来看，统治者、军人、农夫和手工业者及商人，这三个阶层之间形成了一个金字塔式的社会，他们之间是一种自上而下的等级关系。可见，柏拉图的"正义"城邦不仅是一个秩序井然的社会，更是一个等级分明的奴隶制国家。也就是说，"正义"的城邦是，任何人都不能随意僭越奴隶制的等级秩序。

在柏拉图所构建的"理想"国家中，正义不仅仅是一种伦理规定，它还有政治方面的规定。正义是智慧、勇敢、节制各种德性得以实现的最高境界，也是城邦国家的最高政治伦理原则。如果没有正义，其他德性也就失去了最高目的。单独的智慧不会产生实际的效果，单独的勇敢也有可能导致邪恶，单独的节制也只能是消极的压抑。因此，这样的个性都缺乏内在的和谐力量。只有正义才能把智慧、勇敢、节制三种德性联结在一起，使它们发挥各自的职能。正义要求城邦完善发展，要求其他德性在各自发挥作用的同时，更要恰如其分地相互结合。当城邦中的三个不同阶层各行其是，各尽其职，而又互不干涉时，这样的城邦就是一个正义的国家了。柏拉图还特别强调，国家的每一个阶层的人，都应该根据上天赐予的智慧和德性，做自己该做的事情；每个人都必须在城邦中履行一种最适合自己天性的职责，只有这样才能使城邦和谐，实现完善的发展，达到至善的幸福境界。

为了进一步说明"正义"原则的内在含义，柏拉图在探讨"正义"问题的同时，还批判了各种"不正义"的现象。他认为，一个手工工匠或者商人，如果受到物质利益的引诱，或者由于控制了选举，或者由于力量以及其他有利的条件而企图爬上武士阶层；或者一位武士企图爬上立法者和护卫者阶层；或者这几个阶层的人们相互代替，这都会把城邦推到毁灭的边缘。因此，这些给城邦带来最大的损害就是不公正的。显然，柏拉图的"正义"理论是维护奴隶制等级制的，是为巩固奴隶主阶级的统治服务的。也就是说，他所设计的这座"理想国"的金字塔是不能改变上下顺序的，否则就是不正义。

纵观柏拉图构建"理想"国家的整个过程，正义原则贯穿其中。在这个"理想"国家中，统治者的最高品质就是智慧，军人的最高品质是勇敢，而农夫、手工业者和商人们的最高品质是节制。从横向来看，"理想"国家是一个井井有条的城邦；从纵向来看，它又是一个层次分明的金字塔社会。然而，在这种秩序井然的社会结构背后，真正起作用的是正义原则。正义是其他三种品质的统帅，正义规定了三个等级之间的社会政治关系。因此，正义是"理想"国家的最根本的伦理原则。在柏拉图构建"理想"国家的整个过程中，都体现出"正义"原则的至上性。正如麦克里兰先生所指出的那样，"正义是柏拉图的理想国里统摄一切的原则。各阶级赖之以彼此相系，统治集团内部赖之以统一"①。

二、实现"正义"原则的重要途径和保障——教育和财产公有

在柏拉图构建出"正义"国家的模型之后，紧接着讨论如何实现这样一种国家。在这个过程中，柏拉图提出了两种实现的途径。如巴克先生所言："在从作为国家生命线的正义转到实现正义的手段时，我们发现了柏拉图所提出的两种伟大的制度。一种是国家公共教育体制，另一种是共产主义的社会安排。"② 柏拉图所设计的这个理想城邦，是一个以自给自足为生活目标的社会。这样的城邦必须有各种各样的人，包括农夫、工匠、商人、军人和国家的护卫者。按照柏拉图的逻辑，正义城邦的实现需要首先要有正义之人，而正义之人包含两层意思：一是指这种人是正义的，二是指这种人知道什么是正义③。

在进一步分析个人正义与城邦正义的关系时，柏拉图认为，作为城邦政体赖以建立的人性论基础，个人正义是城邦正义的前提，城邦正义是个人正义的

---

① ［美］约翰·麦克里兰：《西方政治思想史》，彭淮栋译，海南出版社 2003 年版，第 46 页。

② ［英］厄奈斯特·巴克：《希腊政治理论——柏拉图及其前人》，卢华萍译，吉林人民出版社 2003 年版，第 253 页。

③ ［美］约翰·麦克里兰：《西方政治思想史》，彭淮栋译，海南出版社 2003 年版，第 46 页。

放大。"一个正义的城邦的建立，依赖于城邦中的个人是正义的，而个人的正义乃是由于灵魂的正义。因而城邦的正义最终维系于灵魂的正义之上。"① 正义是一种品质，是一种关于善的理念，能使人变得既合乎道德和伦理，又合乎社会—政治要求。只有在正义的国家里，个人才能充分实现好人—好公民这种真实本性②。正如个人身体的一致和协调一样，个人正义是指人自身的各种品质（理智、激情、欲望）在身体内各自起到作用。国家的正义就是，治国者、战士、劳动阶层三者在社会中各司其职，各负其责，又相互合作，共同组成一个和谐社会。通过这种方式，柏拉图把城邦的正义同个人的正义联系在一起，把私人领域纳入公共领域。

可见，要实现"理想"国家，不仅需要城邦的三个阶层之间互不干扰，而且需要哲学家作为城邦的国王。因为只有哲学家才真正懂得哲学，因而具有智慧。哲学家利用所掌握的辩证法，把城邦引向正义。也就是说，哲学家当国王，是城邦走向正义的关键。但在柏拉图看来，哲学家也不是生来就有的，要实现哲学家当国王，首先必须对拥有正义德性的人进行教育，使他们最终掌握正义的真正内涵。正因如此，柏拉图的《理想国》把教育摆在非常重要的位置。可以说，他把《理想国》的全部重点都放在了对统治者的教育培养上，把教育看作是实现正义城邦的根本手段之一。

柏拉图认为，只有哲学家成为国王，通过哲学与政治的结合，才能实现智慧对城邦的指导，因为哲学家追求高尚的东西，与众人有所不同。"只要让真正的哲学家，或多人或一人，掌握这个国家的政权，他们把今人认为的一切光荣的事情都看作是下贱的、无价值的。他们最重视正义和由正义而得到的光荣，把正义看作最重要的和最必要的事情，通过促进和推崇正义使自己的城邦走上轨道。"然而，哲学家不是生而有之的。尽管柏拉图也承认，人天生就具有某种特有的品质，但他同时也认识到人性的可塑性，这成为他的教育理念的逻辑前提。也就是说，具有哲学家潜在品质的人还要接受各种教育，从童年、

① 朱清华、方朝晖:《理想国家的宣言——〈理想国〉》,云南人民出版社2002年版,第204页。
② ［美］唐纳德·坦嫩鲍姆、戴维·舒尔茨:《观念的发明者》,叶颖译,北京大学出版社2008年版,第51页。

少年、青年、中年到老年，都要接受不同的教育内容，直至最后培养成为哲学家。

在教育内容上，《理想国》仍然以"正义"为基本准绳。柏拉图所设计的教育内容包括：音乐、体育、算术学、几何学、天文学和哲学。音乐和体育教育功能在于，"以音调培养某种精神和谐，以韵律培养优雅得体。"算术则"能把人的灵魂引导到真理"；"几何学大概能把灵魂引向真理，并且或许能使哲学家的灵魂转向上面，而不是转向下面"；"而当灵魂的眼睛真的陷入了无知的泥沼时，辩证法能轻轻地把他拉出来"。显然，柏拉图"理想国"的教育始终围绕"正义"这个主题，其目的在于实现个人的正义，最终建立起正义城邦。在这里，柏拉图的"理念论"也得到体现。在他那里，国家是人的心灵的产物，要建立"正义"城邦，就必须改善人的心灵。正义绝不是外在的，它是心灵的习性，只有心灵获得了其真正的习性，真正的正义才能实现。

总的来说，柏拉图在《理想国》中所涉及的教育计划服务于他的"理想"城邦的建构，通过教育手段培养人的灵魂中的正义，最终实现城邦的正义。换言之，教育是实现社会正义的重要途径，也是达到真理本身的重要手段。

柏拉图还提出了实现城邦的正义的一种保障手段，即财产公有。这里需要说明的是，在古希腊奴隶制社会中，奴隶、妇女以及孩子都被看作是男性公民的财产。因此，柏拉图的财产观还包含了妇女、孩子共有的思想。而且柏拉图认为，这一点还相当重要。无论我们如何评价柏拉图的财产观，但有一点是值得肯定的，那就是柏拉图试图解决社会问题的认识深度。他从经济观点出发，尝试解决社会动乱的问题。这表明，柏拉图已经充分认识到经济因素在社会生活中的重要地位。"人们之间的纠纷，都是由于财产、儿女与亲属的私有造成的。"所以，要避免社会政治混乱，实现"正义"城邦，就必须实行财产公有，至少有必要在部分公民中实行财产公有。这表明，"柏拉图从家庭中一方面看到了自私的根源——它可能发展成家族世仇和国家内争，另一方面看到了发展的延慢——它阻碍了男人和女人们成为他们本应成为的样子，履行他们本应履行的职能，并因此（既然正义就在于职能的履行）使他们既没有让自己变得'正义'，也没能让他们居住的国家变得'正义'"①。因此，柏拉图坚决主张，在城邦的统治者和军人阶层中实行财产公有，这其中也就包括取消家庭，实行妇女共有。在"理想国"的设计方案中，柏拉图把财产公有、妇女和孩子共有作为实现目标的一个重要保障。其根本目的在于避免社会的纷争和动乱，实现城邦的"正义"。

三、"正义"是评判各种城邦政体优劣的根本准则

柏拉图对理想国的建构，是建立在他对现实国家的批判基础之上的。柏拉图是随着伯罗奔尼撒战争长大的，这场持续近 30 年的战争几乎耗尽了雅典的财富，再加上那场大瘟疫夺取了大量雅典人的生命。在战争后期，雅典的盟国纷纷反叛脱离同盟，甚至武装对抗雅典。随着雅典"帝国"开始瓦解，各盟国纷纷拒绝继续缴纳贡金，雅典的财政经济收入大打折扣。到战争结束时，雅典城邦不仅在希腊世界威信下降，而且失去了昔日的繁荣景象。战争和瘟疫的双重打击，再加经济上的萧条衰退，这一切也都激化了雅典城邦内部的矛盾。事实上，伯罗奔尼撒战争也是以雅典为代表的民主政治与以斯巴达为代表的贵族专制之间的较量。因此，这场战争还与雅典国内的政治斗争密切相连。公元前 411 年，寡头派力量发动政变，推翻民主政体。第二年，雅典取得了库茨克战役的胜利，民主派力量才重新得势，民主政治得以恢复。公元前 404 年，伯罗奔尼撒战争以雅典的失败而告结束，雅典的民主政体再次被推翻，建立"三十僭主"政体。但到次年，"三十僭主"政体即宣告覆灭，雅典又恢复了民主政体。经过反复的政治斗争，雅典的民主政治开始走向极端，民主也成为党争的工具。激烈的党争几乎使雅典走到了混乱无序的无政府状态，苏格拉底就是这场政治动乱的牺牲品。柏拉图以思想家的敏锐眼光观察到，当时雅典民主政治近乎极端混乱的状态，严重影响了城邦社会的稳定。尤其他的老师苏格拉底被民主政府判处死刑，不仅使他悲痛万分，而且在悲痛之余表现出对雅典

---

① ［英］厄奈斯特·巴克:《希腊政治理论——柏拉图及其前人》,卢华萍译,吉林人民出版社 2003 年版,第 305 页。

社会纷乱的极度担忧。

在对现实社会的城邦政体进行批判的过程中，柏拉图把当时希腊世界诸多城邦的政体归纳为四类，逐一进行评判。这四种政体分别是：

第一类，克里特或斯巴达政制。由于当时伯罗奔尼撒战争刚刚结束，斯巴达战胜了雅典。在当时人们看来，这不仅是两个城邦国家之间的胜败问题，而且还标志着贵族专制政体与民主政体之间的优劣问题。斯巴达取得了战争的胜利，包括柏拉图在内的许多思想家都认为，斯巴达的贵族专制政体是一种"受到广泛赞扬"的政体。但柏拉图同时也指出了这种政体的不足之处，即过于崇尚体育和军事，"宁可选择较为单纯而忠诚的那种人（即武士）来治理国家"，而"不敢让智慧者执掌国家权力"。"这是一些不适于和平而更适于战争的人，他们崇尚战略战术，大部分时间都在从事战争。"由于缺乏智慧的指导，武士阶层长期执政的结果就是，政治偏离了"正义"原则。"这种统治者爱好财富，……他们心里暗自贪图得到金银，他们有收藏金银的密室，住家四面有围墙；他们有真正的私室，供他们在里面挥霍财富，取悦妇女以及其他宠幸者。""他们由于轻视真正的文艺女神，这些哲学和理论之友，由于重视了体育而放弃了音乐教育，因而受的不是说服教育而是强制教育。"总之，在这种政体之下，城邦所表现出来的德性是"勇敢"，而不是"正义"。这类城邦最突出的特征是，人们争胜好强，追求荣誉，而不是追求智慧。由于这种政体没有实现哲学家统治，自然也就无法实现"正义"城邦。

第二类，寡头政制。在这种政体下，参与政治的主要依据是财产，政权自然掌握在富人手中。由于富人们追求财富，社会变得越来越崇尚物质利益，而忽视善德。甚至寡头们可能为了自己的财富而不顾荣誉，因为软弱而难以取得胜利和光荣。"他们不肯花钱去争名夺誉，担心激起自己花钱的欲望来帮助赢得胜利支持好胜心。"寡头政治的最终结果必然是，富人们贪得无厌地追求财富，造成大量的贫民。走投无路的平民百姓也必然急切地希望社会变革，从而导致城邦内部的分裂。也就是说，"这样的城邦必然不是一个而是两个，一个是富人的国家，一个是穷人的国家，住在一个城里，总是在互相阴谋对付对方"。可见，在这种政制下，统治者都没有勇气追求勇敢的德性，甚至还不如斯巴达政制。再加上这种政体无法实现城邦的社会和谐，因此与柏拉图"正义"国家的目标相差更远。

第三类，民主政治。柏拉图看来，民主政治是寡头政制下贵族们追求财富的结果，是党争的直接产物。柏拉图也承认，在民主制度下，人们固然可以享受到许多自由，"自由，你或许听到人家说过，这是民主国家的最大优点。也许因为这个原因，所以这是富于自由精神的人们最喜欢去安家落户的唯一城邦"。但对于柏拉图的"正义"城邦而言，民主政治的最大弊端就在于，它容易导致无政府主义，从而造成秩序的混乱。而且"这种无政府主义必定还要渗透到私人家庭生活中去"，从而造成父子关系、公民和外邦人的关系，甚至师生关系、长幼关系都会被颠倒。柏拉图所构建的"正义"城邦不仅是一个秩序井然的和谐社会，也是一个等级分明的金字塔式奴隶制社会。民主政治下的极端自由所造成的秩序混乱、上下级关系的颠倒，与"理想"国家的"正义"原则格格不入。

第四类，僭主政制。柏拉图认为，僭主政制是民主政治极端发展的产物。在民主政治的派系斗争中，"人民领袖"会采取各种卑劣手段对付异己，包括"控制轻信的民众，不可抑制地要使人流血；他诬告别人，使人法庭受审，谋害人命，罪恶地舔尝同胞的血液；或者将人流放，或判人死刑；或取消债款，或分人土地。最后，这种人或被敌人杀掉，或由人变成了豺狼，成了一个僭主"。一旦掌握了城邦的权力，僭主就会清除所有敌视自己的人，不管这些人原来是敌是友。总之，对于城邦中的那些"最勇敢""最有气量""最有智慧""最富有"的人们，他都必须铲除他们。也就是说，僭主统治下的城邦完全失去了"智慧""勇敢""财富"等特征，与理想城邦的"正义"原则是完全背道而驰的。因此，僭主统治下的城邦是"所有城邦中最不幸的"。换言之，僭主统治下的城邦是最不符合正义原则的城邦。

显而易见，柏拉图对"正义"城邦的构建过程，实际上是建立在对现实社会的批判基础之上的。而他分析各种现实城邦政制优劣的最根本的标准就是"正义"原则。正如麦金泰尔所言，虽然柏拉图所描述的"理想"国家不可能实现，但它可以提供一个用以判断现实国家的标准。而柏拉图对现实城邦的批判，目的是要把希腊城邦的政体形式放在一个道德的天平上①。

综上所述，柏拉图构建《理想国》的过程实际上是在反复论证城邦国家的"正义"。而"正义"原则成为柏拉图"理想"国家的最高伦理原则和政治哲学标准，教育和财产公有则是实现"正义"国家的两种主要手段。的确，柏拉图生活在一个道德沦丧、政治混乱的时代，作为那个时代最杰出的思想家，他也必然会在思想上对这种混乱局面做出反应。他坚决主张实施高尚的、绝对的道德，批判现实中的许多城邦政府，赞成由"哲学家国王"治理的政府②。

古希腊人很早就谈论政治学和伦理学上的一个重要话题——正义，古希腊谚语把"正义"看作是"一切德性的总括③"。在《荷马史诗》中，诸神祇就曾经围绕"正义"进行过较量。城邦国家出现后，"正义"成为维护城邦政治秩序的最重要伦理原则。从早期智者到苏格拉底，他们都曾深入地探讨过"正义"理论。柏拉图则是在前人的基础上，系统地阐述了"正义"原则。《理想国》就是古代希腊的一部"正义论"，正义话题贯穿于这部著作的始终。从某种意义上说，柏拉图的政治哲学是关于国家和个人如何实现"至善""德性"和"幸福"的学说体系，而"正义"就是这种学说体系的最高原则。

第二节　亚里士多德经济思想的政治含义

作为柏拉图的学生和古希腊思想的集大成者，亚里士多德的经济思想中也批判性地继承了柏拉图的一些思想成就。古希腊人崇尚政治，他们不仅创造了政治，而且还创造了政治学。在西方的传统中，政治史始于古希腊；以"城邦（polis）"为其词根的"政治（politics）"一词本身就表明了西方文化中的

---

① ［美］阿拉斯代尔·麦金太尔：《伦理学简史》，龚群译，商务印书馆2003年版，第78—79页。

② Albert, Denise, Peterfreund, *Great Tradition in Ethics*, (fifth edition), California: Wadsworth Publishing Company, 1988, p. 8.

③ ［古希腊］亚里士多德：《尼各马可伦理学》，廖申白译注，商务印书馆2003年版，第130页。

希腊传统这一点。另外，"近东任何社会均未有过像希腊人那样的被政治化了的文化"①。就现有的文字著述而言，古希腊的政治理论主要就是柏拉图和亚里士多德的理论。柏拉图具有政治性的著作就是《理想国》，而亚里士多德在这方面的代表作就是著名的《政治学》。尽管亚里士多德对柏拉图的观点多有批评，但在很大程度上还是继承了柏拉图的许多政治思想，毕竟亚里士多德在学园研习了二十多年。只是柏拉图《理想国》中的"正义"理念，到亚里士多德的《政治学》中就变成了"公正"概念。这种政治至上主义的特点，也必然反映在亚里士多德各种著述当中，在他丰富的经济思想内涵中也难以摆脱政治框架的约束。

一、"正义"原则是亚里士多德财产观及其获取手段评判的主要标尺

在亚里士多德的经济思想中，财产观占有非常重要的地位。亚里士多德的财产观在很大程度上批判地继承了柏拉图的思想。柏拉图的《理想国》描述了一个乌托邦式的理想社会，在这个社会中，为了避免上层统治者们争权夺利，他建议上层统治者实行财产公有、妻子共有，以便使他们去除私心杂念，全心全意地服务于国家。在《政治学》中，亚里士多德继承了柏拉图关于财富分配的极端不平等导致社会冲突的观点，但对其财产共有的观点提出质疑。"一件事物为愈多的人所共有，则人们对他的关心便愈少。任何人主要考虑的是他自己，对公共利益几乎很少顾及，如果顾及那也仅仅只是在其与他个人利益相关时。"② 在这种现实主义批判的基础上，亚里士多德并不赞成财产公有制，而是主张财产私有制，同时提倡通过道德力量促进社会实行财物公用。

亚里士多德认为，家庭是城邦的最基本构成要素，国家在性质上先于家庭，但是家庭在时间上早于国家。所以，他对城邦政治的考察首先从家庭开始。他认为，"财富是家庭的一个部分"③，但他特别指出，"财产"不仅指土地、房屋以及家畜等所有物，而且包括奴隶。在他看来，家庭关系分为三种，

---

①　[英]M. I. 芬利：《希腊的遗产》，张强等译，上海人民出版社 2016 年版，第 41 页。

②　[古希腊]亚里士多德：《政治学》，颜一、秦典华译，中国人民大学出版社 2003 年版，第 33 页。

③　[古希腊]亚里士多德：《政治学》，颜一、秦典华译，中国人民大学出版社 2003 年版，第 6 页。

即主奴关系、夫妻关系和父子关系。其中，主奴关系是整个奴隶制的基础，关系到奴隶制城邦国家的存亡。"在家庭的排列上，奴隶就是一种有生命的所有物。财富有大量这类工具组成；帮手自身就是使用工具的工具。"亚里士多德明确指出："主人仅仅只是奴隶的主人，他并不属于奴隶；相反，奴隶不仅是主人的奴隶，而且整个属于他。"① 可见，奴隶就是主人的一份财产，是为主人劳动的工具。在《尼各马可伦理学》中，亚里士多德更是直言不讳："奴隶是有生命的工具，工具是无生命的奴隶。"② 在这部伦理学著作中，亚里士多德还深刻论证了主奴关系的合理性，"主人和奴隶间以及父亲和子女间的公正不是政治的公正，而只是与它类似。因为对于属于自己的东西不存在严格意义上的不公正"③。显然，在亚里士多德看来，奴隶主把奴隶当作自己的财产，这不仅不违背城邦的"公正"原则，而且完全符合奴隶制的道德准则，是一种"自然"关系。总之，亚里士多德的财产观符合城邦奴隶主贵族的利益，带有鲜明的政治色彩。也就是说，他的财产观服务于城邦的政治目标。

在进一步分析古希腊人获取财富的主要手段时，亚里士多德同样没有摆脱政治框架的束缚。他首先把古希腊人维持生计的基本方式归纳为五种：畜牧、农耕、掠夺、捕鱼和狩猎。尤其值得注意的是，亚里士多德不仅把掠夺列为古希腊人获取财富的五种基本方式之一，而且进一步将其扩大到战争。"战争技术乃是一门关于获取的自然技术，作为包括狩猎在内的有关获取的技术，它是一门这样的技术，即我们应当用它来捕获野兽，并捉拿那些天生就应当由他人来管理而不愿臣服的人；这样的战争自然而公正。"④ 亚里士多德把战争看作一种公正、合理的获取手段，显然是建立在其奴隶制思想基础之上的。在这一点上，他继承了柏拉图的思想观点。柏拉图把军队打仗看成是一种技艺，一种与农夫种田、鞋匠做鞋一样的技艺⑤。他在《法律篇》中更是把将军和其他军

---

① 〔古希腊〕亚里士多德：《政治学》，颜一、秦典华译，中国人民大学出版社2003年版，第7页。
② 〔古希腊〕亚里士多德：《尼各马可伦理学》，廖申白译注，商务印书馆2003年版，第250页。
③ 〔古希腊〕亚里士多德：《尼各马可伦理学》，廖申白译注，商务印书馆2003年版，第148页。
④ 〔古希腊〕亚里士多德：《政治学》，颜一、秦典华译，中国人民大学出版社2003年版，第15页。
⑤ 〔古希腊〕柏拉图：《理想国》，郭斌和、张竹明译，商务印书馆1986年版，第65—66页。

事专家称为"从事战争的工匠"①。亚里士多德继承并发展了他老师的这种思想，进一步把与战争有关的掠夺活动列为古希腊人的五种基本获取手段之一。这不仅反映了古希腊人在战争中普遍存在掠夺现象，而且表明了亚里士多德的政治观点。

亚里士多德长期生活在雅典，对雅典的民主政治有深刻的体会和了解。当时的希腊世界虽然尚处于奴隶制经济和文化的繁荣时期，但已经开始走下坡路。他也意识到了，奴隶反抗其主人的事件不断发生，奴隶制危机已经来临。尽管亚里士多德并不完全赞同柏拉图的《理想国》方案，尤其是对其财产公有思想，还进行了深刻剖析和批评。但他们师徒二人毕竟生活在同一时代，政治至上主义渗透到他们的思想深处：在他们看来，经济从属于政治，是为经济服务的。亚里士多德一方面认识到，作为劳动阶层的农民、手工工匠、外邦人和奴隶，这些都是城邦社会不可缺少的；另一方面又认为，作为统治者阶层的上层公民不应该从事体力劳动，他们应当有闲暇进行思考，考虑治理国家的问题，这才是更重要的。

关于私有财产问题，亚里士多德不仅批评了柏拉图的财产公有制主张，即使柏拉图在《法律篇》中对这一观点进一步改进，他也不赞成。他在这一问题上的观点就是，财产"私有公用"。

二、"公正"原则决定着亚里士多德对工商业者的态度

亚里士多德是古希腊思想的集大成者，也是古希腊社会思想家的杰出代表。他不仅撰写了论述各种政体的《政治学》，而且在《尼哥马科伦理学》中对政治也有颇多论述。他认为，政治学是最高、最具权威的科学，"那些最受人尊敬的能力，如战术、理财术和修辞术，都隶属于政治学"，它不仅使其他科学为自己服务，而且"它的目的就包含着其他学科的目的"。政治学之所以如此重要，是因为"政治学考察高尚［高贵］与公正的行为"②。他还从伦理

① ［古希腊］柏拉图:《柏拉图全集》(第三卷)，王晓朝译，人民出版社2003年版，第688页。
② ［古希腊］亚里士多德:《尼各马可伦理学》，廖申白译注，商务印书馆2003年版，第6—7页。

学的角度进一步分析了"公正"的含义,"公正是一切德性的总括","公正最为完全,因为它是交往行为上的总体德性"。他还指出了"公正"的具体表现,"守法的、公平的人称为公正的。所以,公正的也就是守法的和平等的;不公正的也就是违法的和不平等的"①。可见,"公正"是亚氏政治理论的最高原则。

接下来,亚里士多德对经济上的"公正"做出分析。"不公正的人是所取过多的人,他必定在那些善的事物上取得过多。""公正所促进的是另一个人的利益。"在这里,亚里士多德的伦理思想也同样反映在他对经济问题的分析之中,他对"公正"的关注,变成了对"自然"的坚持。正如熊彼特先生所言,由于亚里士多德的"纯"经济学思想主要包含在《政治学》和《伦理学》中,所以他在这里主要关心的是"公正"与"自然"②。

在对具体经济活动的分析评价中,亚里士多德表现出对手工业者和商人的鄙视态度。"凡是最少有机遇的职业就最需要真正的技术,凡是对身体伤害最大的职业就是最下贱的,最需要体力的职业是最卑微的,最不需要德性的职业是最无耻的。"③亚里士多德还进一步从德性的论点出发,分析善良之人的德性与良好公民的德性,他指出:"公民的德性在于既能出色地统治,又能体面地受制于人;但这两方面不能等量齐观。……另一方面就是奴仆们的事情了。所谓另一方面的事情,我指的是被驱使、由各种奴仆来干的事情。我们知道,奴役有多种形式,从而奴性的活计也是多种多样。例如手艺人就是其中的一种,正如其名称所示,用他们的手干活;工匠和技师也包括在内。"④显而易见,亚里士多德站在奴隶主阶级的政治立场上,对各种工匠采取鄙视的态度,认为他们所从事的都是"贱业"。

"公正"原则也同样决定了亚里士多德对商业和商人的态度。在亚里士多德看来,人们有两大类获取财富的手段:第一类是自身就能直接获得产品的方

---

① [古希腊]亚里士多德:《尼各马可伦理学》,廖申白译注,商务印书馆2003年版,第129页。
② [美]约瑟夫·熊彼特:《经济分析史》(第一卷),商务印书馆2001年版,第101页。
③ [古希腊]亚里士多德:《政治学》,颜一、秦典华译,中国人民大学出版社2003年版,第22页。
④ [古希腊]亚里士多德:《政治学》,颜一、秦典华译,中国人民大学出版社2003年版,第79页。

式，主要包括畜牧业、农耕种植业、掠夺活动、捕鱼和狩猎活动；另一类包括："一种为家务管理的一个部分，另一种是零售贸易。"亚里士多德认为，在这两种"致富术"中，"前者是必须的、体面的，而由交换构成的后者则应受到指责，因为它是不自然的，而且它采用的是一种从他人处获利的方式"①。尽管如此，亚里士多德仍然认为，"城邦是由若干家庭和种族结合而成的保障优良生活的共同体，以完美的、自足的生活为目标"②。为了达到这种目标，"几乎所有的城邦都需要从事买和卖，以满足彼此的必需"。所以，亚里士多德也多次强调，各种商贩是城邦民众的主要成分之一，而且把城邦政府负责管理商市的官员列为第一种必需的官职③。这表明，亚里士多德充分认识到其理论分析中的理想主义与现实生活的实际需要之间存在矛盾。

可见，亚里士多德充分认识到商业交换的必要性，认识到商业活动在社会生活中的重要性。也就是说，他并不反对商业活动，只是反对商人过分追逐经济利益，甚至不惜采取欺诈手段牟利的行为。他尤其反对高利贷活动，因为"它是用金钱本身来牟取暴利，而不是通过金钱的自然目的来获利。因为金钱本身是用来交换的，而不是用来增加利息。……这就是在所有致富的方式中高利贷何以最违背自然的原因"。因此，亚里士多德理想的城邦生活应该是"自足"的城邦生活。

三、以"公正"原则的准绳衡量货币的社会功能

英国经济学家熊彼特认为，亚里士多德"纯"经济的分析可概括为三个方面：价值分析、货币分析和利息分析。在《政治学》中，亚里士多德曾做出这样的分析："我们所拥有的一切事物都有两种用途，两者都属于事物自身，但方式不同，因为一种用途是正当的，另一种用途是不正当的。例如，鞋子就既可用来穿，也可用来交换物品。"④ 显然，亚里士多德在此明确提出了

---

① ［古希腊］亚里士多德：《政治学》，颜一、秦典华译，中国人民大学出版社2003年版，第14—15页。
② ［古希腊］亚里士多德：《政治学》，颜一、秦典华译，中国人民大学出版社2003年版，第90页。
③ ［古希腊］亚里士多德：《政治学》，颜一、秦典华译，中国人民大学出版社2003年版，第222页。
④ ［古希腊］亚里士多德：《政治学》，颜一、秦典华译，中国人民大学出版社2003年版，第16页。

关于商品的使用价值与交换价值的思想，并进行了道德评价。使用价值是其"自然"属性，交换价值则不是"自然"的。需要说明的是，古希腊的"自然"观与近代不同。亚里士多德认为："凡存在的事物有的是由于自然而存在，有的则是由于别的原因而存在。""'自然'是它原属的事物因本性（不是因偶性）而运动和静止的根源或原因。"① 英国著名哲学家罗素认为，亚里士多德的"自然"是"属于为了某种东西的缘故而起作用的那类原因"②。可见，亚里士多德的"自然"概念是指事物存在的内在必然性或内在原因。

在关于货币问题的分析中，亚里士多德同样没有摆脱政治框架的束缚。他认为，从货币的产生历史及其本质来看，交易与钱币密切相关，钱币是交易的要素和界限。这说明，亚里士多德认识到货币作为交易媒介和价值尺度的功能。同时，他意识到货币的储藏功能，而且他也认识到这种功能的局限性。"有许多人认为财富不过是充足数量的钱币而已……另一些人认为钱币只不过是一种赝品，并非自然之物，只是约定使然。一旦使用者用某种替代物替换了它，它就毫无价值了，而且它并不能作为生活必需品，的确，那些富有钱币的人常常缺乏必需的食物。"③ 货币的出现使商业活动发生了质变，即由原来的物物交换，转变成为以钱币为媒介的交换形式。亚里士多德把这种商业活动列为第二种"致富术"，而所谓的"家务管理"则是第一种"致富术"。亚里士多德还认为，对于城邦政治而言，这两种致富术之间存在本质的区别。与家务管理这种致富术相比，从第二种致富术所产生的财富是无止境的，也就是说商业活动以无休止地追求钱币为目的，因此商业活动的性质逐渐发生了变化，失去了以交换为目的的本质。在物物交换的关系中，交换本身就是目的，但在货币出现以后，交换的形式发生了变化，即物—钱币—物。在这种形式中，交换本身就变成了一种手段，成为一部分商人追求财富的手段。在物物交换关系中，人们以满足生活需要为目的，而在物—钱币—物的交换形式中，人们逐渐以追求更多的钱币为目的。可见，后者的性质已经发生了根本的变化，交换本身已

---

① ［古希腊］亚里士多德：《物理学》，张竹明注，商务印书馆1982年版，第43页。
② ［英］罗素：《西方哲学史》（上），何兆武、李约瑟译，商务印书馆1963年版，第264页。
③ ［古希腊］亚里士多德：《政治学》，颜一、秦典华译，中国人民大学出版社2003年版，第18页。

经从目的转变成了手段。

从经济形态而言，古希腊城邦都是自给自足的经济单元。物物交换容易使人们获得满足，不会出现过度追求物质利益的现象，与城邦的自足目标相一致。也就是说，相对于城邦政治的"正义"原则而言，物物交换是符合"正义"原则的交换关系，属于"自然"的交换形式。而通过钱币进行的交换则违背了"正义"原则，这种交换就不属于"自然"的交换关系。

在各种商业活动中，亚里士多德尤其反对高利贷活动。"在各种'致富'方法中，最可恶的是高利贷，人们这样讨厌它是极有道理的，它是用金钱本身来牟利，而不是通过金钱的自然目的来获利。"需要说明的是，亚里士多德所说的高利贷与今天有所不同，那时的高利贷是指有息借贷。"因为金钱本来是用来交换的，而不是用来增加利息。利息这一词意味着以钱生钱，它可以被用来指钱的繁殖，因为子钱类似于母钱。这就是在所有交换方式中高利贷最违背自然的原因。"① 可见，亚里士多德对利息借贷的批判标准仍然是城邦的"自足"原则和"自然"法则。

总之，亚里士多德的经济思想从未超越政治框架的羁绊。从理论上讲，古希腊还处在奴隶制社会，还没有产生近代意义上的纯经济学。虽然色诺芬首先使用"经济"一词，但那时这个词是指"家庭管理"的意思，与现代意义上的"经济"有很大差异。在古希腊社会，希腊人崇尚政治，"政治至上"的思想倾向非常明显。与此相联系，"政治学"被看作最具权威的学科。亚里士多德的经济思想主要体现在《政治学》和《尼哥马科伦理学》中，因此他对经济现象的分析和评价中使用最多的词语就是"自然"与"公平"。

---

① ［古希腊］亚里士多德:《政治学》,颜一、秦典华译,中国人民大学出版社2003年版,第21页。

第七章　经济思想视角中的"理想国"与"大同世界"之比较

第一节　柏拉图"理想国"的和谐社会思想

一、《理想国》的社会结构

在《理想国》中，柏拉图以对话的形式描述了一个理想的城邦国家。这个"理想国"的社会结构可以概括为：一个基础、一个目标、两种手段、三个阶层、四种品质、五种政体。

一个基础，整个理想国的出发点就是公有制。它不仅指财产的公有，而且包括妇女和孩子的共有。

一个目标，是指柏拉图精心设计的这个理想城邦的目标，也就是国家的"至善"。这种"至善"的理念表现就是国家的"正义"。

两种手段，是指实现国家"正义"的两种手段，即优生和教育。"柏拉图的理想国是优秀人的正义统治。"① 在这个国家中，政治和哲学的结合是非常重要的，是建立理想国家的必经之路。因此，优秀人才的培养成为柏拉图建立"理想国"的关键。首先，优秀人的产生要依靠优生，即"最好的男人必须与最好的女人尽多结合在一起，反之，最坏的与最坏的要尽少结合在一起。最好

---

① ［苏］涅尔谢相茨：《古希腊政治学说》，蔡拓译，商务印书馆 1991 年版，第 138 页。

者的下一代必须培养成长,最坏者的下一代则不予养育"①。其次,也是最为关键的,优秀人"天赋"中的优秀品质还需要通过教育手段加以引导,使"心灵的优点"转向正确的道路。因此,教育和实践是一种"灵魂转向的技巧"②,指导着优秀者的心灵走上"正义"之路。只有这样,当国家掌握在他们手中时,这个国家才会走上"正义"。

三个阶层,是《理想国》的基本框架。柏拉图把这个"理想"城邦的所有公民按其"天赋"分为三个阶层:"治国者"是"智慧"型的公民阶层,即"爱智者",他们最适合做国家的统治者;武士阶层是"勇敢"型的公民阶层,即"爱胜者",这些人天生充满激情和勇武精神,最适合担当保卫国家的重任;劳动者阶层是从事农耕、手工制作、经商等活动的公民,属于"爱利者"阶层。从表面上看,这三个阶层之间的最明显的区别在于从事职业的不同,职业上的差别把他们截然分开。从本质上讲,三个阶层所追求的目标不同,"治国者"追求的是正义与智慧,武士追求的是勇气,劳动者阶层追求的是欲望。

关于四种品质,柏拉图以个人类比国家,他认为,人有四种内在品质:理智、激情、欲望和正义;一个国家同样也有四种品质:智慧、勇敢、节制和正义。就国家而言,"智慧"就是少数人拥有治理国家的知识。在古希腊语中,哲学家的意思就是"爱智慧者",古希腊的哲学与科学是同等意义的概念。因此,柏拉图这里暗含着哲学家统治的国家就是理想国家,"智慧"是"治国者"所特有的品质。"勇敢"是精神上的一种保持能力,即保持一种勇于作战、不怕牺牲的精神,这是武士阶层所具有的突出品质。"节制"则是"一种好秩序,或者对某些快乐与欲望的控制",它"贯穿全体公民,把最强的、最弱的和中间的(不管是指智慧方面,还是……力量方面,或者还是指人数方面,财富方面,或其他诸如此类的方面)都结合起来,造成和谐"③。"正义"是指一种和谐状态,是"关于内在的,即关于真正本身,真正本身的事情"④。

---

① 〔古希腊〕柏拉图:《理想国》,郭斌和、张竹明译,商务印书馆1986年版,第193页。
② 〔古希腊〕柏拉图:《理想国》,郭斌和、张竹明译,商务印书馆1986年版,第278页。
③ 〔古希腊〕柏拉图:《理想国》,郭斌和、张竹明译,商务印书馆1986年版,第152页。
④ 〔古希腊〕柏拉图:《理想国》,郭斌和、张竹明译,商务印书馆1986年版,第172页。

"正义"是上面三种品质的协调与统一。

柏拉图在《理想国》中还分析比较了五种政体,他认为,"理想国"的贵族政治是最完美的,因为它追求"正义"。接下来依次是君主政治、寡头政治、民主政治和僭主政治,这四种政治一个比一个差,僭主政治是最糟糕的。以斯巴达为原型的君主政治是一种"善恶混杂"的政体,尽管它在许多方面与贵族政治相似。但是,由于"不敢让智慧者执掌国家权力……而宁可选择较为单纯而勇敢的那种人来统治国家"①。这种统治者"爱好财富,贪图金银",致使国家被加进了"恶"的成分。君主政治恶性发展的结果就是寡头政治。

寡头政治的本质是富人掌权,统治者最崇尚财富,政治几乎与财富挂钩,选举中更是以财富的多寡为标准。因此,统治者拼命捞取钱财,追求财富。其结果必然是国家的分裂,"这样的城邦必然不是一个而是两个,一个是富人的国家,一个是穷人的国家,住在一个城里,总是在互相阴谋对付对方"②。

民主政治是寡头政治进一步倒退的结果。尽管民主政治的最突出特征是广泛的民主自由,但是它的极端发展就成为无政府状态。民主的失控与党争搅在一起,民主往往成为党派之争的工具。国家面目全非,失去了其内在的"正义"品质。物极必反,民主政治的极度发展必然导致集权政治,即僭主政治。在政治上,自由的对立面是奴役,因此僭主政治的最大特征是奴役。僭主往往会采取各种卑劣的手段,清除城邦中"最勇敢、最有气量、最为智慧、最富有的人"。僭主甚至动用神庙的财产,或没收其政敌的财产,直至向全体公民敛取钱财,以养活他的警卫队。最严重的是,他会解放奴隶,让这些人进入他的警卫队。总之,为了维持个人的独裁,僭主可以采取任何手段,做任何邪恶之事。

柏拉图在《理想国》中所论广泛,内容丰富。但就其社会思想而言,上述五个方面基本上包括了全部内容,从而勾勒出"理想国家"的基本框架。

---

① [古希腊]柏拉图:《理想国》,郭斌和、张竹明译,商务印书馆1986年版,第317页。
② [古希腊]柏拉图:《理想国》,郭斌和、张竹明译,商务印书馆1986年版,第323页。

二、和谐社会思想是"理想国"的主旋律

通过对《理想国》的社会结构的分析可以看出，建立一个秩序井然的和谐社会，是柏拉图《理想国》的最终目标。这种思想在该著作中都得到了充分的体现。

柏拉图精心设计的"理想国"，是以公有制为基础的社会。在治国者和战士阶层中实行财产公有以及妇女、孩子的共有，成为理想国的基本出发点，其目的在于防止国家的纷争和混乱。柏拉图认为，"人们之间的纠纷，都是由于财产、儿女与亲属的私有造成的"①。因此，在奴隶制下实行这种公有制，"对国家来说也是最大的善，并且是这种善的原因"②。显而易见，柏拉图试图从经济和社会方面切断社会纷乱的根源，把实行财产公有、妇女和孩子的共有作为建立理想社会的基础。

从柏拉图《理想国》的基本框架来看，理想国是一个以个人"天赋"为基础，实行严格社会分工的城邦国家。"'专业化'和'统一'就是他的关键词。《理想国》的政治教导就奉献给这两个目的的。"③ 治国者、武士和劳动者三个阶层之间有明确的社会分工。治国者阶层是治国专家，其职责在于维护正义，实现社会公道，为全体人民谋幸福。武士阶层不仅天赋中就充满了激情，而且通过教育使他们明确自己的职责，专门负责保卫国家与社会，维护国家的正常秩序和内部稳定。而劳动者阶层精通各种生产、经营技术，他们的职责主要从事各种生产劳动和经商，并为上面两个阶层提供物质生活保障。在专业化的基础上，各阶层之间还要相互合作，彼此协调。而这种协调所依靠的是"正义"原则，"在柏拉图的政治哲学中，正义占着最高的地位。正义不仅代表着个人间和阶级间的和谐关系，而且各具有充足的理智，各自接受其最适当

---

① ［古希腊］柏拉图：《理想国》，郭斌和、张竹明译，商务印书馆1986年版，第201页。
② ［古希腊］柏拉图：《理想国》，郭斌和、张竹明译，商务印书馆1986年版，第200页。
③ ［英］厄奈斯特·巴克：《希腊政治理论：柏拉图及其前人》，卢华萍译，吉林人民出版社2003年版，第209页。

的安排"①。由此可见，"理想国"所体现出的是一种井然有序的和谐社会观。

再来看《理想国》的四种品质。在国家四种品质的相互关系上，"智慧"体现为优秀人的正义统治，优秀人物的统治是国家走向正义的关键。"勇敢"就是武士起到了国家保卫者的作用，这正是国家实现正义的保证。"节制"就是所有公民对这种社会结构所表现出来的"一致性和协调"，它本身既是社会和谐的前提条件，也是和谐社会的一种外在表现。正义是"智慧""勇敢"和"节制"三者的协调与一致。这种协调与一致的外在表现就是，"治国者""武士"和"劳动者"三个阶层各司其职，各负其责。正义是柏拉图"理想国"的最高社会原则，它的目标就是要实现社会的秩序性，达到社会的和谐发展。

柏拉图对五种政体的论述中，也流露出这位哲学家对和谐社会的向往。柏拉图认为，贵族政治是五种政体中最好的，因为它是依理智治国，国家追求的是正义，国家是为了整个城邦的幸福。同时，柏拉图深恶痛绝的就是僭主政治和民主政治。僭主政治的专制独裁与希腊人一贯的民主自由精神格格不入，特别是僭主释放奴隶，并让奴隶进入自己的军队，这会破坏整个奴隶制的统治秩序。因此，柏拉图认为，僭主专制政体是最坏的政治。而民主政治又走向了另一个极端。在民主政治下，自由权力的滥用，无知公民的过激行为，这些往往使国家陷入无政府状态。柏拉图对这两种政体所表现出来的厌恶，也许就是对当时雅典社会纷乱的一种批判。因为这两种政体恰恰就是柏拉图所在的雅典经历过的，柏拉图目睹了这两种政体给雅典带来的纷争和混乱。不仅他本人成为这场灾难的直接受害者，而且最令他感到震惊的是，他的老师和密友苏格拉底竟在民主政治下被判处死刑。对僭主政治和民主政治的深恶痛绝，与对贵族政治的高度赞赏形成了鲜明的对照。这表明，柏拉图对五种政体的分析、比较，也是为其和谐社会思想这一主题服务的。

在柏拉图的《理想国》中，教育占有非常重要的地位，是建立理想国家的一条必由之路。教育不仅要培养公民的节制、勇敢的品质，而且要把优秀的人培养成为"治国者"。对普通公民包括音乐和体育教育的全面教育目的主要

---

① 张金鉴：《西洋政治思想史》，三民书局印行 1970 年版，第 60 页。

是为了"心灵",即陶冶他们的情操。在柏拉图看来,音乐和体育分别服务于身体的两个部分,即"爱智部分和激情部分",两者的目的在于达到心灵上的和悦与身体的协调。在对优秀人的教育中,算术学、几何学、天文学和辩证法是受教育者的必修课目,因为这些都是治理国家所需要的知识。其中辩证法是最重要的,是唯一能把灵魂引向正义的知识,其他科目只能起到辅助性的作用。辩证哲学的教育是实现哲学家统治的关键步骤,只有哲学家做国王,或者国王努力学习辩证哲学,才能使国家"促进和推崇正义,使自己的城邦走上轨道"。

教育的目的在于,不仅要培养公民的个人正义,更要追求国家的正义,实现有序的和谐社会。而个人正义的培养,目的也在于为实现国家正义创造条件。总而言之,在柏拉图的《理想国》中,和谐社会思想成为这首畅想曲的主旋律。柏拉图认为,为城邦立法的目的在于"造成全国作为一个整体的幸福",也就是"运用说服或强制,使全体公民彼此协调和谐,使他们把各自能向集体提供的利益让大家分享",进而使大家"团结成为一个不可分的城邦公民集体"①。

三、经济思想与"理想国家"方案

社会存在决定社会意识,反过来,社会意识也在很大程度上能动地反映社会存在。柏拉图的"理想国"方案首先是建立在对当时雅典城邦国家的政治混乱的一种批判的基础之上。也就是说,柏拉图"对现实国家的批判支配和决定着他对理想国家的建构"②。柏拉图对现有社会秩序、法律、制度的批判与挑战,正是"理想国"方案的思想基础。

柏拉图生活的时代,伯里克利时代的繁荣局面已经结束,雅典开始由强盛转向衰落。此前,在殖民运动的推动下,希腊殖民地与母邦之间的经济贸易和文化联系日益加强,带动了希腊世界的经济繁荣景象。到古典时代,雅典经济

---

① [古希腊]柏拉图:《理想国》,郭斌和、张竹明译,商务印书馆1986年版,第27页。
② [英]厄奈斯特·巴克:《希腊政治理论:柏拉图及其前人》,卢华萍译,吉林人民出版社2003年版,第209页。

繁荣局面尤为突出。同时，雅典通过提洛同盟几乎控制整个爱琴海域，并以向同盟国提供军事保护的借口，迫使盟国缴纳贡金。后来，伯利克里又将同盟的金库从提洛岛上迁到雅典城。工商业的繁荣，以及同盟国的贡金支撑起了雅典的"帝国"大厦。雅典的民主政治也吸引了大批的哲学家、科学家、艺术家和诗人，雅典城成了希腊世界的经济、文化中心。雅典城邦兴盛于战争，也毁于战争。在与波斯人的战争中，雅典强盛起来，其称霸的野心也随之膨胀。它与希腊另一个强大城邦斯巴达的矛盾也不断扩大，终于导致了伯罗奔尼撒战争。

柏拉图出生于这场战争爆发后的第四年（前427年），他是随着战争长大的。这场持续近30年的战争几乎耗尽了雅典的财富，并且一场大瘟疫夺取了大量雅典人的生命。到这场战争的后期，各盟国纷纷反叛雅典，脱离同盟，甚至发生武装暴动。雅典"帝国"已是江河日下，雅典城邦的财政收入锐减。战争结束时，雅典城邦已经失去昔日的繁荣景象。而远征西西里行动的失败，又极大地打击了雅典人的志气。

对外战争的失败，激化了雅典城邦内的矛盾，导致其内部的党争愈演愈烈。伯罗奔尼撒战争是以雅典为首的提洛同盟与以斯巴达为首的伯罗奔尼撒同盟之间的一场战争，它几乎波及希腊世界的所有国家。从政治视角来看，它是以雅典为代表的民主政治与以斯巴达为主的贵族君主专制之间的较量。因此，这场战争也与雅典国内的政治斗争密切联系在一起。公元前411年，寡头派发动政变，推翻民主政体。第二年，雅典在库梓克战役获胜，民主政体得以恢复。公元前404年，伯罗奔尼撒战争以雅典的失败而告终，雅典的民主派备受打击，民主政体再次被推翻，建立了有名的"三十僭主"政体。次年，"三十僭主"政体覆灭，雅典重新恢复了民主政体。但这时雅典的民主政治已经走向了极端，民主成为党争的工具，雅典几乎走到了无政府状态。当时雅典局势混乱，"私人相互报复，到处械斗"①。

固然，民主政治是雅典的一大特色。但这种以抽签选举为特征的直接民主

---

① ［古希腊］柏拉图：《柏拉图全集》（第四卷），王晓朝译，人民出版社2003年版，第80页。

制，由于缺乏政治约束机制而几乎使雅典社会进入了一种混乱无序的状态。其结果就是，雅典城邦把大量的时间浪费在党派之争上，导致政府议事效率低下。无知是民主特有的祸根，缺乏知识的雅典公民们常常会做出一些过激行为，陶片放逐法就是这种无知行为的一种表现。民主政治的混乱，僭主政制的肆意妄为，两种政治交替出现。雅典从一种极端走到另一种极端，社会的纷乱可想而知。

在柏拉图看来，当时的雅典城邦已经失去了它的真正品质，忘记了它们的真正的目的。雅典到处存在着伪装成有知识的无知之人，城市里分裂成两个相互对立的政治派别，这正是希腊世界的病因所在。作为一位敏锐的思想家，面对这种政局的混乱，彷徨四顾，不知所措。目睹这一切混乱局面，一个富于时代责任感的知识分子是不可能无动于衷的。惊恐过后，这位思想家开始深入思考，分析这场大动乱背后的深层次原因，并试图找到根除社会弊病的良方。他站在哲学的立场上大声疾呼，"只有正确的哲学才能为我们分辨什么东西对社会和个人是正义的。除非真正的哲学家获得政治权力，或者出于某种奇迹，政治家成了真正的哲学家，否则人类就不会有好日子过"①。柏拉图以思想家的敏锐眼光观察社会剧变，表现出对现实社会的不满和担忧，同时表达了对秩序社会的向往。他以哲学家的理性思考，设计出一个秩序井然的和谐城邦。这就是柏拉图"理想国家"方案产生的客观原因。

个人政治仕途的不顺，以及自身利益受损，则是他规划"理想国家"方案的主观原因。柏拉图出身于雅典的一个贵族家庭。据考证，他的家系颇为古老，他母亲的家谱可以远溯到梭伦，父亲的系谱也可追溯到雅典早期的国王②。雅典经济和力量臻于极致的半个世纪，其祖、父两代都经历了。殷实的家庭背景使柏拉图的家人们也深深卷入了雅典的政治斗争当中。公元前404年，建立"三十僭主"政体的克里底亚、卡尔米德等人都是柏拉图的近亲。年轻时期的柏拉图，对政治充满了热情，"希望一旦成年便可以立即参加政治

---

① ［古希腊］柏拉图:《柏拉图全集》(第四卷)，王晓朝译，人民出版社 2003 年版，第 80 页。
② ［美］威尔·杜兰:《世界文明史·希腊的生活》，东方出版社 1999 年版，第 661 页。

生活"①。但是"三十僭主"的残暴政策令柏拉图深感厌恶。不久,"三十僭主"政体被推翻,雅典又恢复了民主政体。柏拉图有了参加政治活动的热情。然而激烈的党争使民主政治走向了极端,苏格拉底因此受到迫害,并被判处死刑。柏拉图也因怕受到牵连,被迫流亡他乡。

个人政治理想的破灭,使柏拉图对雅典的政治产生了反感,并把这种混乱的原因归之于雅典的政体。极端民主政治几乎使雅典陷入无政府状态,专制的僭主政治与雅典的民主传统又格格不入,柏拉图更推崇斯巴达的贵族政治,向往一种和谐稳定的社会。这是柏拉图的"中庸"思想在政治上的表现。柏拉图不仅精心设计了一个乌托邦式的理想国家,而且积极致力于理想国家的实践。为此他两度到西西里岛上的叙拉古王国,以实践他的"理想国"计划。第一次实践的结局却是,柏拉图因惹恼了国王狄奥尼修斯一世而被卖为奴,幸得友人拿钱赎出,方免沦为奴隶的厄运。柏拉图60岁时,他不顾年事已高,再次去叙拉古实践他的"理想国"方案,终因统治阶级内部的矛盾而使他的计划夭折。

古希腊的传统文化思想也对柏拉图产生了重要影响,成为柏拉图的《理想国》的重要思想来源。自古风时代以来,希腊人就出现了乌托邦思想,从《奥德赛》中的"福地",到赫西俄德在《工作与时日》中追忆的"福岛",都体现出一种乌托邦思想。而《理想国》更为直接的思想渊源是斯巴达立法者莱库古的"和谐"社会思想。无论是"理想国"的社会结构,还是它的政体,都是以当时的斯巴达为蓝本,加以改造设计而成的。正如柏拉图所言,斯巴达的政治与"理想国"的贵族政治在许多方面都是相似的,如"尊崇统治者,王权不让战士阶级从事农业、手工业和商业活动,规定公餐,以及统治者终身从事体育锻炼、竞技和战争"②。可见,柏拉图的《理想国》受到莱库古和谐社会思想的深刻影响。其实,不仅柏拉图,而且还有其他许多古希腊的思想家,都受到莱库古的"和谐社会"思想影响。诚如普鲁塔克所言,"柏拉

---

① [古希腊]柏拉图:《柏拉图全集》(第四卷),王晓朝译,人民出版社2003年版,第79页。
② [古希腊]柏拉图:《理想国》,郭斌和、张竹明译,商务印书馆1986年版,第317页。

图、狄奥格涅斯、芝诺以及所有那些由于写了关于这一主题的著作而赢得人们称许的人都引用了吕库古创设的政体"①。

《理想国》不仅是柏拉图理性思考的结果，更是当时希腊社会状况的一种批判性描述。它反映出人们对社会动乱的恐惧与担忧，向往和平稳定的社会秩序。但是，柏拉图的《理想国》是建立在他的"理念"论基础之上的，带有明显的乌托邦主义思想。《理想国》所设计的公有制的社会基础超越了时代，超越了当时生产力发展的水平。即使在柏拉图眼中近于完美的斯巴达，也是建立在对希洛人（奴隶）的残酷剥削基础之上的。因此，柏拉图的理想国家只能是空中楼阁。柏拉图过分强调"理智"的作用，夸大了哲学的社会道德意义，而忽视了人的社会本性。他所设想的近乎完美的哲学家国王在现实中是不存在的。柏拉图以"正义"原则来改造社会的计划也是不切实际的，毕竟道德原则的社会影响力是有一定限度的，它在政治上的作用就更加有限了。《理想国》的社会结构也是建立在不平等的基础之上的，三个阶层之间存在明显的阶级差异。这种建立在阶级剥削和压迫之上的社会和谐是不现实的，即使存在，也不会长久。

柏拉图两次实践"理想国"方案，结果都是以失败告终。柏拉图的政治思想到后来也发生了变化。他后来写的《法律篇》，摆脱了《理想国》中那浓厚的"德治"思想，开始强调法律在治理国家中的作用。同时，他还放弃了原来的许多主张，如财产公有、共妻共子，甚至哲学家当国王等主张。

但是，柏拉图在构建"理想国家"的过程中，也确实发现了城邦国家动乱的真正根源，即经济因素是其中最根本原因。正是基于这种认识，他才极力主张财产公有、共妻共子，并让追求高尚的哲学家做国王。也就是说，柏拉图在分析社会动乱的原因这一点上还是比较正确的，只是在为根除社会弊端所开出的处方上出了问题。

---

① ［古希腊］普鲁塔克：《希腊罗马名人传》（上册），陆永庭、吴彭鹏等译，商务印书馆1990年版，第125页。

第二节 经济思想视角中的"大同世界"
与"理想国"之比较

从东西方文明比较的角度来看，中国古代传统文化与古希腊文化有着不同的渊源和传统。但是，文化作为社会意识的一个组成部分，具有鲜明的时代特征。也就是说，一定的文化是对特定的社会经济与政治的反映。同样，在古代奴隶制下的中国古代社会，当时的文化成就中也必然能够找到与西方古典文化的相通之处。比如，在儒家传统思想中，我们就可以发现柏拉图式的"理想国"的模型。

作为中国传统的儒家学说的创始人，孔子的思想体系中所包含的"大同世界"曾经在中国历史上产生过一定影响。尤其是到近代时期，康有为、梁启超、孙中山等人的政治思想都受到了孔子"大同"思想的直接影响。孔子的"大同世界"与柏拉图的"理想国"有许多相同之处，如以公有制为基础的所有制形式，井然有序的社会结构，贤能政治等。但最根本的是，两者在本质上都是要建立一种有秩序的和谐社会，而且都认识到经济因素在实现这种和谐社会的过程中的作用。

一、"大同世界"与"理想国"

孔子关于"大同"社会的描述集中在《礼记·礼运》中，"大道之行也，天下为公，选贤与能，讲信修睦。故人不独亲其亲，不独子其子，使老者有所终，壮者有所用，幼者有所长，矜、寡、孤、独、废疾者皆有所养。男有分，女有归。货，恶其弃于地也，不必藏于己；力，恶其不出于身也，不必为己。是故谋闭而不兴，盗窃乱贼而不作，故外户而不闭。是谓大同"。

几乎在同时代的古希腊，哲学家柏拉图也设计出一个以公有制为基础的理想社会方案，这就是西方政治学名著《理想国》。作为东、西方世界的两大著名思想家，孔子和柏拉图所追求的理想社会有许多相同之处。

　　1. 相同的社会基础。在孔子的"大同"社会里，"天下为公"是它的总原则和根本出发点；财产公有是"大同"社会的经济基础；大公无私、道德高尚、觉悟提高，是"大同"社会的思想基础。所以，孔子所描述的"大同世界"，是一个以财产公有为基础的和谐社会。在《理想国》中，柏拉图精心设计出一个以公有制为基础的理想社会。尽管它的公有制只在治国者和武士两大阶层中实行，但我们还应看到，这种公有制的范围要大，它不仅要实行财产公有，而且还包括妇女和孩子的共有。总之，公有制是"大同世界"与"理想国"共同的基础。

　　2. 相似的社会结构。孔子在这里所描述的"大同世界"是一个秩序井然的社会。从其内部结构来看，"大同世界"首先按照年龄对整个社会进行合理的安排，社会上的老年人安享天年，青壮年者都在社会上找到适合自己的工作，少年儿童都得到社会的精心哺育和培养，健康地成长。对社会弱势群体，即鳏寡孤独以及残疾之人，都得到适当安排和充分的供养。其次，根据性别进行合理的劳动分工，"男有分，女有归"。根据清代学者孙希旦的解释，"男有分者，士、农、工、商各安其业也；女有归者，嫁不失时也"①。也就是说，男子要从事适合自己的职业，或做知识分子，或从事农业劳动，或从事手工业，或经商致富，从而在社会结构中找到自己的位置。女子都能找到合适的夫家，有一个好的归宿。她们通过婚姻依附于男子，也可获得相应的社会地位，融入社会结构中。这样，男女两性各得其位，各得其所。孔子所勾勒出的这个"大同世界"，充分体现出一种和谐社会的思想。

　　在《理想国》中，柏拉图精心设计了一个秩序井然的和谐社会。从"理想国"的社会结构来看，这是一个以严格的社会分工为基础的秩序社会。在这个城邦国家中，所有公民按其"天赋"分为三个等级："智慧"型的公民阶层，即"爱智者"，他们最适合做国家的统治者；"勇敢"型的公民阶层，即"爱胜者"，这些人天生充满激情和勇武精神，最适于担当保卫国家的重任；"爱利者"，即只能从事农耕、手工制作、经商等活动的劳动者。这三个阶层

---

　　① ［清］孙希旦撰：《礼记集解》（中），中华书局1989年版，第583页。

之间的最明显的区别在于从事职业的不同，这种差别把他们截然分开，从而使整个国家呈现某种秩序性的特点。

3. 相同的政治原则和道德准则

在政治上，"大同世界""选贤与能"，让德才兼备的人来治理国家。这既是"大同世界"的政治优越性之所在，又是这种和谐社会得以实现的政治保证。只有在贤能者的治理之下，国家才能走上和谐统一的道路。人们讲求诚信，和睦相处，彼此合作，于是人们不独爱自己的亲属，不独施慈于自己的子女。因此，贤能之人的统治是"大同世界"的政治保证。

哲学家统治国家，或哲学家做国王，这是《理想国》的一大突出特点。在柏拉图看来，哲学具有至高无上的地位，它不仅体现了辩证的思维，而且在当时还是科学的象征。在希腊语中，哲学家的含义就是"爱智慧者"。哲学家不仅有智慧的"天赋"，而且有着崇高的追求，即追求正义。"治国者"作为国家的统治阶层，他们不仅要有聪明的"天赋"，而且从小要接受长期的教育和培养，辩证哲学的教育又是至关重要的。国王通过学习辩证哲学而成为哲学家，来实现智慧与权力的结合。总之，哲学家与国王的结合，就可以实现"智慧"对国家生活的指导，使国家走上"正义"之路。同时，柏拉图把他所称道的贵族政体称之为"好人政治"。可见，柏拉图理想中的哲学家既是天资聪明的人，又是道德高尚的"好人"。哲学家加国王的政治模式是理想国的最佳模式。

孔子"大同世界"的道德准则是"讲信修睦"，"信"是诚实，讲信用，"睦"即和睦。从逻辑意义上讲，"信"是"睦"的前提，"睦"是"信"的目的。二者的一致性在于和谐社会的目标。柏拉图"理想国"的道德准则是"正义"，这一原则既适用于个人，也适用于国家。柏拉图认为，正如个人身体的一致和协调一样，个人正义是指人自身的各种品质（理智、激情、欲望）在身体内各自起到作用。国家的正义就是，治国者、武士、劳动阶层三者在社会中各司其职，各负其责，又相互合作，共同组成一个和谐社会。可见，这两种道德准则的共同本质在于和谐性。

二、和谐社会是孔子和柏拉图的共同追求

通过对两种理想社会的共同特征的比较分析，我们可以看出，和谐社会是两位圣哲的共同追求。分析孔子的"大同"思想，离不开孔子的思想体系，大同思想是建立在孔子的整个思想体系之上的。孔子首先把财产公有作为大同社会的经济基础，这与孔子重"义"轻"利"的思想是相一致的。孔子认为，无限制地追求财富是引起社会纷乱的根源，"放于利而行，多怨"[①]。同样，柏拉图也认识到，"人们之间的纷乱，都是由于财产、儿女与亲属的私有造成的"。因此，在设计"理想国"的蓝图时，柏拉图把财产公有以及妇女和孩子共有作为其基本的出发点。可见，二人主张实行财产公有的根本目的在于，避免社会的纷争和动乱，实现社会的和谐与稳定。

从两种理想社会的结构来看，它们都表现出一种和谐社会的特征。孔子在"大同世界"中，从不同的角度对这个理想社会进行了合理的安排，首先按年龄把老、中、青及少年儿童都镶嵌在社会集体之中。接着按性别对男女在社会结构中的位置做了安排。孔子的"大同世界"既展示出内部结构的条理性，又表现出一种整体性、和谐性。由于人们之间坦诚相待，和睦相处，社会就没有了钩心斗角、尔虞我诈的丑恶现象。在财产公有的前提下，人们也没有了偷盗抢劫、杀人越货等罪恶行为。整个社会呈现出路不拾遗、夜不闭户的太平盛世景象。这就是孔子理想中的"大同世界"。

柏拉图"理想国"的三层结构，即治国者、武士和劳动者三个阶层，各阶层之间既界限分明，又相互合作，共同追求国家的"正义"。整个国家的内部结构显得有条不紊。

政治原则和道德准则的根本目的在于，规范人们在社会中的行为，引导社会向着和谐稳定的方向发展。孔子的贤能政治的目的在于，使有聪明才智和高尚道德品质的人成为国家的领导者，以他们的聪明智慧指导社会向前发展，以他们的高尚品德影响社会，使整个国家向着正确的方向发展。柏拉图之所以极

---

① 《论语·里仁》，十三经注疏，中华书局 1986 年版。

力强调哲学家国做王的重要性，甚至把它看成是"理想国"建立过程的关键因素，其原因就在于，哲学家做国王，解决了政治上的一个至关重要的问题，即权利与智慧的结合。哲学家以其特有的知识和经验指导国家追求"正义"，实现社会的秩序性。

孔子"大同世界"的道德原则是"讲信修睦"。在孔子的思想体系中，"信"占有非常重要的地位。子张问"仁"，孔子回答说"能行五者于天下，为仁矣"①。五者就是"恭、宽、信、敏、惠"，其中"信则人任焉"。也就是说，守信就可以得到别人的任用。"睦"即和睦。"信"和"睦"都是实现和谐社会必不可少的道德前提。

在柏拉图"理想国"中有四种品质：智慧、勇敢、节制和正义。"智慧"是治国者所特有的品质，"勇敢"是武士阶层所具有的突出品质，"节制"则是"贯穿全体公民，把最强的、最弱的和中间的（不管是指智慧方面，还是……力量方面，或者还是指人数方面，财富方面，或其他诸如此类的方面）都结合起来，造成和谐"②。而"正义"是把这三个阶层协调、统一起来的一条原则。按柏拉图的观点，"国家的正义在于三种人在国家里各做各的事"③。由此可见，柏拉图"正义"原则就是把三个阶层划分开来的最高道德准则，其根本目的在于使整个国家实现社会和谐、统一。

总之，公有制是和谐社会的前提和基础；秩序井然的社会结构是秩序社会最具体、直接的表现；贤能政治是和谐社会得以实现的政治保证；诚信、和睦是和谐社会的道德原则和道德保障。

三、古典经济思想视角下的理想社会方案

作为东、西方文化的重要奠基人，孔子和柏拉图几乎在同一时代各自设计出一种理想社会的方案。这两种理想社会不仅在社会基础、社会结构、政治原则和道德准则方面有着相同或相似之处，而且有着相同的社会目标。这种思想

---

① 《论语·阳货》，十三经注疏，中华书局1986年版。
② ［古希腊］柏拉图：《理想国》，郭斌和、张竹明译，商务印书馆1986年版，第152页。
③ ［古希腊］柏拉图：《理想国》，郭斌和、张竹明译，商务印书馆1986年版，第169页。

并不是凭空产生的，而是与他们生活的时代环境和他们个人的经历有着密切的关系。

首先，社会意识是对社会存在的反映。孔子与柏拉图的理想社会思想，是建立在他对现实社会的批判基础之上的。孔子对"大同"社会的向往，反映了他对当时社会纷乱状况的担忧和不满。

孔子生活在"礼崩乐坏"的年代，奴隶制的统治秩序遭到严重破坏，"礼乐征伐自诸侯出"。周天子的权威被僭越，各诸侯之间为争夺权威和地盘而相互混战。春秋后期，新兴地主阶级已经出现，社会矛盾更加复杂。在此大变革的时代，社会矛盾非常复杂，不仅有新兴地主阶级和奴隶主贵族之间的矛盾，还有劳动人民反抗统治阶级的革命斗争，奴隶主阶级内部也因思想和利益的不同而存在着尖锐的矛盾和斗争。各种矛盾相互交织，加剧了社会的动荡和混乱。

面对社会的纷乱，孔子站在维护现行秩序的立场上，要求恢复"礼乐征伐自天子出"的政治局面。而他更渴望"天下为公"的"大同"社会。在《礼记·礼运》中，孔子还同时描述了一个"天下为家"的小康社会。但是，与"大同"社会形成鲜明对比，"小康"社会已是"大道既隐"，不得已行"礼义"，"设制度"。由此说明，孔子的理想社会并不是"天下为家"的小康，而是"天下为公"的"大同世界"。

相比之下，无论是柏拉图的个人经历，还是当时的雅典城邦，甚至希腊世界，都与孔子个人的经历及其所处的社会环境，都有诸多相似之处。柏拉图出生于战争中，经历过大瘟疫，目睹雅典城邦由盛而衰的社会剧变，亲自参与到城邦党争的政治漩涡中。

尤为难能可贵的是，在分析社会动乱的原因时，他们都认识到经济因素在社会发展中的重要作用，认识到人们对经济利益的无限制追求是发生社会政治动乱的根本原因。从这些古典经济思想背后，我们看到，两位哲人都试图从经济的角度分析社会动乱的原因，并力图从经济方面找到医治社会弊病的一剂"良药"。但是，他们所开出的医世良方不仅超越了时代性，而且不符合人类社会的历史与现实，也就是没有真正做到"对症下药"。也就是说，他们在一定程度上找到了问题之所在，但为解决问题所提供的方案却不切实际。因而，他们也就不能从根本上解决因经济利益的争夺而产生的政治矛盾和斗争问题。

　　"理想国"和"大同世界"方案反映了两位思想家对现有社会制度、法律、秩序等的不满和挑战。从这个意义上说，他们所设计的理想社会不失为拯救社会危难的一种方案。但是，他们完美的社会理想是建立在唯心主义思想基础之上的，脱离了当时的社会实际，带有明显的乌托邦主义色彩。孔子的"大同世界"，实际上是对我国历史上传说中的三皇五帝时代的追述，这种社会是生产力极其低下的产物。因此，孔子的"大同世界"思想显然超越了时代，其结果必然是走向乌托邦主义。柏拉图的"理想国"尽管吸收了斯巴达城邦的一些特征，但他忽视了奴隶制的阶级本质，完全抹杀了阶级对立，这种超越阶级的和谐社会在当时历史条件下是难以实现的。而《理想国》又带有明显的等级制，这与他抹杀阶级本质的设计方案是自相矛盾的。柏拉图创造了一个近乎完美的哲学家国王，这也是"理想国"的关键因素和突出特征。但在现实生活中，这种完美之人是根本不存在的。所以，柏拉图"理想国"的最终归宿也必然走向乌托邦主义。

第八章　古希腊经济思想的历史地位

作为整个西方文化的源头，古希腊文化对中世纪和近代以来的欧洲思想文化的发展有着至关重要的影响和作用。而古希腊文化中最为突出的成就之一，即希腊哲学，对中世纪欧洲思想的影响，特别是亚里士多德哲学的影响，"是希腊哲学对后继思想最明显、最重要的影响"。以至于亚里士多德对于圣托马斯·阿奎那而言是"圣哲"，对于但丁而言是"智者导师"①。

相形之下，古希腊思想家和哲学家们在经济思想方面所取得的重要成就，自然也被看作是整个西方经济学术史的起点。马克思在《反杜林论》中曾这样评价："因为历史地出现的政治经济学，事实上不外是对资本主义生产时期的经济的科学理解。所以，与此有关的原则和定理，也能在例如古希腊社会的著作家那里见到。这只是因为一定的现象，如商品生产、贸易、货币、生息资本等等，是两个社会共有的。由于希腊人有时也涉猎于这一领域，所以他们也和在其他领域一样，表现出同样的天才和创见。所以他们的见解就历史地成为现代科学理论的出发点。"② 因此，古希腊的经济思想在西方经济思想发展史上的重要地位是不容忽视的。

古希腊的思想文化成果首先被基督教经院哲学家们所继承。在继承古希腊经济思想方面，早期基督教思想家奥略里·奥古斯丁和中世纪盛期的著名神学家圣托马斯·阿奎那取得了比较突出的成就。他们首先继承了亚里士多德有关

---

① ［英］M. I. 芬利:《希腊的遗产》,张强等译,上海人民出版社 2016 年版,第 268 页。
② 《马克思恩格斯全集》(第 20 卷),人民出版社 1971 年版,第 249—250 页。

商业的思想，尤其是对高利贷的谴责。奥略里·奥古斯丁首先区分了两种商业行为：一类是为糊口谋生而从事的小商业，另一类是以赚钱赢利为目的的大商业。他认为，前者是情有可原的，而后者是一种买贱卖贵的败行，是不能容忍的。圣托马斯·阿奎那继承并发展了这一思想，他认为，商业活动是一种罪恶，其程度甚至超过盗窃，"正如钉子钉在石头的结合处一样，罪恶也钉在买卖之间"①。在高利贷问题上，基督教教义非常清楚地表明："通过放债收取利息以致富被认为是牟利的最恶劣的形式。"② 圣托马斯·阿奎那继承了亚里士多德的"回报的公正"思想，谴责不公平交换，使他对高利贷的谴责站在一个更高层次上。

中世纪的神学思想家不仅主要继承了亚里士多德的经济伦理思想，还借鉴和吸收了他关于交换与价值关系问题的分析。尽管亚里士多德对交换与价值关系的论述只是一个开端，却为中世纪的"公道价格"学说奠定了基础。圣托马斯·阿奎那的老师阿尔伯图斯·马格努通过对亚里士多德的《伦理学》进行注释，以中世纪的基督教模式改造了古希腊的思想，从而为后来有关交换与价值思想的发展奠定了基础。埃克里·罗尔也认为，马格努的"公平价格"学说是对亚里士多德观点的一种发展。在马格努看来，"理想的交换必须使所交换的货物具有等量的劳动与开支"③。亚里士多德关于交换的互惠性原则，则直接被圣托马斯·阿奎那所接受，经过 14 世纪的两位神学家基恩·布里丹和杰拉德·奥多尼斯，成为亚当·斯密等的价值理论大厦的基础性材料④。

因此，古希腊经济思想不仅直接影响到中世纪的欧洲，而且通过中世纪的继承与发展，又影响到近代欧洲的经济思想。近代欧洲的许多思想家接受了古希腊的经济思想，并在古希腊思想家们所开辟的道路上一直走下去。

---

① [美]亨利·威廉·斯皮格尔:《经济思想的成长》，晏智杰、刘宇飞等译，中国社会科学出版社1999年版，第51页。

② [英]埃里克·罗尔:《经济思想史》，陆元诚译，商务印书馆1981年版，第47页。

③ [英]埃里克·罗尔:《经济思想史》，陆元诚译，商务印书馆1981年版，第46页。

④ [美]小罗伯特·B. 埃克伦德、罗伯特·F. 赫伯特:《经济理论和方法史》，杨玉生等译，中国人民大学出版社2001年版，第28页。

一、柏拉图、色诺芬的社会劳动分工思想对近代经济思想的影响

社会劳动分工思想是古希腊经济思想的一项重要内容，其中柏拉图、色诺芬的分工思想最具有代表性。社会劳动分工思想是柏拉图"理想国"的自然基础，整个社会被划分成为统治者、武士和劳动者三个阶层。柏拉图主要是从社会的角度探讨社会劳动分工问题，与色诺芬相比，他更注重分工的社会效果，即三个等级之间互不干预，形成一种社会和谐。但是这一思想对近代早期西欧经济学家的思想产生了直接的影响。正如马克思所作的评价："柏拉图在《理想国》中的论述，对于在配第之后但在亚当·斯密之前写作分工问题的一部分英国作家来说是直接的基础和出发点。"①

色诺芬被认为是最早的经济学家之一②，他最早使用"经济"一词来概括奴隶主阶级对生产的经营和财产的管理，尽管他所指的是家庭经济或庄园经济，但其经济思想的影响却是不容忽视的。色诺芬亲自经营自己的农庄，具有管理农庄的经验，同时他以一个思想家的眼光，对经济问题进行了深入的思考。在色诺芬的经济思想中，经济管理思想占有比较突出的地位。而社会劳动分工论，则是其经济管理思想的进一步发展。他曾经以古希腊城市中的经济生活为例，深刻说明了这一问题③。尤为难能可贵的是，色诺芬进一步认识到社会劳动分工与市场之间的密切联系，认为社会劳动分工的具体情况受制在于市场的规模。马克思曾对色诺芬的社会劳动分工思想做出很高评价，认为："色诺芬相当接近于现代的分工观点。"④

色诺芬的经济思想中已经含有现代管理思想的萌芽，他不仅从宏观上论述了农业的重要性和工矿业的经济地位，而且从微观的角度分析了人员管理与财物管理之间的关系，强调奖励与惩罚相结合、物质奖励与精神奖励相结合的管

---

① 《马克思恩格斯全集》（第 47 卷），人民出版社 1979 年版，第 322 页。
② ［美］小罗伯特·B. 埃克伦德、罗伯特·F. 赫伯特：《经济理论和方法史》，杨玉生等译，中国人民大学出版社 2001 年版，第 10 页。
③ ［古希腊］色诺芬：《居鲁士的教育》，沈默译，华夏出版社 2007 年版，第 422 页。
④ 《马克思恩格斯全集》（第 47 卷），人民出版社 1979 年版，第 321 页。

理方法。色诺芬的社会劳动分工思想正是作为其管理思想的一个组成部分提出来的，经济效益是其社会劳动分工思想的出发点和目标。直到19世纪末，色诺芬的分工思想仍影响着欧洲的经济学家们，科学管理的创始人泰勒的某些思想与色诺芬非常接近，尽管他们所处的时代相差了2200多年。可见，色诺芬的经济思想中闪耀着历史性的光芒。尤其从现代经济管理学的观点来看，他的社会劳动分工思想在当时是很有见地的。

二、柏拉图《理想国》对近代乌托邦思想的启示

如果说斯巴达城邦为近代乌托邦主义者提供了一种榜样，那么柏拉图的《理想国》为之提供了理论根据。正如现代美国思想家赫茨勒对柏拉图《理想国》所作的评价，"虽然柏拉图肯定不是历史上第一个乌托邦思想家，我们却可以把他看作是哲学、政治和文艺领域的唯心主义之父；而且是一大批杰出的世俗与哲学方面天才人物的领袖。这些人通过一系列对社会进程所作预测，赋予我们以'乌托邦'这个流行的概念。这些预测有很大一部分重要因素可以追溯到柏拉图的《理想国》"①。

同柏拉图当年所面临的社会问题一样，近代欧洲的思想家们也经历了欧洲历史上的急剧变革。这种变革的范围之广，影响之深刻，可以说史无前例。冒险家们纷纷开辟新航路，宗教改革运动猛烈冲击了中世纪占统治地位的基督教会，文艺复兴和启蒙运动则动摇了基督教经院哲学的根基，科学技术的迅速发展激发了人们的创造才智，资产阶级革命席卷欧洲大地。到16世纪，西欧的资本主义因素已经有了很大的发展，但是由于新兴资产阶级与封建专制政权的联盟，重商主义政策得到广泛实施，广大人民群众的生活仍十分困苦。在此社会基础之上，一些代表人民群众利益的空想社会主义思想家应运而生，最著名的代表人物是托马斯·莫尔和托马斯·康帕内拉。他们著书立说，宣扬他们的乌托邦思想。托马斯·莫尔的代表作是《关于最完美的国家制度和乌托邦新岛的既有益又有趣的金书》，简称《乌托邦》；托马斯·康帕内拉的代表作是

---

① ［美］乔·奥·赫茨勒：《乌托邦思想史》，张兆麟等译，商务印书馆1990年版，第99页。

《太阳城》。

在《乌托邦》中，托马斯·莫尔按照自己的理想设计了一个位于乌托邦岛上的国家。在这个国家中，没有私有财产，全部土地都是公有的。整个社会经济都是按照一定的原则进行管理的，生产由城镇直接组织，以家庭为基本单位。农业生产由农村中的家庭按全民所有制的形式进行，手工业生产由在城镇中的家庭来完成。托马斯·莫尔还反对商品生产和商品交换，因此在乌托邦中不存在商业活动，对外贸易则由国家统一经营。显然，在财产公有、社会分工等方面，莫尔的"乌托邦"与柏拉图的《理想国》非常相似，他的这一理想国家的设计方案在很大程度上受到柏拉图的思想影响。

乌托邦岛上的分配原则是按需分配，人们把劳动产品全部上缴国家，作为整个国家的财富。然后，每个社会成员根据自己的需求申请生活物资，"第一，没有一种物资不是充裕的；其次，也无须顾虑任何人会不按照自己的需要而多申请物资"①。尤为值得注意的是，托马斯·莫尔所设计的"乌托邦"中，人数是固定不变的或者几乎是固定不变的。为了达到这一目标，政府将进行有组织的移民或者更确切地说是通过强制性的移民。而"这正是与柏拉图的《理想国》相类似的许多方面的一个方面"②。此外，在"乌托邦"中，享有特权的"学者"不参加生产劳动。但这些"学者"与柏拉图《理想国》中的护卫者并不完全一样，因为在莫尔的"乌托邦"中，国王是通过选举产生的。但是，莫尔的《乌托邦》的政治原则与《理想国》是基本一致的，即国家权力应该由少数人掌握。两种理想国家实际上实行中央集权的政治制度。为了维持中央集权的效力，莫尔还仿效柏拉图用城邦作为最完美的组织形式。

康帕内拉的《太阳城》也同样受到柏拉图《理想国》的深刻影响，他不仅在许多重要原则问题上与柏拉图的观点非常相似，而且在一些细节性的小问题上都留有柏拉图思想的痕迹。正如经济学家约瑟夫·熊彼特所言："柏拉图

---

① ［英］托马斯·莫尔：《乌托邦》，戴馏龄译，三联书店 1956 年版，第 72 页。

② ［美］约瑟夫·熊彼特：《经济分析史》（第一卷），朱泱、孙鸿敞等译，商务印书馆 2001 年版，第323 页。

的光芒确实使康帕内拉的《太阳城》（1623 年）具有某种魅力。"① 首先，就《太阳城》的撰写形式而言，莫尔采用对话的形式，这正是包括《理想国》在内的许多柏拉图著作的写作形式。因此，《太阳城》的撰写体系在许多方面与《理想国》都很相似。其次，托马斯·康帕内拉在《太阳城》中也设计了一个理想中的社会，财产公有仍是"太阳城"的根本经济特征。没有私有财产，人人都参加劳动，"一切公职、艺术工作、劳动和工作，却是分配给大家来承担的"②。人们除了进行生产劳动外，还都要从事科学工作和体育锻炼。此外，康帕内拉常常把柏拉图看成是自己的先驱，对他的话加以引用。比如，婚姻问题方面，托马斯·莫尔显然受柏拉图思想的影响。在"理想国"中，妇女是共有的；在"太阳城"中，不能怀孕的妇女被宣布为"公妻"③。因此，正如沃尔金对康帕内拉的乌托邦思想所作的评价，"在这些古希腊罗马作家中，影响康帕内拉最深的无疑是柏拉图"④。

无论是莫尔的《乌托邦》，还是康帕内拉的《太阳城》，都是建立在财产公有基础之上的。公有制是这两种理想国家的共同基础，也是最根本的一点。他们的空想社会主义思想很明显是受到了柏拉图《理想国》的影响，柏拉图的"理想国"的根本特征就在于财产的公有制。在柏拉图看来，财产问题是一个国家的根本问题，它直接影响到社会的安定。

三、亚里士多德的经济思想奠定了近代欧洲经济思想的基础

亚里士多德是古希腊思想的集大成者，不仅他的许多文化成就对后世影响很大，而且他的经济思想在古希腊最具有代表性。亚里士多德对许多经济问题的缜密思考具有开创性的意义，后世的许多经济思想都是在他所开辟的道路上向前发展。与柏拉图和色诺芬相比，亚里士多德的经济思想中的闪光点更多，

---

① ［美］约瑟夫·熊彼特:《经济分析史》(第一卷),朱泱、孙鸿敞等译,商务印书馆 2001 年版,第 322 页。
② ［意］康帕内拉:《太阳城》,陈大维、黎思复等译,商务印书馆 1980 年版,第 24 页。
③ ［意］康帕内拉:《太阳城》,陈大维、黎思复等译,商务印书馆 1980 年版,第 20 页。
④ ［意］康帕内拉:《太阳城》,"附录二",陈大维、黎思复等译,商务印书馆 1980 年版,第 97 页。

也更加耀眼。其中，对后世影响比较大的主要有如下几个方面：

（一）对价值形式的分析

亚里士多德在对商品价值问题的分析中，不仅分析了商品的价值和使用价值的关系，而且还认识到商品价值的二重性，即使用价值和交换价值。尽管当今对这一问题的认识已经十分清楚，但在两千多年前的古代社会，亚里士多德的分析已经很具有超前意识。这种看似简单的分析结论，却为近现代西方经济学的发展奠定了深厚的基础。

更为重要的是，亚里士多德对事物"用途"的分析被后来的经济学家们所接受。特别是到了近代初期，随着商品经济的发展，亚里士多德的事物"用途"分析对英国古典经济学的重要代表人物亚当·斯密产生了影响。亚当·斯密在《国民财富的性质和原因的研究》中第一次明确指出，"价值一词有两个不同的意义。它有时表示特定物品的效用，有时又表示由于占有某物而取得的对他种货物的购买力。前者可叫作使用价值，后者可叫作交换价值"①。显然，亚当·斯密对使用价值和交换价值的区别，是受到了亚里士多德思想的影响。后来，英国工业革命时期的著名经济学家大卫·李嘉图继承并发展了亚当·斯密的价值理论，在区分商品的使用价值和交换价值的基础上进一步指出，商品的使用价值是交换价值的基础，没有商品的使用价值就不会有交换价值②。

马克思在批判李嘉图的劳动价值论的基础上，继承了李嘉图关于商品价值的理论，创立了劳动二重性学说，从而为马克思主义的劳动价值论奠定了科学的基础。马克思还进一步分析了商品内部的矛盾，揭示了商品价值的两重属性：一方面是作为商品使用价值的自然属性，另一方面是作为商品交换价值的社会属性。马克思关于商品价值的两重属性的精到分析，与亚里士多德对事物的"正当"用途和"不正当"用途的分析非常相似。

---

① ［英］亚当·斯密：《国民财富的性质和原因的研究》上卷，郭大力、王亚南译，商务印书馆 1972 年版，第 25 页。

② ［英］大卫·李嘉图：《政治经济学及赋税原理》，郭大力，王亚南译，译林出版社 2014 年版，第 26 页。

（二）关于货币及其价值形态的分析

从现代经济学的角度来看，在亚里士多德的经济思想中，有关货币及其价值形态的分析占有非常重要的地位。在《政治学》中，亚里士多德考察了货币的起源，并在此基础上分析了货币的功能。他认为，最初的物物交换是一种自然的交换方式，"人们一旦发现了铸币的用途，就会从必需商品的物物交换中发展出其他的致富术，即零售贸易"①。亚里士多德还进一步比较了物物交换与零售贸易的不同之处，认为二者的最大区别在于，物物交换符合"自然"规律，因为这种交换是有限度的；而零售贸易则不然，它不属于"自然"的交换方式，因为它对财富的追求是无止境的。在此基础上，他进一步提出了两种货币观，一方面，"许多人认为财富不过是一定数量的钱币而已，因为致富术和零售贸易与钱币有着密切关系"。而"另一些人认为钱币不过是一种赝品，并非自然之物，只是约定俗成使然。一旦使用者用某种替代物替换了它，它就毫无价值了"②。从这些分析中我们不难看出，亚里士多德实际上已经认识到了货币的价值尺度、流通手段和储藏手段等功能。但同时，亚里士多德也认识到货币作为财富的局限性，因为货币不能满足人们生活的一切需要，它作为财富需要一定的社会条件，但是他没有深入分析这种社会条件的具体内容。他认为，富有货币的人也可能缺乏食物，就如同中国古代社会盛行的一句名言，"黄金珠玉，饥不可食，寒不可衣"③。

在《尼各马可伦理学》中，亚里士多德对货币的功能做了进一步的分析。货币作为一种流通媒介，是约定俗成的，"不是由于自然而是由于习惯而存在的"④。他还指出，"货币是使得所有物品可以衡量和可以平等化的惟一尺度"⑤。也就是说，货币可以使一切物品公约，也就是一切商品都是以货币为尺度的。亚里士多德还深入分析了商品的货币形式的本质，他指出："货币是

① ［古希腊］亚里士多德：《政治学》，颜一、秦典华译，中国人民大学出版社2003年版，第17页。
② ［古希腊］亚里士多德：《政治学》，颜一、秦典华译，中国人民大学出版社2003年版，第18页。
③ ［东汉］班固：《汉书·食货志》卷二十四（上）。
④ ［古希腊］亚里士多德：《尼各马可伦理学》，廖申白译注，商务印书馆2003年版，第144页。
⑤ ［古希腊］亚里士多德：《尼各马可伦理学》，廖申白译注，商务印书馆2003年版，第145页。

一种中介物。它是一切事物的尺度，也是衡量较多与较少的尺度。"① 他还举例指出："5 张床换一所房子" 就是 "5 张床的价值换一所房子"②。在这里，亚里士多德清楚地表明了商品的货币形式：一种商品的价值通过任何别的商品来表现。马克思认为："亚里士多德在商品的价值表现中发现了等同关系，正是在这里闪耀出它的天才的光辉。"③ 尽管亚里士多德的分析并不完全正确，他还没有认识到一切商品都是以价值为尺度的，但他对价值形式的分析显示了他那天才般的敏锐思路，对后世的影响非常深刻。圣托马斯·阿奎那和亚当·斯密都受到亚里士多德货币思想的影响。阿奎那在对货币的起源做历史分析时，也接受了亚里士多德的一些见解，认为货币是由交换产生的。

柏拉图、亚里士多德的经济伦理思想对现实社会仍具有借鉴意义。在经济与政治和道德的关系中，他们强调追求财富应遵循"正义"原则，符合"自然"法则。而"正义"原则的哲学本质就是"中庸"，即做事情要适度。这对于我们今天的经济与社会发展具有一定的现实指导意义。另外，柏拉图和亚里士多德的商业思想也值得我们吸取。在他们看来，商业是社会经济生活不可缺少的一个重要组成部分。他们并不执意反对商业活动本身，正如柏拉图所言，"当我们考虑到零售的基本功能时，国内的零售不是一件坏事，而是有益的"。他在这里所说的功能就是"能使原先天然分布不平衡、不合比例的各种物品平衡而又合乎比例地分布到各地，供人们使用"。另一方面，他们反对商业中的欺诈行为。柏拉图曾这样评价商人，"大多数人的性情完全相反，在追求欲望的满足时，他们完全超过了一切限度。一有机会赢利，他们就会设法牟取暴利。这就是各种小商和小贩名声不好，被社会轻视的原因"④。亚里士多德则认为，商业的目的在于无止境地扩大钱财，无限制地追求物质利益，在城邦的生活中是不体面的，也应该受到指责。一味地通过商业活动追求物质利益，不

① ［古希腊］亚里士多德：《尼各马可伦理学》，廖申白译注，商务印书馆 2003 年版，第 143 页。
② ［古希腊］亚里士多德：《尼各马可伦理学》，廖申白译注，商务印书馆 2003 年版，第 146 页。
③ 《马克思恩格斯全集》（第 49 卷），人民出版社 1982 年版，第 161 页。
④ ［古希腊］柏拉图：《法篇》，《柏拉图全集》（第三卷），王晓朝译，人民出版社 2003 年版，第 684—685 页。

符合城邦的"自然"法则，因为"它采用的是一种从他人处获利的方式"。因而，这种方式是不"公正"的。而对于高利贷活动，亚里士多德更是坚决反对，因为这是"用金钱本身来牟取暴利，因而是最为可恶的"①。其实，他们反对商业活动的本质在于，反对人们过度追求经济利益的行为。这种思想与他们以"中庸"为根本的哲学思想是分不开的，或者说是以这种"中庸"思想为哲学基础。

在当今社会，经济利益的诱惑对人们的价值观产生了巨大冲击。追求经济利益成为有些人的唯一目标，拜金主义思想大有泛滥之势。这势必会对社会秩序的稳定造成巨大冲击，对建设和谐社会的事业造成不利影响。在这种情况下，要建立良好的社会秩序，规范人们的经济行为，单靠法律手段是完全不够的，必须充分发挥道德规范在社会经济建设中的作用。要发展社会主义市场经济，必须有一个良好的社会环境。追求经济利益既要遵纪守法，又要遵循社会道德规范。

---

① ［古希腊］亚里士多德:《政治学》,颜一、秦典华译,中国人民大学出版社 2003 年版,第 21 页。

结　语

古希腊经济思想是人类思想史上的一块瑰宝，古希腊人以其敏锐的思想思考经济问题，分析经济与政治的关系，探索经济因素对社会发展的推动作用。他们的许多经济观点非常有见地。希腊人具有大胆探索、勇于冒险的精神，这在他们的经济行为中得到了充分的体现。他们奔走于地中海各地，远至黑海北岸的第聂伯河口。希腊人不惜冒着生命危险在地中海和黑海地区移民拓殖，开辟出一块块殖民地。这里不仅成为希腊粮食进口的主要来源地，而且成为希腊工业品的广阔市场。勤劳的希腊人在一个个山坡沟底开辟田地，尽管不能种植粮食作物，他们却种上了橄榄、葡萄、无花果以及大麦等耐旱作物。

古风时代是一个"试验"的阶段，希腊人在各个领域里进行着大胆的尝试，也许正是由于他们的不懈的努力，不仅改变了希腊世界的封闭状态，而且推动了希腊经济与文化的发展，为古典希腊经济和文化鼎盛奠定了基础。同时，希腊人也是一个善于思考、富于智慧的民族，他们在积极寻找生活来源、追求物质财富的同时，也在潜心创造精神财富。在希腊人的努力之下，哲学首先在希腊诞生了，伴随着哲学诞生的是科学的出现。希腊的哲学家不仅是科学家，也是社会学家，他们研究科学问题，也关心社会问题。以色诺芬、柏拉图和亚里士多德为代表的古希腊哲学家们，不仅思考哲学问题，而且还擅长从道德的角度分析经济问题和政治问题，在经济思想领域里提出了许多独到的见解。其中，有一些是对当时社会经济现象的概括和总结，也有一些则是对社会现实的批判。

古典时代是古希腊文明繁荣发达的时期，古希腊人的经济思想也日益成熟。尽管"经济"从未在古希腊人的思想意识中成为一个独立的领域，但是城邦已经有了自己的经济"行为"，包括对外贸易政策、财政税收政策，以及控制某些经济活动。也就是说，城邦政府已经有了干预经济的思想意识。柏拉图、色诺芬，尤其是亚里士多德的经济思想，更是代表了古希腊经济思想的最高成就。

在古希腊戏剧家的剧作中，在演说家的演说辞中，在古希腊人的宗教活动中，同样也包含着丰富的经济思想。不过，它们在很大程度上反映了普通民众的经济意识。戏剧家阿里斯托芬的许多喜剧作品，更是以一种诙谐幽默的风格反映了普通民众的现实生活；宗教具有最广泛的社会性，最能体现普遍民众的思想意识。

作为古希腊经济思想的一个重要组成部分，民众经济思想具有许多不同的特点。它以直观的形式反映古希腊社会的史实，反映普通民众的经济要求。广大民众追求物质利益，主张勤劳俭朴，反对不劳而获，这些都是具有现实主义特点的思想。希腊人不仅把奴隶看作是一种财产，而且当作一种生产工具。在希腊人看来，战争不仅是一种政治手段，更是获取财富的一种方式。总之，古希腊民众的经济思想，就像一块璞玉，稍加雕琢，就会闪耀出光彩。在这个意义上讲，也许柏拉图、亚里士多德和色诺芬等人就是把那些璞玉雕凿成玉器的工匠。

附　录

古希腊主要度量衡币制单位折算表

重量单位：

1 塔兰特（Talant）＝26 公斤

1 米那（Mina）＝436 克

1 斯塔铁尔（Stater）＝88 克

1 德拉克玛（Drachma）＝4.4 克

1 奥波尔（Obol）＝0.7 克

币制：

1 塔兰特（Talant）＝60 米那

1 米那（Mina）＝5 斯塔铁尔

1 斯塔铁尔（Stater）＝20 德拉克玛

1 德拉克玛（Drachma）＝6 奥波尔

参 考 文 献

一、史料

[1] ［古希腊］阿里斯托芬:《阿里斯托芬喜剧二种》,罗念生译,长沙:湖南
　　人民出版社 1981 年版。

[2] ［古希腊］阿里斯托芬:《阿卡奈人　骑士》,罗念生译,上海:上海人民
　　出版社 2006 年版。

[3] ［古希腊］阿里斯托芬:《云　马蜂》,罗念生译,上海:上海人民出版社
　　2006 年版。

[4] ［古希腊］阿里斯托芬:《地母节女神　蛙》,罗念生译,上海:上海人民
　　出版社 2006 年版。

[5] ［古希腊］阿里安:《亚历山大远征记》,李活译,北京:商务印书馆 1979
　　年版。

[6] ［古希腊］柏拉图:《理想国》,郭斌和、张竹明译,北京:商务印书馆 1986
　　年版。

[7] ［古希腊］柏拉图:《斐多》,杨绛译,沈阳:辽宁人民出版社 2000 年版。

[8] ［古希腊］柏拉图:《柏拉图全集》,第 1—4 卷,王晓朝译,北京:人民出
　　版社 2003 年版。

[9] 《古希腊抒情诗选》,水建馥译,北京:人民文学出版社 1988 年版。

[10] ［古希腊］荷马:《伊利亚特》,罗念生、王焕生译,北京:人民文学出版
　　 社 1997 年版。

[11] [古希腊]荷马:《奥德赛》,王焕生译,北京:人民文学出版社1997年版。

[12] [古希腊]赫西俄德:《工作与时日 神谱》,张竹明、蒋平译,北京:商务印书馆1996年版。

[13] [古希腊]普鲁塔克:《希腊罗马名人传》,陆永庭、吴彭鹏等译,北京:商务印书馆1999年版。

[14] [古希腊]色诺芬:《居鲁士的教育》,沈默译,北京:华夏出版社2007年版。

[15] [古希腊]色诺芬:《回忆苏格拉底》,吴永泉译,北京:商务印书馆1986年版。

[16] [古希腊]色诺芬:《色诺芬的〈会饮〉》,沈默译,北京:华夏出版社2005年版。

[17] [古希腊]色诺芬:《长征记》,崔金戎译,北京:商务印书馆1985年版。

[18] [古希腊]色诺芬:《经济论 雅典的收入》,张伯健、陆大年译,北京:商务印书馆1961年版。

[19] [古希腊]索福克勒斯:《俄狄浦斯王》,罗念生译,北京:人民文学出版社2002年版。

[20] [古希腊]希罗多德:《历史》,王以铸译,北京:商务印书馆1959年版。

[21] [古希腊]修昔底德:《伯罗奔尼撒战争史》,徐松岩、黄贤全译,桂林:广西师范大学出版社2004年版。

[22] [古希腊]亚里士多德:《政治学》,颜一、秦典华译,北京:中国人民大学出版社2003年版。

[23] 苗力田主编:《亚里士多德全集》,中译本,北京:中国人民大学出版社1991—1997年版。

[24] [古希腊]色诺芬:《希腊史》,徐松岩译注,上海:上海三联书店2013年版。

二、专著

[1] [美]爱德华·麦克诺尔·伯恩斯、菲利普·李·拉尔夫:《世界文明史》,罗经国等译,第一卷,商务出版社 1987 年版。

[2] [英]埃里克·罗尔:《经济思想史》,陆元诚译,北京:商务印书馆 1981 年版。

[3] [英]A. 安德鲁斯:《希腊僭主》,钟嵩译,北京:商务印书馆 1997 年版。

[4] [英]保罗·卡特里奇主编:《剑桥插图古希腊史》,郭小凌、张俊等译,济南:山东画报出版社 2005 年版。

[5] [法]保罗·佩迪什:《希腊人的地理学——古希腊地理学史》,蔡宗夏译,北京:商务印书馆 1983 年版。

[6] [法]布罗代尔:《腓力二世时代的地中海与地中海世界》,唐家龙、曾培耿等译,北京:商务印书馆 1996 年版。

[7] [法]杜丹:《古代世界经济生活》,志扬译,北京:商务印书馆 1963 年版。

[8] [法]费尔南·布罗代尔:《地中海考古:史前史和古代史》,蒋明炜等译,北京:社会科学文献出版社 2005 年版。

[9] 顾銮斋、徐善伟:《如歌岁月:古希腊文明探秘》,昆明:云南人民出版社 1999 年版。

[10] 顾銮斋、夏继果:《世界通史·古代卷》,济南:山东大学出版社 2008 年版。

[11] 顾准:《希腊城邦制度》,北京:中国社会科学出版社 1982 年版。

[12] [美]亨利·威廉·斯皮格尔著《经济思想的成长》,晏智杰等译,北京:中国社会科学出版社 1999 年版。

[13] 黄洋:《古代希腊土地制度研究》,上海:复旦大学出版社 1995 年版。

[14] [英]基托:《希腊人》,徐卫翔、黄韬译,上海:上海人民出版社 2006 年版。

[15] [英]简·艾伦·赫丽生:《古希腊宗教的社会起源》,谢世坚译,桂林:

广西师范大学出版社 2004 年版。

[16] ［法］克琳娜·库蕾，《古希腊的交流》，邓丽丹译，桂林：广西师范大学出版社 2005 年版。

[17] 李天祐：《古代希腊史》，兰州：兰州大学出版社 1991 年版。

[18] 李守庸编：《马克思恩格斯论重商主义以前的经济思想》，北京：文物出版社 1990 年版。

[19] 巫宝三主编，厉以平、郭小凌编译：《古代希腊、罗马经济思想资料选辑》，北京：商务印书馆 1990 年版。

[20] ［德］利奇德：《古希腊风化史》，杜之、常鸣译，沈阳：辽宁出版社 2000 年版。

[21] 刘家和、廖学盛主编：《世界古代文明史研究导论》，北京：高等教育出版社 2001 年版。

[22] 《马克思恩格斯全集》，第 20 卷，北京：人民出版社 1971 年版。

[23] 《马克思恩格斯全集》，第 21 卷，北京：人民出版社 1965 年版。

[24] 《马克思恩格斯全集》，第 47 卷，北京：人民出版社 1979 年版。

[25] ［美］乔·奥·赫茨勒：《乌托邦思想史》，张兆麟等译，北京：商务印书馆 1990 年版。

[26] ［法］让-皮埃尔、韦尔南：《希腊思想的起源》，秦海鹰译，三联书店 1996 年版。

[27] ［法］让-皮埃尔·韦尔南：《古希腊的神话与宗教》，杜小真译，生活·读书·新知三联书店 2001 年版。

[28] 日知：《古代城邦史研究》，北京：人民出版社 1989 年版。

[29] ［苏］B. C. 塞尔格叶夫：《古希腊史》，缪灵珠译，北京：高等教育出版社 1955 年版。

[30] ［美］斯塔夫里阿诺斯：《全球通史》，吴象婴，梁赤民译，上海：上海社会科学院出版社 1999 年版。

[31] ［意］康帕内拉：《太阳城》，陈大维等译，北京：商务印书馆 1960 年版。

[32] ［英］托马斯·莫尔：《乌托邦》，戴馏龄译，北京：商务印书馆 1959

年版。

[33] [美]威尔·杜兰:《世界文明史·希腊的生活》,北京:东方出版社 1998 年版。

[34] [美]威廉·弗格森:《希腊帝国主义》,晏绍祥译,上海:上海三联书店 2005 年版。

[35] [美]小罗伯特·B. 埃克伦德、罗伯特·F. 赫伯特:《经济理论和方法史》,北京:中国人民大学出版社 2001 年版。

[36] [英]亚当·斯密:《国民财富的性质和原因的研究》(上卷),郭大力、王亚南译,北京:商务印书馆 1972 年版。

[37] 晏绍祥:《古典历史研究发展史》,武汉:华中师范大学出版社 1999 年版。

[38] 晏绍祥:《荷马社会研究》,上海:上海三联书店 2006 年版。

[39] [德]依迪丝·汉密尔顿:《希腊精神》,葛海滨译,沈阳:辽宁教育出版社 2005 年版。

[40] [美]约瑟夫·熊彼特:《经济分析史》(第一卷),朱泱、孙鸿敞等译,北京:商务印书馆 2001 年版。

[41] [德]瓦尔特·伯克特:《东方化革命:古风时代前期近东对古希腊文化的影响》,刘智译,上海:上海三联书店 2010 年版。

[42] [英]弗兰克·威廉·沃尔班克:《希腊化世界》,陈恒、茹倩译,上海:上海人民出版社 2009 年版。

[43] [瑞士]雅各布·布克哈特:《希腊人和希腊文明》,王大庆译,上海:上海人民出版社 2011 年版。

[44] 晏绍祥:《古典民主与共和传统》(上、下卷),北京:北京大学出版社 2013 年版。

[45] 黄洋:《古代希腊政治与社会初探》,北京:北京大学出版社 2014 年版。

[46] [美]伊恩·莫里斯、巴里·鲍威尔:《希腊人:文化、历史和社会》,陈恒、屈伯文等译,上海:格致出版社、上海人民出版社 2014 年版。

[47] [英]西蒙·普莱斯:《古希腊人的宗教生活》,邢颖译,北京:北京大学

出版社 2015 年版。

[48] 厉以宁:《希腊古代经济史》,北京:商务印书馆 2013 年版。

[49] [德]赫尔穆特·施耐德:《古希腊罗马技术史》,张巍译,上海:上海三联书店 2018 年版。

[50] [瑞士]莱昂哈特·布克哈特:《古希腊罗马军事史》,励洁丹译,上海:上海三联书店 2018 年版。

[51] [德]恩斯特·狄尔(Ernst Diehl)编:《古希腊抒情诗集》,王扬译,上海:上海人民出版社 2018 年版。

[52] 陈中梅:《希腊奇迹的观念基础:荷马史诗与西方认知史的开源研究》,上海:上海文艺出版社 2018 年版。

[53] [意]斯特凡诺·马吉:《希腊——众神的殿堂》,张宝梅译,石家庄:河北教育出版社 2013 年版。

[54] 晏绍祥:《古代希腊》,北京:北京师范大学出版社 2018 年版。

[55] [英]N. G. L. 哈蒙德:《希腊史 迄至公元前 322 年》,朱龙华译,北京:商务印书馆 2016 年版。

[56] 上海博物馆编:《博物馆与古希腊文明》,北京:北京大学出版社 2016 年版。

[57] [英]M. I. 芬利:《古代世界的政治》,晏绍祥、黄洋译,北京:商务印书馆 2016 年版。

[58] [英]罗杰·E. 巴克豪斯:《西方经济学史 从古希腊到 21 世纪初的经济大历史》,莫竹芩、袁野译,海口:海南出版社、三环出版社 2007 年版。

[59] [英]奥斯温·默里、西蒙·普赖斯:《古希腊城市:从荷马到亚历山大》,解光云、冯春玲译,北京:商务印书馆 2015 年版。

[60] [古罗马]塞克斯都·恩披里克:《悬隔判断与心灵宁静:希腊怀疑论原典》,包利民等译,北京:中国社会科学出版社 2017 年版。

[61] [英]莱斯莉·阿德金斯、罗伊·阿德金斯:《古代希腊社会生活》,张强译,北京:商务印书馆 2016 年版。

［62］肖厚国:《古希腊社会的家庭及财产》,北京:法律出版社 2014 年版。

［63］［美］波默罗伊等:《古希腊政治、社会和文化史》,周平等译,上海:上海三联书店 2010 年版。

［64］孙晶晶:《古希腊的社会文化与城邦同盟》,上海:上海三联书店 2011 年版。

［65］沈瑞英,杨彦璟:《古希腊罗马公民社会与法治理念》,北京:中国政法大学出版社 2017 年版。

［66］［法］维奥莱纳·瓦诺依克:《世界上最古老的行业——古希腊罗马的娼妓与社会》,邵济源译,北京:中国人民大学出版社 2007 年版。

［67］［美］弗格森:《古希腊-罗马文明:社会、思想和文化》,李丽书译,上海:华东师范大学出版社 2012 年版。

［68］［英］M. J. 卡里、T. J. 哈阿霍夫:《希腊罗马世界的生活与思想》,郭子林、曹彩霞译,郑州:大象出版社 2012 年版。

［69］［英］威廉·雷姆塞:《希腊文明中的亚洲因素》,孙晶晶译,郑州:大象出版社 2013 年版。

［70］［英］伊恩·卡拉代斯:《古希腊货币史》,黄希韦译,北京:法律出版社 2017 年版。

［71］［美］威廉·威斯特曼:《古希腊罗马奴隶制》,邢颖译,郑州:大象出版社 2011 年版。

［72］［美］默瑞·N. 罗斯巴德:《亚当·斯密以前的经济思想》,张凤林等译,北京:商务印书馆 2012 年版。

［73］［美］A. E. 门罗编:《早期经济思想——亚当·斯密以前的经济文献选集》,蔡受百等译,北京:商务印书馆 2011 年版。

［74］厉以宁著,王大庆改编:《欧洲经济史(插图版)》,北京:中国人民大学出版社 2016 年版。

［75］［美］伊恩·莫里斯、巴里·鲍威尔:《希腊人:历史、文化和社会》(第二版),陈恒等译,上海:格致出版社 2014 年版。

［76］［英］西蒙·霍恩布洛尔:《希腊世界》,赵磊译,北京:华夏出版社 2015

年版。

［77］［英］M. I. 芬利:《希腊的遗产》,张强等译,上海:上海人民出版社 2016 年版。

［78］［英］克里斯托弗·罗著,［英］马尔科姆·斯科菲尔德主编:《剑桥希腊罗马政治思想史》,晏绍祥译,北京:商务印书馆 2016 年版。

［79］ Anthony Snodggrass, *Archaic Greece: An Age of Experiment*, California: University of California Press, 1980.

［80］ Astrid MÖller, *Naukratis: Trade in Archaic Greece*, New York: Oxford University Press, 2000.

［81］ Austin, M. M. *Economic and Social History of Ancient Greece*, California: California University Press, 1977.

［82］ Barr, S. *The Will of Zeus: a History of Greece from the Origine of Hellenic Culture to the Death of Alexander*, New York: Dell Publishing Co. , Inc. ,1961.

［83］ Bury, J. B. *The Cambridge Ancient History*, Vol. V , New York: Cambridge University Press, 1964.

［84］ Demosthenes, *Orations*, Cambridge, Mass: Harvard University Press, 1998.

［85］ Donald Hughes, J. *Pan's Travail: Environmental Problems of the Ancient Greeks and Romans*, Baltimore: The Johns Hopkins University Press, 1994.

［86］ Easterling P. E. & J. V. Muir, *Greek Religion and Society*, New York: Cambridge University Press, 1985.

［87］ Edmund Whittaker, *A History of Economic Ideas*, New York: Dover Publications, 1940.

［88］ Finley, M. I. *The Ancient Greeks*, London: Penguin Books, 1977.

［89］ Finley, M. I. *Early Greece, Bronze and Archaic Ages*, London: Chatto & Windus Ltd. ,1970.

［90］ Finley, M. I. *Economy and Society in Ancient Greece*, Middlesex: Penguin Books Ltd, 1981.

［91］Finley，M. I. *The Use and Abuse of History*，London：Penguin Books，1990.

［92］Finley，M. I. *The Ancient Economy*，California：University of California Press，1999.

［93］Fisher，Nick & Van Wees，Hans，*Archaic Greece：New Approaches and New Evidence*，London：Duckworth，1998.

［94］François de Polignac，*Cults，Territory，and the Origins of the Greek city-state*，Chicago：University of Chicago Press，1995.

［95］Garlan，Yvon，*Slavery in Ancient Greece*，Ithaca and London：Cornnell University Press，1988.

［96］Glotz，G. *Ancient Greece at Work：an Economic History from the Homeric Period to the Roman Conquest*，London：Kagan Paul，1926.

［97］Hammond，N. G. L. *A History of Greece to 332 B. C*，Oxford：Clarendon Press，1982.

［98］Henry Hodges，*Technology in the Ancient World*，New York：Alfred A. Knope，Inc. ，1970.

［99］Ian Morris，*Burial and Ancient Society：the Rise of the Greek city-state*，New York：Cambridge University Press，1987.

［100］John Boardman and N. G. L. Hammond，*The Cambridge Ancient History*，Vol. Ⅲ，part1，New York：Cambridge University Press，1982.

［101］John Boardman and N. G. L. Hammond，*The Cambridge Ancient History*，Vol. Ⅲ，part3，New York：Cambridge University Press，1982.

［102］Joint Association of Classical Teachers，*The World of Athens*，New York：Cambridge University Press，1984.

［103］Jones，A. H. M. *Athenian Democracy*，Baltimore：The Johns Hopkins University Press，1957.

［104］Leslie Kurke，*Coins，bodies，Games，and gold：the politics of Meaning in archaic Greece*，New Jersey：Princeton University Press，1999.

［105］Lynette G. Mitchell and P. J. Rhodes，*The Development of the Polis in Ar-*

chaic Greece, London: Routledge, 1997.

[106] Michell, H. *The Economics of Ancient Greece*, New York: Cambridge University press, 1940.

[107] Nancy H. Demand, *Thebes in the fifth Century*, London: Routledge & Kegan Paul, 1980.

[108] Plutarch, *Themistocles*, Cambridge, Mass: Harvard University Press, 1996.

[109] Price, B. B. *Ancient Economic Thought*, New York: Rortledge, 1997.

[110] Robin Osborne, *Classical Landscapes With Figures: The Ancient Greek City and Its Countryside*, London: George Philip Ltd, 1987.

[111] Snodggrass, A. M. *The Dark Age of Greece*, Edinburgh: Edinburgh University Press, 2000.

[112] Starr, Chester G., *The Economic and Social Growth of Early Greece, 800 – 500 B. C.*, New York: Oxford University Press, 1977.

[113] Stephen Hodkinson, *Property and Wealth In Classical Sparta*, London: Gerald Duckworth & Co. Ltd, 2000.

[114] Thomas Figueira, *The Power of Money: Coinage and Politics in the Athenian Empire*, Pennsylvania: University of Pennsylvania Press, 1998.

[115] Thomas W. Gallant, *Risk and Survival in Ancient Greece: Reconstructing the Rural Domestic Economy*, California: Stanford University Press, 1991.

[116] Thomson, G. *Studies in Ancient Greek Society*, London: The Camelot Press Ltd, 1955.

[117] Toynbee, A. *Hellenism*, London: Oxford University Press, 1959.

[118] Victor Davis Hanson, *The Other Greeks: The Family Farm and the Agrarian Roots of Western Civilization*, University of California Press, 1999.

[119] Walker, D. S. *The Mediterranean Lands*, London: Mtheuen, 1960.

[120] Walter Burkert, *Greek Religion*, Oxford: Basil Blackwell Ltd, 1985.

[121] William R. Biers, *The Archaeology of Greece*, New York: Cornell University Press, 1987.

[122] Wood, Michael, *In Search of the Trojan War*, London: British Broadcasting Corporation, 1985.

[123] Xenophon, *Oeconomicus*, Leob Classical Library, Cambridge, Mass. : Harvard University Press, 1998.

[124] Gunnar Skirbeck & Nils Gilje, *A history of Western Thought: from Ancient Greece to the Twentieth Century*, London; New York: Routledge, 2001.

[125] Paul Cartledge, *Ancient Greece: A History in Eleven Cities*, New York: Oxford University Press, 2009.

[126] Sarah B. Pomeroy, *Ancient Greece: A Political, Social, and Cultural History*, New York: Oxford University Press, 2012.

[127] Matthew Dillon and Lynda Garland, *Ancient Greece: Social and Historical Documents from Archaic Times to the Death of Alexander the Great*, London; New York: Routledge, 2010.

[128] Lesley Sims and Conrad Mason, *A Visitors' Guide to Ancient Greece: Based on the Travels of Aristoboulos of Athens*, London: Usborne Publishing Ltd. , 2015.

[129] John D. Clare, *Ancient Greece* , Wisconsin: Gareth Stevens Publishing, 2005.

[130] Kevin Jane and Priscilla Wood, *Ancient Greece*, London: Harper Collins, 2012.

[131] Cotterill H. B. (Henry Bernard), *Ancient Greece: a Sketch of its Art, Litera Ture and Philosophy*, [S. l.]: Scholar's Choice, 2016.

[132] John Bloxham, *Ancient Greece and American conservatism: Classical Influence on the Modern Right*, London: I. B. Tauris, 2018.

[133] Thomas R. Martin, *Ancient Greece: from Prehistoric to Hellenistic times*, Second Edition, New Haven: Yale University Press, 2013.

[134] Jeremy McInerney, *Greece in the Ancient World*, London: Thames & Hudson, 2018.

[135] Edward Bispham,Thomas Harrison and Brian,A. Sparkes,*The Edinburgh Companion to Ancient Greece and Rome*,Edinburgh:Edinburgh University Press,2006.

[136] Warren J. Samuels,Jeff E. Biddle,John B. Davis,*A Companion to the History of Economic Thought*,Malden,MA:Blackwell,2007.

[137] V. V. Reddy,*History of economic Thought:Ancient Times to Modern Times*,New Delhi:New Century Publications,2009.

三、论文

[1] 顾銮斋:《论雅典奴隶制民主政治的形成》,《历史研究》1996 年第 4 期。

[2] 顾銮斋:《谈雅典奴隶制民主政体创立问题的研究》,《齐鲁学刊》1998 年第 3 期。

[3] 郭小凌:《希腊军制的变革与城邦危机》,《世界历史》1994 年第 6 期。

[4] 郝际陶:《略论黑暗时代的希腊世界》,《东北师范大学学报》1994 年第 2 期。

[5] 郝际陶:《论古代雅典的商贸活动》,《东北师范大学学报》2000 年第 4 期。

[6] 黄洋:《古代希腊土地私有制的确立与城邦制度的形成》,《复旦学报（社会科学版）》1995 年第 1 期。

[7] 黄洋:《希腊城邦社会的农业特征》,《历史研究》1996 年第 4 期。

[8] 廖学盛:《从古希腊罗马史看奴隶占有制社会的若干问题》,《历史研究》1995 年第 5 期。

[9] 林中泽:《析古希腊奴隶制经济的外向型特征》,《华南师范大学学报（社会科学版）》1997 年第 2 期。

[10] 刘家和:《论黑劳士制度》,《世界古代史论丛》第 1 集,北京:三联书店 1982 年版。

[11] 王敦书:《斯巴达早期土地制度考》,《贻书堂史集》,中华书局 2003 年版。

[12] 晏绍祥:《近 20 年来英美古希腊史研究的若干趋势》,《世界历史》2000 年第 2 期。

[13] 裔昭印:《从古希腊罗马看古代城市的经济特征》,《上海师范大学学报(哲学社会科学版)》1995 年第 3 期。

[14] 裔昭印:《古希腊妇女宗教地位探析》,《世界宗教研究》2001 年第 1 期。

[15] 晏绍祥:《从迈锡尼世界到荷马时代:希腊城邦的兴起》,《外国问题研究》2016 年第 2 期。

[16] 晏绍祥:《雅典的崛起与斯巴达的"恐惧":论"修昔底德陷阱"》,《历史研究》2017 年第 6 期。

[17] 晏绍祥:《古典斯巴达政治制度中的民主因素》,《世界历史》2008 年第 1 期。

[18] 晏绍祥:《雅典民主政治的危机与民主信仰的重塑》,《史学集刊》2012 年第 1 期。

[19] 晏绍祥:《古风时代希腊社会经济发展的几个问题》,《华中师范大学学报(人文社会科学版)》2009 年第 3 期。

[20] 黄洋:《古代希腊的城邦与宗教——以雅典为个案的探讨》,《北京大学学报(哲学社会科学版)》2010 年第 6 期。

[21] 黄洋:《迈锡尼文明、"黑暗时代"与希腊城邦的兴起》,《世界历史》2010 年第 3 期。

[22] 魏凤莲:《狄奥尼索斯崇拜与雅典民主政治》,《世界历史》2015 年第 6 期。

[23] 裔昭印:《宗教与古希腊人的政治生活》,《上海师范大学学报(哲学社会科学版)》2011 年第 1 期。

[24] 徐松岩:《论古代雅典国家的发展道路——兼及雅典版图问题》,《四川大学学报(哲学社会科学版)》2016 年第 4 期。

[25] 徐松岩:《"希腊人"与"皮拉斯基人"——古代希腊早期居民源流考述》,《西南大学学报(社会科学版)》2016 年第 1 期。

［26］徐松岩:《第二雅典海上同盟述论》,《北京师范大学学报(社会科学版)》2017 年第 4 期。

［27］ Andrew Meadows,"Money, Freedom, and Empire in the Hellenistic world",*Money and Its Uses In The Ancient Greek World*,Oxford University Press,New York,2001.

［28］Henry S. Kin,"Archaic coinage as evidence for the use of money",*Money and Its Uses In The Ancient Greek World*, Oxford University Press, New York,2001.

［29］Jeremy Trevett,"Coinage and democracy",*Money and Its Uses In The Ancient Greek World*,Oxford University Press,New York,2001.

［30］John K. Davies,"The 'Orignins of the Greek Polis':where should we be looking",*The development of the polis in archaic Greece*,London:Routledge,1997.

［31］John-Paul Wilson,"The nature of Greek overseas settlements in the archaic period:Emporion or Apoikia?"*The development of the polis in archaic Greece*,London:Routledge,1997.

［32］Kirsty Shipton,"Money and the Élite in classical Athens",*Money and Its Uses In The Ancient Greek World*,Oxford University Press, New York,2001.

［33］Stephen Hodkinson,"The development of Spartan society and institutions in the archaic period",*The development of the polis in archaic Greece*,London:Routledge,1997.

［34］Lina Christopoulou,"Daily Life in Ancient Greece",*Minerva*(London),2009(20.5):12-15.